物語の臨界

「物語ること」の教育学

矢野智司・鳶野克己＝編

世織書房

物語の臨界

目次

物語の臨界

序論

物語ることの内と外

――物語論的人間研究の教育学的核心

鳶野克己

1 なぜ「物語」に関心を向けるのか

私たちは物語る存在である。日常生活におけるささやかな出来事から、社会や国家の成り立ちや仕組み、さらには生命や人類の起源や未来にかかわるような大きな出来事に至るまで、およそこの世界に生起するかぎりのさまざまな出来事について、私たちは物語ろうとする。

ここにいう「物語る」とは、もっとも一般的には、ある出来事を、その始まりから終わりに至る時間の流れに沿って筋立てつつ意味づけていく行為のことである。この筋立ては、当該の出来事を構成する諸要素を有意味にむすびつけるのみならず、その出来事と他の出来事とのむすびつきをも示すことによって、それぞれの出来事をより大きな意味的全体のなかに位置づける。物語において、出来事の意味は、その来歴や現状や行く末を他の出来事とむすびつけつつ整序していく筋立てに即して、輪郭を現し内容を開示していくものと捉えられているのである。

この筋立ての力はまた、私たちが出来事を「理解する」際にも、強く働いている。すなわち、出来事を理解するとは、出来事を、その発端と展開と収束の全過程を見通す筋立てのもとに、有意味なまとまりとして捉えることだといえる。とすれば、私たちにとって、物語る行為は、理解する行為と別のものではなく、私たちの理解は筋立てを介した物語的理解として特徴づけられてよいであろう。要するに私たちは、出来事を「物語の形式やプロット構造等へと体制化」（Bruner, 1990 = 1999：65）して捉えようとする強い心的傾向をもっているのである。そして、私たちが生きることは、この世界に生起する出来事を意味づけ理解しようとすることなしに成り立たないのであれば、物語ることは、私たちの生におけるもっとも基本的な営みであるということができる。

こういった観点にたつとき、私たちの人生全体がそもそも、生まれ育ち老い死にゆく生の歩みに沿って、身に起こるさまざまな出来事が連続的有機的に筋立てられ意味づけられていく過程であり、まさしく物語られるべくあるものとして捉えられることになる。すなわち私たちにとって、生きることは、生きることを物語ることであり、物語られる人生を生きることなのである。そして、この人生の物語は、それを生きる私たち一人ひとりにとって、この自分がいかなる者であり、どこから来てどこへ行くのかを語る物語、自己の生の意味を語る物語でもある。

物語る行為はまた、その物語を聴く行為とも切り離すことができない。聴き手の存在を予想もせず必要ともしないような物語を思い描くことは、私たちには困難である。物語ることが聴かれることと表裏する性格をもつのであれば、人生を物語ることは、さらに、自己の生の意味を聴き手に向けて語り伝えようとする行為、聴かれることによって聴き手とかかわりをむすぶ行為であるということができる。

このように考えてくると、「物語」や「物語ること」は、発達や教育や心理臨床といった人間の生き方の生成や変容の問題にかかわる学問にとって強い関心の対象となることがわかる。実際、これらの学問分野において、人間にとっての「物語」や「物語ること」の問題にさまざまな角度から光を当てた研究が、わが国でも近年次々に現れてきている（河合〔隼〕・1993, 森田・1993, 鳶野・1994, 1997,『発達』No.64, 南・やまだ編・1995, 皇・1996a, 1996b, 毛利・1996a, 1996b, 河合〔俊〕・1998, 小森・野口・野村編・1999, 香川大学教育学研究室編・1999,『発達』No.79, やまだ編・2000, 矢野・2000など）。そのなかには、「心理療法」「保育」「生涯発達」などの研究領域に、物語の視点から新たな問いを投げかけようとする研究があり、また、「子どもを語るジャンル」（森田）「物語と臨床教育」（皇）「教育のナラトロジー」（毛利）「自己変容という物語」（矢野）といった問題設定のもとに、これまでの教育学における思考枠組みを深く問い直そうとする研究もある。

もちろん教育学研究の全体動向を俯瞰すれば、教育と物語とのかかわりをめぐる問題を考察の中心に据え、そこに教育学的な人間研究の新たな視点と方向性を見出していこうとする研究は、いまだ比較的穏やかな潮流をなすに留まっているといえなくはない。しかしながら、この研究潮流は、その一見したところの穏やかさにもかかわらず、教育学におけるこれまでの人間の捉え方を大きく変革していく力を内包しているように思われる。この潮流における研究の基底には、教育における諸問題をどう改善し解決するかという次元ではなく、それらの「問題としての語られ方」の背後を共通に貫いている人間や教育に関する意味づけられ方や理解のされ方を根本から見つめ直そうとする次元で、教育と物語とのかかわりに関心を向けていくきわめて挑戦的な姿勢をみてとることができるからである。

人間の生が置かれている状況が激しく速く大きく変化し続ける現代にあって、それでもなお教育学は、生まれ育ち老い死にゆく私たち一人ひとりの生きる歩みが総体としてもちうる意義と希望を語ろうとする。そのような教育学が直面せざるをえない困難さを思うとき、私たちは教育と物語とのかかわりをその深みから問い直そうとする研究潮流に積極的に与し、それが教育学的な人間研究として内包している力の全容を丁寧に探っていきたいと考える。このようなレヴェルでの物語ることへの関心を錬磨し、物語の視点から開示される教育学的な人間の捉え方の課題と可能性を明らかにすることを通じて、教育学を人間の生き方の生成や変容にかかわる学問としてさらに魅力的な研究領域にしていくことをめざしたいのである。

2 「物語る存在」としての人間を「物語ること」

物語論から物語論的人間研究へ

さて、「物語ること」への関心を中心に据える教育学的な人間研究の潮流が、文学理論、記号論、言語学などの領域でこれまで展開されてきた狭義の「物語論」(ナラトロジー)の発想と方法から少なからぬ影響を受けていることは疑いえないであろう。しかし同時に、この潮流における「物語ること」への眼差しは、狭義のナラトロジーの枠を突破する広がりと深まりを有するものになっている。物語論的視点が作品研究から人間研究へと向かう過程を簡単にたどりながらこの点をまず見ていきたいと思う。

そもそも、ロシアの民俗学者プロップ（Propp, 1928（1969）＝1987）の『昔話の形態学』における問題意識と方法論がその有力な出発点の一つであるとされるナラトロジーとしての物語論は、文学における人間の物語る行為およびその所産である作品を研究対象として、作品における登場人物や語り手、語り方や語りの内容が拠り立っている構造やそれらがこの構造にかかわって担っている機能を分析していくことを基本的課題とするものであった。つまり、文学的な表現行為としての物語ることに照準して、その構造・機能的特質を解読すること自体が研究の主眼であり、物語ることを広く人間における生の意味づけ方一般に浸透する行為として位置づけるような関心は乏しかったといえる。

しかしやがて、物語論の研究対象は、文学におけるフィクショナルな言語作品にとどまらず、映像や絵画表現、さらにはノンフィクショナルな事柄や状況についての論説や宣言などを含め、およそ世界における出来事が絶えざる解釈へと開かれるべく意味的に織り合されたものとしてのさまざまなテクストへとしだいに広がっていくことになる。このことにつれて物語論は、それらのテクストを産み出し読み解く私たちの意味づけの視点それ自体に共通して含まれている物語性ないし物語的理解の一般形態へとより注意を向けるようになった。そして、このようなメタレヴェルでの「物語」についての自覚と反省を促されるなかで、物語論は、文化の一領域としての文学というジャンルにおける言語作品の構造や機能を分析する次元を超えていく。すなわち、物語性ないし物語的理解として特徴づけられるような、私たちが世界のなかで出会う出来事の捉え方への関心を軸に、多種多様なテクストと人間の生とのかかわりをめぐる批判的研究へと歩みを進め出すのである。

物語論の問題意識が、出来事についての私たちの理解のあり方一般に通底している物語性へと向かうにしたがって、物語ることは、私たちの生の特定の領域や状況における特殊で限定的な行為ではなく、冒頭にも触れたように、私たちが生きていくことそのものであるようなもっとも基本的で普遍的な営みとして浮かび上がってくる。物語論は、物語る行為が、世界のなかで出会われる出来事についての意味づけ方として普遍性をもつことを発見することによって、その射程を私たちの生におけるあらゆる活動領域へと拡大深化させていく。そして、この拡大深化の運動を通じてさらに、私たちの生それ自体が、絶えず産み出され読み解かれることを待っているもっとも魅力的で大きなテクストであることが気づかれていくことになる。ここに物語論は、狭義の文学研究から離床して、「物語る存在」という視点から人間の生の営みの意味に迫ろうとする人間研究の性格を帯びてくるのである。

研究することの物語性

こうして「物語る存在」としての人間の研究という性格をもつに至った物語論的問題意識は、さらに、人間の生の営みの本質や変遷、諸相や諸次元を体系的に把握するための学問的記述のあり方をめぐる議論にも影響を与えることになる。物語論的人間研究の問題意識からすれば、人間の生の営みについての科学的実証的な記述であれ観念的思弁的な記述であれ、それら自体がまた人間の物語る行為としての性格を共有しており、物語ることは、科学から宗教の営みに至るまで、およそ人間における世界理解や自己理解の底流をなすと見なされるからである。そして、人間の生の営みを捉える視点とそれに基づく学問的記述に関し、科学的な理解と非科学的ないし前科学的な理解とは基本的に相容れないとするような二分法的図式を用いて、「真実」と「虚偽」、「事実」と「仮構」、「知識」と「信仰」、「客観」と「主観」などの対立軸を当て嵌めていくことの妥当性が深く疑われてくる。とりわけ、科学的記述が、物語る行為を自らと無縁のものと捉え、観念的記述における物語性を非科学的として退ける際の「科学＝実証」という科学観にも歴然と物語性が横たわっていることが露わにされてくるのである。

しかし、物語論的人間研究の問題意識に基づいて、人間の生の営みについての、科学をふくむあらゆる学問的記述の根底に物語性の存在を見ることは、それぞれの学問研究の意義を単純に否定したり貶めたりすることではないであろう。むしろ、物語性の発見は、人間の生の営みについての学問的記述それ自体もまた、物語る行為としての生の営みにほかならないことへの自覚と反省を私たちに促すことによって、学問研究の意義を私たちの生のあり方に即して積極的に位置づけ直す可能性をもつものと考えることができる。それというのも、物語ることが人間の生にとってもっとも基本的な行為であるとする立場に立って学問研究を見るとき、「学問と人生」「理論と実践」といった問題設定のもとに往々にして繰り返されてきた、学問とその研究者の生ならびに研究対象との関係をめぐる議論の不毛性は、すでに乗り越えられているからである。つまり、人間の生の営みについての学問研究は、「物語る存在」として人間を捉える物語論的人間研究の問題意識を通じて、「生きること」「研究すること」「物語ること」が一つになった営みとして自らを位置づける地平を見出すのである。

出来事の「意味づけ」と「筋立て」

狭義の物語論から刺激を受けつつ「物語る存在」として人間を捉えるに至った物語論的人間研究の視点は、自己の生を意味づけつつ生きる私たちにとって、「物語ること」が、先に見たような広がりと深みをもちうることを明らかにした。しかし、それと同時に、「物語ること」に伴って私たちの生き方が抱えこんでいく容易ならない問題もまた照らし出されることになる。それというのも、「物語る存在」として人間を捉える視点を徹底させるとき、私たちは、生きるうえで出会うあらゆる出来事の意味づけ方、ひいては生きることの意味づけ方全体がその隅々に至るまで物語性によって条件づけられ制限されてしまうという側面に気づかざるをえないからである。

私たちが生きるうえで出会う出来事の意味は、私たちが当該の出来事を意味づけようとする前に、予めその内部に備わっているわけではない。私たちの意味づけの視点から独立して、出来事の意味が自存しているのではないのである。意味づけようとする私たちの視点が、出来事の意味を産み出す。意味とは意味づけの視点が産み出した、その出来事と私たちの生とのかかわりを表現するものなのである。さらに踏み込めば、私たちの意味づけの視点抜きには、ある出来事を他の出来事と区別される出来事として同定することがそもそも困難であるといえる。私たちの生における出来事のすべては、それ自体としては私たちがそこに組み込まれている境目も繋ぎ目もない状況の連続的継起的変化である。私たちにとっての一見もっとも大きな出来事としての人生そのものすら、誕生と死という区切りの設定によって私たちの生を意味づけようとする視点が産み出したものである。出来事は、予めその始まりと終わりを自ら確定して私たちの前に身を横たえているのではない。出来事もまた、私たちの意味づけの視点とともに出現するのである。このように、出来事を意味づけるという行為は、私たちの生きる営みとしてきわめて創造的な性格をもっている。

しかし、「物語る存在」としての私たちにとって、自分が出会う出来事を意味づけ理解するためにはその出来事を物語らなければならない。そして、物語るとは、筋立てに即して出来事を意味づけることであった。つまり「物語る存在」としての私たちの意味づけ方は、筋立てを用いて、出来事を出来事として輪郭づけ、意味を出現させるという方法をとるのである。筋立てが、その出来事の始まりから終わりに至る時間の流れを貫いて意味がまとまりゆく筋道を見通す視点から生まれるのであれば、出来事を物語ることは、筋立てによって明らかにされる意味のまとまりに向けて、出来事を剪定し矯めていくことでもある。先に、生きることは、生きることを物語ることだと述べた。生きることを物語る筋立てもまた、本質的には、私たちが生まれ育ち老い死にゆく過程を貫いて、人生全体の意味がまとまりゆく筋道を明らかにしうるものとされねばならないのであれば、生きることを物語るにあたって、私たちは人生全体を意味づける筋立てからはずれることができない。私たちの生を意味づけるべく、誕生と死という両端を設定することで出現した人生という出来事は、それが物語られようとするかぎり、全体として意味的なまとまりに至るべき出来事とされねばならないのである。

「筋立て」の両義性

人生における個々の出来事であれ、人生という大きな出来事であれ、私たちの意味づけの視点が産み出したものであった。しかし、この意味づけの視点は、ある出来事をその出来事として同定するために始まりと終わりを設定するとしても、その始まりは決して確たる目的をめざして現れるものではないであろうし、その終わりもまた目的の完遂として生じるものではないであろう。ここでは、目的に向けての出発ではない始まりと目的の完遂ではない終わりとによって区切られた出来事の意味は、いまだ不分明な混沌のうちにある、というより、それとして確定される形では存在しないといえる。意味づけの視点が、出来事を物語ることへと進むとき初めて、出来事の意味は筋立てに即してその全容が明らかになり定まっていく。意味づけの視点が筋立てを求めるかぎり、出来事の意味は、始まりから終わりへと向かう時間の流れに沿って整合性と一貫性をもつ形にまとめられていくことになる。逆にいえば、筋立てに即して出来事を物語ることは、出来事における辻褄が合わずまとまりのつかない側面や部分を、筋立てから見て用なきものとして、拒絶し排除するということであろう。すなわち、ある筋立てによって、ある出来事の始まりから終わりを貫く一つの意味づけが切り開かれるということは、とりもなおさず、その筋立てによらない別の意味づけを閉ざすことである。

出来事の意味づけは、筋立てることに伴って、その可能性を否応なく束縛され狭隘化される一面をもつといわねばならない。もちろん、優れた筋立ては、このような辻褄が合わずまとまりのつかない側面や部分としての出来事における混沌や矛盾をも自身の中に包み込み、それらを統合して展開しうるものであり、より優れた生きることの物語を語るためのより優れた筋立てを私たちは求めていくことができるともされよう。また、筋立てることは、意味づけの可能性の束縛と狭隘化ではなく、生きることにとっての意味づけることの意義の成就なのだともいわれよう。しかしながら、それが筋立てであり、出来事がそもそも筋立てに付き従うべく生じるものでないからには、出来事における統合不可能な側面や部分は原理的にやはり残るのである。

物語ることにとって、出来事の全過程を通じて整合性と一貫性をもつ意味を見出すことが命脈であるとされるとき、物語ることは、筋立ての権能をどこまでも擁護し、その安定にひたすら奉仕することへと向かう行為となる。ここでは、物語ることによって、出来事は私たちにとって腑に落ちる意味とともに安定して人生のなかに位置を占め、人生全体もまた理解可能なものとして落ち着き、馴染まれていく。「物語る存在」である私たちにとって、人生や人生における出来事を、始まりから終わりを貫く筋立てとまったく無縁な形で意味づけることは、確かに容易ではなかろう。しかし、敢えて問えば、物語ることが、人生や人生における出来事の意味を安定させることを専らめざす行為であるとどうして言い切ることができるのであろうか。そのような断言は、最終的に落ち着いた結末に至るものとして幼い頃から聴かされもし語りもしてきた数々の「お話」に、「生きることを物語ること」の雛形のすべてを見ようとするような、日常的でナイーヴな「物語的心性」の露呈なのではないか。むしろ、私たちは、出来事の全過程を貫く整合的な筋立てに即して意味づけようとしながらも、その筋立てが拒絶し排除する辻褄が合わないものやまとまりのつかないものの聞き慣れない息づかいに耳をそばだて、見覚えのない相貌に眼を凝らしているのではないか。

物語論的視点の自己裂開

このような一連の問いが抱え込まれうるなら、物語論的人間研究は、生きることを筋立てに即して意味づけることが、物語る存在としての人間の生に深く根ざした行為であることを踏まえつつも、筋立てによって開かれる意味づけと閉ざされる意味づけの両面に細やかな眼差しを注ぎ、この両面が互いに反照し合うことを通じて浮かび上がる「物語ること」のもう一つの形姿に迫っていくことを重要な課題としなくてはならない。物語論的人間研究の問題意識は、「物語ること」が私たちが生きていくうえでもっとも基本的な行為であることを自覚し反省する立場に立つが、それは、私たちの生にとって、物語ることの価値が隈なく自明であるとすることではないし、ましてや、物語ることによって生きることの意味が最終的に明らかになるとすることでもない。むしろ、この自覚と反省の徹底を通じて、物語論的人間研究は、身に起こった出来事の顛末を筋立てて語るという点では、私たちの日常生活において一見きわめて慣れ親しいともいえる物語る行為を、その馴染みの位相から一端鋭く引き離し、注意深く考察の俎上に乗せようとするのだといえよう。

教育学的な人間研究における「物語ること」への関心は、ここまでたどってきたような物語論の展開とその人間研究の方向に向けての方法論的深化に、密接に呼応する形で生まれ育まれてきたと考えられる。

そこには、教育における人間の生き方、教育についての意味づけや理解のあり方を根源に遡って反省していこうとするにあたって、物語の視点を採用することがきわめて有効であるとの基本的認識があった。この認識に導かれつつ、私たちは「教育」と「物語」と「人間」のかかわりをめぐる諸論点を浮かび上がらせ、考察を展開していくことになるのである。

この考察の営みはしかし、これまで論じたように、研究することがまた一つの物語る行為であることや筋立てて物語るという仕方で生を意味づけることそれ自体についての自覚と反省を伴っている。すなわち、物語論的視点からの教育学的な人間研究は、「物語る存在」としての人間における「教育」と「物語」と「人間」のかかわりを「物語ること」であるとともに、その「物語ること」が依拠する「教育」と「物語」と「人間」をかかわらせる筋立てのあり方をどこまでも意識化していこうとする研究であるといえる。そしてこのことは、物語論的視点からの教育学的な人間研究が、対象の物語性へと向けられるその眼差しを「物語ることを捉える自己自身」へもまた不断に向けることによって、自己自身に亀裂を生じさせ、物語ることに対して自分だけが特権的な位置を占めることを自身の内部から突き破り続けるような運動であることを示している。物語論的人間研究が自己自身の物語性について批判的に目覚め続ける運動であるとき、人間にとっての物語ることの何たるかは、いわば自己裂開する物語論的視点の内部から常に新たに発見し直されるものとなるであろう。

次節では、教育学的な人間研究における「物語ること」へと向かう関心の主要な展開の一つである教育における大きな物語と小さな物語をめぐる議論を手がかりとして、自己を内部から突破し続ける運動として捉えられた物語論的人間研究の教育学的核心について素描することを試みたいと思う。

3 「物語ること」の教育学へ

教育における大きな物語

物語論的人間研究の問題意識からすれば、生きていくなかで私たちが出会う出来事に面して私たちが産み出したあらゆる理念や思想は、ことごとく物語として位置づけられていくことになる。理念や思想が物語の視点から捉え直されるとき、先に見たように、それぞれの理念や思想の主張する真理性を、科学的実証の立場から検証し断罪することも観念的思弁の立場から弁証し擁護することも、ともに不充分となる。そして、それらの理念や思想における人間の生の意味づけられ方がもつ物語性の問題、さらには、その物語性と私たちの具体的な生き方とのかかわりの問題へと関心が向けられていくのである。敷衍すれば、理念や思想は、それを産みもしそれが生きられもする私たちの生における物語の現場に呼び戻されつつ、その語りを構成する筋立てがどのような歴史的社会的背景をもち変遷過程をたどったか、その筋立てられた語りの影響のもとに、私たちの生き方が獲得したものや奪われたものが何であったかなどが、批判的な考察の対象となっていくのである。

教育についての理念や思想についても同様である。というより、教育に関する理念や思想は、生きることの意味や目的の探究や実現といった、私たちが生まれ育ち老い死にゆく過程としての人生の全体や根幹に触れる問題に深く関与する言説であることを自らに課してきたものであるから、そこに潜んでいる「物語性」への反省は、一層鋭利なものともなる。すなわち、「啓蒙」や「解放」、「発達」や「進歩」といった、私たちがこれまで教育について考える際に依拠してきた基本的な理念や思想が、リオタール（Lyotard, 1979＝1986, 1986＝1986）のいう近代の「大きな物語（メタ物語）」として捉え直され、その物語性を剔抉されていくことになる。

「大きな物語（メタ物語）」だといわれるのは、これらのいずれもが、教育についての個別的な理論や方法を示すものであるより、個々の理論や方法を共通に貫く教育についての根本的な意味づけ方を、人間の生の歩みの総体とむすびつけながら、価値的に基礎づけ方向づけようとするものであり、またこの基礎づけと方向づけを可能にする壮大で包括的な語りの筋立てを有するものだからである。これらの理念や思想は、その壮大さと包括性によって、教育についての私たちの発想や思考の出発点や準拠点としてこれまで強く深く影響を与えてきた。しかもこれらの理念や思想がそのような出発点や準拠点としてもつ教育学的な価値、つまり、生きることの意味や目的の探究や実現といった問題に深く関与する言説としての価値は、あまりにも自明なものと永く見なされてきたから、私たちにとって、教育についての自身の発想や思考が、これらの理念や思想の影響のもとに条件づけられ制限され続けていることに気づくことは容易ではなかったのである。

しかし、教育学的な人間研究における物語の視点の発見によって、これらの理念や思想の教育学的な価値の自明性が問いに付され、その物語としての筋立てに批判的な眼差しが向けられだす。すなわち、ある筋立てが私たちの生にとって開いてきた意味づけと閉ざしてきた意味づけのそれぞれが丹念に読み解かれていくのである。そして、その壮大さと包括性を盾として支配的に働く筋立てによって開かれる類の意味づけだけが圧倒的に正当化されるばかりで、その筋立てによって閉ざされてしまった類の意味づけが無視され葬り去られたままでいるという構図のもとに、物語論的眼差しが教育と物語をめぐる状況を捉えるとき、教育における「大きな物語」への強い不信の念が生じてくる。物語論的眼差しに導かれたこの不信の念はさらに、これらの理念や思想の筋立てによって開かれてきた意味づけが標榜する正当性が、今日の私たちが置かれた歴史的社会的状況に鑑みるとき、どれほど空洞化しているかを暴いていくことによって、「大きな物語」の失墜や終焉の主張へと向かうのである。

小さな物語の復権？

教育に関するこれまでの私たちの意味づけ方や理解のあり方を律してきた「大きな物語」としての理念や思想の失墜や終焉の主張が肯定的に受け止められるとき、例えば、普遍的で抽象的な人間性の個性的実現ないし形成過程として子どもの発達を捉え、その発達への援助的介入として教育を捉えるといった理解図式を支える前提はもはや瓦解している。そして、この瓦解状況に面しての、教育学的な人間研究における応答の一つとして、「大きな物語」のもつ信頼性を前提とした陶冶理想や理想的人間像などを大上段から論じる姿勢に代わって、身近で具体的な人間関係や世代間関係、親子、教師―生徒、大人―子ども関係を通じて幾重にも紡ぎ出されるさまざまな「小さな物語」の意味を丁寧に解明していこうとする姿勢が現れてくることになる。

教育における「小さな物語」への注目は、諸組織が複雑化し肥大化するにつれ、その成員が社会や時代の全体を展望しつつ自己のアイデンティティを見出し、繋ぎ止めていくことがますます困難になった今日の状況にあって、身近な生活圏での人間関係を通じて日常的な出来事の意味を発見し直し、共有していくことで、生きていることの実感を取り戻したいという、私たちの一見まっとうな願望にうまく呼応している。社会や時代、そしてそこに生きる自分の生活が、全体として何に基づきどこをめざして歩んでいるのかについて、私たちがこれまでのようには「大きな物語」に依拠することができない以上、身近な諸々の出来事から出発して、それらのもつ時間的空間的な結びつきをその内部から広げ厚くしていくことを通じて、生きることの意味を紡ぎだし撚り合わせていくほかはないように見えるからである。

しかしながら、物語論的人間研究の問題意識から試みられる教育の理念や思想のもつ物語性への批判的考察は、教育における「大きな物語」の終焉とそれに代わる「小さな物語」の復権という枠組みで論じられる地点に留まることはできないと思われる。なぜなら、大きかれ小さかれ、それが「物語」であるかぎり、出来事を時間の流れに沿って筋立てて意味づけ、私たちが生きる営みとして納得し理解することが可能な形でまとめ整えられなければならないのであり、小さな物語の側に立つことによって、私たちは出来事の意味づけ方における物語的制限を免れているわけではないからである。「小さな物語」への注目は、「大きな物語」の筋立てのもつ圧倒的な力によって、永きにわたって強引に閉ざされてきた生きることのもう一つ別の意味づけに、私たちの眼を開かせることになった。しかし、そこに見出されたもう一つの意味づけにも、小さな「物語」なりの筋立てがあり、その筋立ては、小さいながらも出来事の全体を一貫した視点から見通すことによって成り立つのなら、筋立てることの両義性の問題は、「小さな物語」にもやはり当て嵌まるというべきである。

物語論的視点からの教育学的人間研究にとっての、教育における大きな物語への批判的眼差しの射程は、物語の「大・小」の問題を突き抜けて、全体を見通した筋立てのもとに出来事を意味づけるという「物語ること」それ自体が内包する問題領域へと進み入らねばならない。確かに、教育における小さな物語は、これまで教育を支えてきた大きな物語の自明的正当性が崩壊し、私たちの生き方を根拠づける意味基盤が深く動揺させられる困難な状況のなかから、辛うじて見出され救い出された教育についての意味づけであるともいえるから、物語論的反省をそこへもまた徹底させていくことは、あるいは過酷な振る舞いと映るかもしれない。だが、前節でたどったような物語論的人間研究における問題意識の展開と深化を踏まえ、そこに教育学における人間や教育についての捉え方を根底から変革していく力を見出し、その力にどこまでも与しようとするなら、「物語る存在」としての私たちの生き方が抱え込んでいる問題性が、小さな物語を幾重にも紡ぎ出しつつ生きようとするあり方にも貫かれている点を看過することはできないのである。

教育をめぐる「物語ること」の運動

教育学的な人間研究における物語論的視点は、教育も教育学もともに人間にとっての基本的な生きる営みとしての「物語ること」であると捉えることによって、「理論―実践」関係をめぐる不毛な議論の消耗戦から私たちを救出することができる。またこの視点は、これまで永く密かにしかし強烈に、私たちの教育についての発想や思考を縛ってきた理念や思想に横たわる物語性を剔抉することによって、私たち自身の身近で日常的な生の現場から教育を意味づけていく試みへと私たちを促すことができる。教育学が、生まれ育ち老い死にゆく私たち一人ひとりの人生や生きることの意味をめぐる問題に深くかかわることを、これからも自らに課し続けるような「教育と人間」についての研究であるならば、ここに挙げた点だけでも、物語論的視点のもつ意義は大きいといえるのでもあろう。

しかし、すでに論じたように、私たちにとって物語論的視点のもつより重要な性格は、出来事を筋立てつつ意味づけるという「物語ること」自体へと向けられる不断の自己反省の側面であると思われる。この反省の徹底を通じて、一見慣れ親しい物語るという営みは、結局は納得のいく結末に至るというその日常的に馴染みの形姿を変容させていく。筋立てることによって開かれもし閉ざされもするさまざまな意味づけが、それぞれに反照し合う直中に、筋立てることのすべてを根源から揺さぶり続けつつ自己自身を語る、いわば「物語の異形」が現れるのである。この「異形」の出現は、「物語ること」の反省運動が自己自身を通して「物語ることの外」に触れる瞬間でもある。このとき私たちは、「物語ること」の不思議さと出会っている。生きることを「物語ること」は、つまりは、生きることにおける「物語ることの外」と遭遇すべく営まれるのであり、この「外」との遭遇を通じて、意味づける行為のもちえていた原初的な創造性が、物語ることのなかに蘇るのだとはいえないであろうか。

このように考えてくるとき、物語論的視点が、生まれ育ち老い死にゆく私たち一人ひとりの人生や生きることの意味をめぐる問題にかかわる教育学的な人間研究にもたらしうる意義の核心を、次のように述べることが許されよう。すなわち私たちが、例えば、人生や生きることにおける「教え―学ぶ」行為や「養い―育つ」関係の意味を物語ることは、それらの行為や関係を安定した形で生の中に位置づけることであるよりもむしろ、物語論的な自覚と反省を通じて、「教えと学び」、「養いと育ち」を物語ることの外に触れることなのである。そして、この「外」に触れることが、「物語の異形」の出現に呼応するものであるならば、教育をめぐる私たちの物語は、「教育と人間」についての慣れ親しい「語り方」「聴き方」から敢えて訣別し、教育を物語ることの不思議さに目覚め続ける運動なのだといえよう。さらに、生きることが物語ることであるからには、この不思議さはとりもなおさず、生きることそのものの不思議さでもあろう。

本書はこうした不思議さへの目覚めを共にすべく寄せられた論考からなっている。いずれの論考も、論者がそれぞれの関心に基づいた切り口で物語論的視点を鮮明にしつつ、教育をめぐる物語を語ろうとしたものと位置づけることができる。もはや、改めて述べるまでもなく、本書全体の構成に「起承転結」の筋立てを設け、腑に落ちる結論へと導こうなど目論まれてはいない。また、各論考で扱われている問題の関連性を考えて一応の分類を試みたが、この分類の仕方によって閉ざされ排除される意味づけや、本書の構成には収まりきらない物語論的視点からの教育学的な人間研究の問題群がありうることも明らかである。そして、小論の論旨を今一度引けば、むしろそのように排除され、収まりのつかないもののうごめきやざわめきをこそ、各論考を通して感じ取ってもらいたいとも考える。

物語論的視点からの教育学的な人間研究は、一括りにはできない課題と可能性を含んでいる。多様な読者の多様な読みを得て、本書の諸論考の「一括りにできないさま」が、「物語ることの外」と遭遇する瞬間の存在を自ずと証するものとなることを願っている。

【引用・参考文献】

Bruner, J.S. 1990 *Acts of Meaning*, Cambridge : Harvard University Press. = 1999 岡本夏木・仲渡一美・吉村啓子訳『意味の復権——フォークサイコロジーに向けて』ミネルヴァ書房

Danto, A.C. 1965 *Analytical Philosophy of History*, Cambridge : Cambridge University Press. = 1989 河本英夫訳『物語としての歴史——歴史の分析哲学』国文社

蓮實重彦 1985『物語批判序説』中央公論社

今井康雄 1998『ヴァルター・ベンヤミンの教育思想——メディアのなかの教育』世織書房

香川大学教育学研究室編 1999『教育という「物語」』世織書房

河合隼雄 1993『物語と人間の科学』岩波書店

河合俊雄 1998『概念の心理療法——物語から弁証法へ』日本評論社

Kermode, F. 1967 *The Sense of an Ending : Studies in the Theory of Fiction*, New York : Oxford University Press. = 1991 岡本靖正訳『終りの意識——虚構理論の研究』国文社

小森康永・野口祐二・野村直樹編 1999『ナラティヴ・セラピーの世界』日本評論社

Laing, R.D. 1969 *Self and Others*, London : Tavistock Publications. = 1975 志貴春彦・笠原嘉訳『自己と他者』みすず書房

Lyotard, J.-F. 1979 *La condition postmoderne*, Paris : Éditions de Minuit. = 1986 小林康夫訳『ポスト・モダンの条件——知・社会・言語ゲーム』水声社

Lyotard, J-F. 1986 *Le postmoderne expliqué aux enfants*, Paris : Éditions Galilée. = 1986 管 敬次郎訳『ポストモダン通信

——こどもたちへの10の手紙』朝日出版社
McAdams, D.P. 1993 *The Stories We Live by : Personal Myths and the Making of the Self,* New York : The Guilford Press.
McNamee, S & Gergen, K.J. (eds.) 1992 *Therapy as Social Construction,* London : Sage Publications. = 1997 野口裕二・野村直樹訳『ナラティヴ・セラピー——社会構成主義の実践』金剛出版
三上剛史 1993『ポスト近代の社会学』世界思想社
南　博文・やまだようこ編 1995『老いることの意味——中年・老年期』金子書房
森田伸子 1993『テクストの子ども——ディスクール・レシ・イマージュ』世織書房
毛利　猛 1996a「『物語ること』と人間形成」岡田渥美編『人間形成論——教育学の再構築のために』玉川大学出版部
毛利　猛 1996b「教育のナラトロジー」和田修二編『教育的日常の再構築』玉川大学出版部
野家啓一 1996『物語の哲学——柳田國男と歴史の発見』岩波書店
大森荘蔵 1992『時間と自我』青土社
大澤真幸 1994『意味と他者性』勁草書房
Propp, V. 1928 (1969) *Morfologija skazki,* Leningrad : Nanka. = 1987 北岡誠司・福田美智代訳『昔話の形態学』水声社
Ricœur, P. 1983-85 *Temp et récit Ⅰ, Ⅱ, Ⅲ*, Paris : Éditions du Seuil. = 1987-90 久米博訳『時間と物語』Ⅰ、Ⅱ、Ⅲ、新曜社
Sartwell, C. 2000 *End of Story : Toward an Annihilation of Language and History,* Albany : SUNY Press.
Spengemann, W.C. 1980 *The Forms of Autobiography : Episodes in the History of a Literary Genre*, New Heven : Yale University press. = 1995 船倉正憲訳『自伝のかたち——文学ジャンル史における出来事』法政大学出版局
皇　紀夫 1996a「人間形成論の方法の問題——臨床教育学との関連で」岡田渥美編『人間形成論——教育学の再構築のために』玉川大学出版部

皇　紀夫 1996b「なぜ〈臨床〉教育学なのか――『問題』の所在と理解」和田修二編『教育的日常の再構築』玉川大学出版部
田中智志編 1999『〈教育〉の解読』世織書房
鳶野克己 1990「桎梏としての『人間性』と『人生』――教育の『物語』についての覚え書」『光華女子大学研究紀要』第二八集
鳶野克己 1994「『拠り所のなさ』という拠り所――人間形成における『物語』の批判的再生のために」加野芳正・矢野智司編『教育のパラドックス／パラドックスの教育』東信堂
鳶野克己 1997「物語・教育・拠り所――恫喝としての同一性」『近代教育フォーラム』第六号、教育思想史学会
White, H. 1973 *Metahistory : The Historical Imagination in Nineteenth-Century Europe*, Baltimore : The Johns Hopikins University Press.
Witherell, C. & Noddings, N. (eds.) 1991 *Stories Lives Tell : Narrative and Dialogue in Education*, New York : Teachers College Press.
やまだようこ編 2000『人生を物語る――生成のライフストーリー』ミネルヴァ書房
矢野智司 2000『自己変容という物語――生成・贈与・教育』金子書房
『発達（特集）物語るものとしての保育記録』16 (64)、ミネルヴァ書房
『発達（特集）人生を物語る――生成のライフストーリー』20 (79)、ミネルヴァ書房

＊物語論的視点から「教育と人間」の問題を考えるために手がかりとなる文献は多岐にわたる。本書で挙げられる文献は、各章末のものをあわせても、そのごく一部であるが、これらの文献をさしあたりの漕ぎ竿として、物語論的人間研究の大海へと読者一人ひとりが船出してもらえるなら幸いである。

I

教師の物語・物語の教師

I

I

教師のための物語学

教育へのナラティヴ・アプローチ

毛利　猛

1　物語ることと教育学のパラダイム転換

人間存在の「物語性」

私たちは、「物語る」という仕方で、自己の生の歩みと、この世界のなかで経験する出来事を理解する。ここで「物語る」とは、私たちが自己の生を、あるいは世界のなかで経験することを、始まり／あいだ／終わりという時間の流れのなかに筋立てて捉えることである。私たちは、自己の生の歩みを理解し、この世界において経験する出来事を理解するために、これをどうしても物語らなければならない。物語ることで、私たちは自分の人生に意味を与え、身のまわりで起ったことを「有意味」な出来事として経験することができる。私たちの人生や人生上の出来事についての理解は、つねに何らかの「筋立て」を介した理解、つまり「物語的理解」である。「筋立て」られていないものに、私たちは決して近づくことができない。ところで、人間が「ある」とは、「理解しつつある」ことであって、私たちはこの理解の背後に遡ることはできない。ところが、この理解はまた「物語的理解」として、「物語ること」と等根源的である。「物語ること」は、私たちの理解の枠組みであると同時に、「理解しつつある生」としての私たちの「あり方」である。

私たちはこれから、人間の基礎的な「あり方」としての「物語ること」について論じようと思う。人間は生きている限りつねに「物語つつあり」、たとえ個々の物語から抜け出ることはできても、「物語る」という生の様式そのものから逃れることはできない。出来上がった作品としての物語も、このような人間のあり方（人間存在の物語性）から生み出されたものである。

ナラティヴ・アプローチと臨床教育学

「物語」という言葉には、何かしら人を魅きつける力があるようである。最近、「〇〇物語」と銘うたれた商品をよく目にするし、学問の世界でも、この言葉を重要な視点ないしメタファーとする研究が、「物語学」の呼び名でもてはやされている。

「物語学」（ナラトロジー）は、もともと構造主義や記号論といった思潮の影響を受けた文芸批評の分野で展開された「物語テキストに関する理論」であったが、今では、物語を重要な視点ないしメタファーとする学問の立場（ナラティヴ・アプローチ）を総称していると考えてよかろう。現代の「物語学」は、もはや文学や文芸批評の分野にとどまらず、あらゆる人文および社会系の学問分野で、とりわけ「臨床的」な志向をもつ学問分野で展開され、それにともなって、「物語」の概念も、特定の時代の文学作品とその様式からより一般的な「筋」によってまとめられる言説へ、さらには「物語りつつある」という人間のあり方を言い当てるものへと拡大していった。こうして、人間と物語との関わりの多様な局面が明らかになるとともに、その視点を取り入れたことで、既成の学問研究のあり方が根本から問い直されるようになってきたのである。

それは、私たちの学問（教育学）においても例外ではない。ここ数年、教育哲学、教育社会学、教育方法学、教育史、保育学などの領域で意欲的な研究を進めている人たちが、「物語」という視点から教育の営みを捉え直し、そうすることで、教育研究における新しいパラダイムを切り拓こうとしている。彼らは、例えば、実証的な歴史研究、実証的な発達研究、実証的な授業研究といった、実証的なパラダイムの一元支配に対する反発と、教育の「語られ方」を理解する文脈への関心を共有している。

それでは、「物語る存在」としての人間に定位し、「物語」という視点から教育を捉えることが、どのような教育研究のパラダイムを拓くことになるのだろうか。

まず第一に、近代の実証科学が「私という人間」をできるだけ排除するところに成り立つのに対して、ナラティヴ・アプローチは、物語りつつある私のことを決して棚上げしない。むしろ私という人間の主体的な関与があるから、「筋」が立つのである。私たちは「筋立て」を通して現実と向かい合う。このことは、私たちの関与の仕方によって現実が違ったふうに「見える」ことを意味する。教育という現実も、それが「私たちの現実」である限り、物語ることによって構成されたものであり、これを研究対象として実体化する前に、その多様な「見え方」をこそ問うべきなのである。

第二に、ナラティヴ・アプローチは、私たちがたえず物語を語り直すという仕方で、現実を再構成していることを重視する。物語ることは切れ目のない語り直しである。私たちは現実を理解するためにこれを繰り返し語らねばならないが、しかし、語るたびごとに、この同じ物語をすでに聴いた者の立場から新しく語り直している。こうして語りながら聴き、聴きながら語るなかで物語は反復され、反復されることで更新され続けていく。私たちは物語の視点を取り入れることで、教育という現実をダイナミックな生成過程において捉えることができるのである。

第三に、ナラティヴ・アプローチが教育学のなかに浸透してくるにつれて、私たちがこれまで教育をどのような文脈のなかで語ってきたのか、どのような「語り口」で語ってきたのかが反省されるようになってきた。教育が語られる文脈とその「語り口」は、私たちの教育「理解」の枠組みであって、それについての反省を含まない理論は素朴であると言わねばならない。そこから、例えば、何らかの教育「問題」を取り扱うに際しても、その問題を問題たらしめている文脈への関心、その問題の「語られ方」への関心が強まっているのである。

ところで、最近、教育学を「臨床的」な学問として構想しようとする努力が目立ってきたが、実は、そうした努力のうちの、もっとも有力なものの一つがナラティヴ・アプローチであると考えてよかろう。ナラティヴ・アプローチは、教育という物語を研究する者自身が、その当の物語の生成に参与しているという立場をとる。それはまさに「臨床的」な立場であり、実際のところ、多くの臨床教育学において「物語ること」が教育研究のパラダイムとされているのである。

2　物語としての自己／物語としての社会

物語的自己同一性

私たちは「物語」の概念を、「物語る」という以外に存在の仕方をもたない人間のあり方を言い当てるものとして幅広く捉え、こうした「人間存在の物語性」という最も包括的な地盤において「教育の物語学」を展開してみたいと考えている。

私たちが世界のなかで経験する出来事はすべて、それが「有意味な」出来事であるかぎり、始まりと終わりによって区切られた「あいだ」に生起する。その「あいだ」の区切り方は、長いものもあれば、短いものもあり、また長い区切りのなかに複数の短い区切りが入るという具合に入れ子状になっているが、ともかく人間は、始まりと終わりに挟まれた「あいだ」をそのつど筋立てながら生きているのである。例えば、学生は、その学生時代の只中において始まり（入学）と終わり（卒業）を見通しており、そうした時間的展望のなかで、そのつど自分の学生時代を筋立てている。学生が学生であるのは、彼らが「私の学生時代」という「物語」を自分に対して語り続けているからである。

私たちは生きている限り物語ることをやめるわけにはいかない。そもそも、私たちが人間として生きることは、誕生と死という二つの限界によって区切られた生の歩みに、そのつど全体としての意味を与えながら生きること、つまり「私の人生」という物語を生きることである。

「私の人生」という物語を自分に対して語り続けることは、「私は誰か」という問いに答えることである。P・リクールは、このようにして獲得される自己同一性を「物語的自己同一性」と呼んでいる（Ricoeur, 1985＝1990：448）。自己同一性に関する問いは、「物語的」にしか答えられない。私たちは自分についての物語を自分に対して物語ることで、「自分が自分である」ことを確認しつつ生きている。前に、「有意味な出来事はいつも始まりと終わりの「あいだ」に生起すると述べたが、考えてみれば、「自分が自分である」ということも一つの出来事である。私たちが「自分自身である」そのあり方は、私たちが始まりと終わりの「あいだ」をどう筋立てるかによって、つまりどういう人生物語を物語るかによってそのつど違ってくるであろう。

私たちは「自分自身であり続ける」ために、自分の人生物語を繰り返し物語らなければならないが、そのことは、私たちの自己同一性というものが、事物的に存在するものの対象的同一性のようにいつも安定したものではないことを意味する。私たちの物語的自己同一性は、私たちが自分の人生物語を物語るたびごとに、たえず解体され更新され続けるような同一性である。

物語ることによる救済

それにしても、私たちはなぜ自分の人生物語を繰り返し物語り、そのたびごとにこの物語を修正し続けていくのだろうか。それについてはすでに、「自分自身である」ことを自己確認するためであると答えておいたが、しかし、それは単なる知的な確認作業にとどまらない。私たちは、繰り返し物語ることで、人生物語の主人公である自分自身と折り合いをつけ、自分の身に降りかかった出来事の結末を「受け入れよう」とするのである。いや、むしろ逆に、自分自身と和解することを迫られ、私たちにとって受け入れがたいことを何とか受け入れようとするとき、私たちは繰り返し物語るのだとも言えよう。物語は、私たちの身の回りで起った出来事を道徳化、教訓化しようとする抜き差しならぬ欲求から生まれる。物語ることは、それ自体がすでに一つの解釈行為であるが、その解釈は出来事についての道徳的、教訓的な解釈である。

ところが、もともと物語ることは、物語の語り手から聴き手への伝承行為であるから、出来事の道徳的、教訓的な意味は、その出来事を物語ることで、物語の語り手と聴き手の間で共有されることになる。物語は、出来事の道徳的、教訓的な意味の共有という形で人と人を結びつける。共通の物語を語り、共通の物語を聴くことによって、私たちは個人的主体から共同体的主体になるのである。先ほど、私たち一人ひとりの「自己」というものが「物語的」に構成されていることを見てきたが、実は、「社会」もまた「物語的」に構成されているのである。そして、「物語としての自己」と「物語としての社会」をつなぐものこそ「共通の物語」である。私たちは「共通の物語」を介して、自分自身であり続けながら同時に、社会との「横のつながり」を保つことができるのである。

しかし、物語が「つなぐ」のは、単に個人と社会だけではない。物語ることは、本来、異なる世代間の

「縦の」伝承行為であるから、この点から言えば、世代から世代へと語り継がれてきた物語は、これを聴く者にとって、「向こう側」から届く声として聴こえるはずである。物語は私たちに「横のつながり」とともに「縦のつながり」をもたらしてくれる。ある社会の「共通の物語」は、世代を越えて語り継がれることによって「聖性」を帯びるようになる。私たちは後継世代として、まずは、このような「聖なる物語」の聴き手である。もちろん、私たちはただ一方的に聴いているだけではなく、自ら語りもするのだが、その場合、もし私たちの語る物語が何らかの規範性をもつとすれば、それは、私たちがこの同じ物語を聴いた者として語っているからである。このように、物語を語ることと聴くことの二つの局面のうち、「聴く」という局面、いや「聴こえる」という局面に力点を置くとき、物語の「垂直的」な次元が顕わになるのである。

物語を語る（聴く）ことは、私たちが生きていくうえでの制約である。しかし、私たちの生がその物語に「支えられている」こともまた否定できない。物語は私たちの生の制約として、私たちを苦しめ、悩ませるとともに、私たちの生を支える力となって、私たちを救済してくれるのである。このような物語の二重の性格に応じて、私たちの物語に対する態度は大きく二つに分かれる。すなわち、一方には、物語が私たちの生を制約し、抑圧するという側面に目を奪われて「物語批判」を展開している人たちがおり、他方には、物語が私たちの生を支えてくれるという側面を強調して「物語の復権」を唱える人たちがいるのである。

それにしても、近代人の脅迫的ともいえる自分自身へのこだわりは何を意味するのだろうか。それは、近代的な「自己の物語」が、「横のつながり」とも「縦のつながり」とも切れた主人公の語りであるため、彼らの生をしっかり支える力を失っていることと無関係ではなかろう。今や、「自分さがし」という言葉がキャッチコピーになるほど、彼らの自己は根なし草となって浮遊している。「横」(共同体)と「縦」(伝統、超越)のつながりのなかに自分を位置づけることのできない近代人の不安が、皮肉にも、今日の過剰な「自分がたり」を生み出しているのである。

3　物語るのは「誰か」

語りにおける主体の二重性

私たちは、私たちの身の回りで起きたことに対して、ある部分を取り上げ他の部分は切り捨てることで、またある側面を強調して他の側面は軽視することで、一貫した筋のある話を物語ろうとする。物語ることには、どうしてもある種の誇張や一面化が避けられない。その点、坂部恵が言うように、「語る」ことは「騙る」(だます)ことに通じているのである。

とくに、「誰某をかたる」という表現において、私たちは「語り」が「騙り」でもあること、そして、この語りの作為(騙り)によって語りの主体が二重化されていることを明瞭に見てとることができる。坂部によれば、実は、ここに見られるような主体の二重化は、何ら「かたり」にとって派生的、例外的なものではなく、むしろ「かたり」の主体一般のもつ基本的な二重構造の一つの現れに他ならないという(坂部・1985：232)。

では、これまで人は誰の名をかたって物語を語ろうとしてきたのだろうか。人が自分ではない誰かを「名のる」とき、その語りの作為を、単に別人をよそおう詐称行為であるとして水平的な次元で解釈してはならない。人はかつて神格化された人物の名を「名のる」ことで、その名の人物に乗り移ることができた。「名のり」は「名乗り」であり、仮託された人物への憑依である。しかし、それは同時に「名告り」でもある。神格化された人物に乗り移って語る(騙る)ことで、語り手の物語るという行為は、神仏の託宣に近い、垂直的な言語行為になりえたのである。

このように、日常的、水平的な次元においては、詐称による巧みな「かたり」を、超越的、垂直的な次元においては、ある種の神がかりにおける「かたり」を考えてみればよく分かるように、「語り」の主体はつねに二重化されているのである。だとすれば、「物語るのは誰か」という問いに、私たちは二重に答えなければならないことになる。「それは私であって、私ではない」と。しかし、これではまともに答えていないと言われても仕方がないだろう。私は以前に、この「語り」の人称をめぐる問題と、「物語」の「モノ」にどういう意味と位置づけを与えるかという問題を絡めて、「モノ語りはわれわれが〈モノを〉語ることであると同時に、〈モノが〉われわれを通して語ることである」と答えておいた(毛利・1996a：267, 1996b：201)。

この後段の部分の、「〈モノが〉われわれを通して語る」というところは少し分かりにくいかもしれない。しかし、このような考え方は、それほど突飛なものではない。モノ語りを「モノによって引き起こされる語り」とする解釈の正しさは、私たちが普段から何気なく感じていることである。すなわち、私たちが何かを物語るとき、自分が語るというより、語らされているのだと強く感じるときがある。とくに、「のっている」ときがそうである。自分では考えもしなかったことが、思わず口をついて出てくる。そのとき、自分がそれを語ったのか、それとも言葉の方が「やってきた」のか、どちらかと言えば後者のように強く感じるときがある。その側面を強調するならば、「語り」の主体は、私たちではなくモノ、あるいは物語そのものであると言うことができるのである。

語ることと聴くこと

私たちは、自分の人生物語の語り手であると同時にその語りかけの対象、つまり聴き手でもある。一方では自分の物語を語りながら、他方では物語自身が語るのを聴いているのである。そして、物語自身が語るのを聴くということが、自分の物語を語ることに影響を与える。ちょうど文芸理論の分野で、読み手の「読む」という行為そのものがストーリーに影響すること、したがって、ストーリーは読み手の参与に対して「開かれて」いることが、テキストの生産性という問題と関わって取り沙汰され、テキストと読み手の出会いとしての「読むこと」が重視されてきたように、「私の人生」という物語=テキストの生成において、物語自身が語るのを「聴く」ということが担う役割がもっと重視されるべきであろう。私たちがどういう人生物語を物語るかは、結局、私たちがどういう人生物語に耳を傾けるかに依存しているのである。

ところで、今あえて、物語自身が語るのを「聴く」とか、人生物語に耳を傾けるということを強調するのはなぜか。それは、このような物語との関わり方から、物語の「垂直的」な次元が顕わになるとともに、物語によって構築される自己が垂直の方向に開かれることになるからである。

物語を語ることと聴くことの二つの局面のうち、近代人の物語との関わり方は、圧倒的に前者の方に傾斜している。近代になって、私たち人間は、自分の物語の能動的な語り手として、自由に自分の物語を創作できるようになった。ところが、このような物語創作の自由な主体となったにもかかわらず、いや、そうなったがゆえに、皮肉にも、私たちの生は物語によって「支えられ」なくなったのである。

近代的な「自己の物語」は、私たちを狭隘な「個人」のうちに閉じこめようとしている。本来、物語ることは、決して「個人」に還元される営みではないにもかかわらず、「向こう側」から届く声に耳を傾けようとしない近代人は、自ら物語る主体となって無数の物語を産出し続けている。しかも、あらゆる物語がその正当性を主張してやまず、なおかつ、どれもが「一つの物語にすぎない」のだから、「個人」を語り手とする物語の過剰は、私たちを相対主義という泥沼に引きずり込み、時代の病としてのニヒリズムを昂進させるのである。

4 物語ることの二面性

物語の「開示性」と「隠蔽性」

物語とは、私たちがこの世界のなかで経験することを、発端と結末をもつ「有意味」な出来事にまとめ上げる、そのまとめ方（筋立て）につけられた名前である。私たちは「筋立て」という迂路を経ることで、この世界のなかで経験した出来事を理解することができる。

さて、物語ることは世界を「隠蔽」すると同時に「開示」する。ある物語のもとに経験をまとめ上げる（筋立てる）ことは、つねに別様のまとめ方を閉め出すことで達成される。しかも、大抵の場合、その「筋立て」はどこかからの借り物であるから、この面を強調すれば、物語ることは、私たちの豊かな世界経験の可能性を閉ざすことだと言えよう。物語は世界を「隠蔽」する。これは紛れもない物語の一面であって、私たちはこの事実を引き受けながら、なおかつ物語るしかない。ところが、まさに物語るしかなく、物語ることから逃れられないということのなかに、隠蔽することが同時に開示することでもあるという、物語ることのもう一つの性格が示されているのである。

物語ることは、私たちの世界経験にそのつど完結をもたらすことであると同時にそのような完結をたえず破ることでもある。それは切れ目のない語り直しである。その意味で、私たちが生きている限り、ただもう、どうしようもなく物語るしかなく、物語ることから逃れられないということは、私たちの単なる制約条件ではなく、むしろたえざる世界「開示」の条件なのである。

このように物語は本質的に、「隠蔽性」と「開示性」という二つの性格を併せもっている。物語は一面からすれば、発端と結末の「あいだ」を筋立てることで、私たちの世界経験を時間的にまとめ上げる、一つの「閉じた」解釈図式である。その「閉じられた」性格は、「筋立て」がなかば惰性化したときにもっとも際立つことになろう。ところが、それは他面では、私たちの経験のつねに「開いた」解釈行為である。

私たちが経験した出来事の一義的な規定性ということは原理的にありえない。それは物語られるたびごとに、新たに規定し直されるのである。

隠蔽することが開示することであり、開示することが隠蔽することであるという物語の二面性を、それ以外の二面性と絡めて論じてみるのも面白い。私たちは、これまでにもすでに、水平的な次元と垂直的な次元、語ることと聴くこと、個人の物語と社会の物語、私たちの生を抑圧する面と支える面など、さまざまな物語の二面性に触れてきたが、ここでは、「長い物語」と「短い物語」という観点と絡めて、隠蔽しつつ開示するという物語の二面性を説明してみよう。

「物語ること」にとって、「始まり―終わり」という閉域を確定することは、その「あいだ」を筋立てることに等しい。つまり、始まりと終わりをどこで区切るかで、物語の「筋立て」はまったく違ってくるのである。その区切り方には、言うまでもなく、長いものと短いものがあり、そして、長短それぞれの物語のなかで見えてくるものと見えなくなるものがある。「長い物語」のなかで見えるものが「短い物語」のなかでは見えず、「短い物語」のなかで見えるものが「長い物語」のなかでは見えないのである。例えば、子どもの「成長の物語」を一つ取り上げてみても、それを長いスパンのなかで筋立てるのか短いスパンのなかで筋立てるのかで、見えるものと見えないものが違ってくるはずである。そこから、ある時間的展望のなかで大変深刻な「問題」であったことが、それとは別の時間的展望のなかでは全然大した問題にならない、というようなことも起こるのである。

「大きな物語」と「小さな物語」

さて、隠蔽しつつ開示するという物語の二面性に続いて、次にもう一つ、「大きな物語」と「小さな物語」が区別されるとき、その区別のなかで見てとられている物語の二重傾向について論じることにする。この「大きい物語」と「小さい物語」という物語の分け方は、先ほどの「長い物語」と「短い物語」という分け方とは、まったく観点を異にする物語の分け方である。すなわち、後者の分け方が、物語の始まりと終わりをどこで区切るのか、その区切り方の長短による分類であるのに対して、前者の分け方は、むしろ、それぞれの物語がどれだけ多くの人たちに、どれだけ絶対的なものとして語られ（聴かれ）ているかに関係している。

私たちは現在、「進歩」や「人間の解放」といった、これまで多くの人たちに共通に信じられ、それゆえ聖性を帯びていた「大きな物語」が、その信憑性をすっかり喪失してしまった時代を生きている。J・F・リオタールは、こうした「大きな物語」に対する不信感を「ポストモダン」と呼んだ（Lyotard, 1976＝1986：7）が、私たちはもはや、「進歩」であれ、「人間の解放」であれ、かつては誰もが納得できた「大きな物語」に訴えかけることで自らの知を正当化することはできない。このような正当化の機能を担った「大きな物語」の失墜は、今や誰の目にも明らかである。「大きな物語」の自明性のゆらぎを前にして、これまで通りこれに頼ることはできず、かといって物語性という人間のあり方から脱出できないとすれば、私たちに残された道はただ一つ、「小さな物語」をたえず語り直し続けていくしかないように思われる。

ところが、「大きな物語」に対して、「小さな物語」を物語るという行為の積み重ねを対置すれば、それで話がすむのかといえば、どうやらそれほど簡単ではない。「大きな物語」と「小さな物語」という物語の分け方を、「社会の物語」と「個人の物語」という分け方に重ね合わせると、「大きな物語」が「社会の物語」の側に位置することは明らかだろう。というのは、前にも述べたように、「社会の物語」において、私たちは語り手であるより先にまずは聴き手であり、そして、「聴く」という関わり方から、物語の「垂直的」な次元が顕わになるとともに、物語的に構成される私たちの自己が垂直方向に開かれることになるからである。私たちは「横」とつながることで「縦」と切れるのではなく、むしろ「横」とつながるほどに「縦」ともつながるのである。水平方向に開かれる度合いに応じて垂直方向にも開かれるのである。なるほど、こうした「社会の物語」ないし「大きな物語」がこれまで私たちの生を制限し、抑圧してきたことは否定できない。しかし、私たちの生がその同じ物語に支えられてきたこともまた否定できない。「小さな物語」のたえざる語り直しという戦略が、もし「横」とも「縦」とも切れた「個人」を主人公とする「自分がたり」に拍車をかけることになるなら、この戦略は、相対主義という難問を不可避的に抱え込み、ニヒリズムをますます昂進させることになるだろう。

もちろん、私たちは相対主義とニヒリズムを克服するために、失墜したはずの「大きな物語」の復権をいまさら唱えようとは思わない。それではまた話は振り出しに戻ってしまう。およそ、ポストモダンの反「物語」であれ、歴史意識の乏しい「物語」讃歌であれ、そこで批判されたり、美化されたりする「物語」の捉え方自体がかなり一面的である。例えば、「物語」批判の文脈では、物語はほとんど「紋切り型」と同義に捉えられており、そのことで、最初から物語は批判すべき対象として設定されている。物語の「空疎さ」を批判するために、あらかじめ物語は紋切り型という「空疎な」概念に仕立て上げられているのである。いずれにせよ、物語のある一面にだけ目を奪われて、二面性ないし二重傾向の内部に踏みとどまれないことが、こうした物語に対する「割り切った」態度を取らせているように思う。

5　二つの物語分析

「支配的物語」の書き直し

さて、私たちは自分の人生や人生上の出来事はもちろんのこと、他者のそれをも一つの物語として理解する。だとすれば、教育者の「子どもの成長」についての理解もまた、「物語的」理解であることを免れないことになる。子どもに教育的に関わろうとする大人は、彼らなりに子どもの「成長の物語」を構想する。そして子どもは、このような教育者の「成長の物語」に合わせて自己を「物語的」に理解するのである。その意味では、教育という物語的交渉は、大人を語り手とする子どもの成長の物語を、子どもが聴くことによって成立しているといってよい。この面を強調すれば、教育とは、大人の「好みの物語」の押しつけであるといっても過言ではなかろう。

しかし、教育という物語的交渉において、物語を語るだけで聴くことのない者と物語を聴くだけで語ることのない者を、教育者と子どものいずれかに割り振ってはならない。そもそも、物語的交渉というものが、語ることのなかで聴き、聴くことのなかで語るという二重化された交渉であるかぎり、子どもは単に聴き手であるのではなく、聴くことのなかですでに語っているはずであり、教育者はこのような子ども自身が語る物語のよき聴き手でなければならない。この面からすれば、教育とは、子どもが自分なりに物語を形成していくことへの援助である。

物語に対して批判的な態度をとる人は、教育が大人の「好みの物語」の押しつけであるという側面に目を奪われて、教育に対しても批判的である。物語が抑圧的であるなら、それを押しつける教育はさらに抑圧的である。「教育病」ともいえる神経症は、この二重の抑圧によって、お仕着せの物語を——それがすでにゆきずまっているにもかかわらず——自分から語り直せなくなった状態といえようか。

そのようなとき、カウンセリングは私たちに恰好の「解放の物語」を提供してくれる。しかし、カウンセラーの「好みの物語」によって抑圧から解放されたはずの「真の自己」もまた、新たな神経症を病んでいないだろうか。「治った」というのは、実は癒しの物語に「憑かれた」ことではないのか。

いきずまった支配的物語を書き直すためには、それに代わる新しい物語に反応する「聴き手」を必要とする。そのような「聴き手」がいないところで、自分一人で支配的物語を書き直すことは大変難しい。しかし、物語的交渉において、聴き手が語り手に「語らせて」いる、あるいは聴き手もまた語っていることに無自覚であるなら、そのような聴き手の対抗物語もまた、いきずまった支配的物語と同様に、いやそれ以上に巧妙かつ執拗に、私たちの生を硬直化させるだろう。

物語をめぐる戦い――物語的交渉の分析

子どもの「健やかな成長」を願う大人は、子どもの周りに大勢おり、それぞれの大人が各自の視点から子どもの「成長の物語」を構想している。教育は、そのような複数の大人がそれぞれに描く「成長の物語」と、子どもが自分なりに描く「物語」とのぶつかり合いのなかで展開していく。その際、子どもの教育をめぐって、複数の「物語」がぶつかり合うことが、教育に混乱をもたらしているという面もあるかもしれないが、しかし、もともと教育においては、誰が物語るかによって若干異なる「筋立て」に折り合いがつけられていくことが大事であって、一つの物語だけが「支配的」になることは却って教育のあり方を歪めることになるのである。

私たちの学問の課題は、教育という「多声的」な現実を、その「多声性」に注意を払いながら読み解いていくことである。子どもを取り巻く大人たちは、それぞれの視点から子どもの教育を筋立てている。このように誰が物語るかによって「筋立て方」の違う物語をすり合わせ、複数の語り手の視点を交錯させることによって、私たちの「教育」理解はより奥行きのあるものになるのである。

以前私は、VTRで撮影された次のような保育記録を、ある学会発表で観たことがある。そのVTRは、ある幼稚園の年中組に入園して間もないA君が、すでに年少のときからこの幼稚園に通っている四人の男児グループに近づくが、なかなか遊び仲間に入れてもらえず、新参者として古参のメンバー四人からのけ者扱いにされている様子を映し出していた。たまたまその春に引っ越しをして、同じ年頃の二人の息子（年長児と年中児）を転園させていた私は、A君に自分の二人の息子の姿をだぶらせ、まるでA君の父親のように感じていたのだろう。幼稚園でVTRを撮影し、学会発表でその映像を私たちに解説してくれた若い研究者が、VTRに映し出されたA君の物語を、比較的長いスパンのなかで「仲間入りのプロセスにおける試練」として筋立てていたのに対し、私は、もっと短い時間的文脈のなかでこの物語を筋立てていた。すなわち、父親になりきっていた私の目には、A君（自分の息子）が「仲間はずれ」にされている場面が延々と続いているようにしか見えなかったのである。ところが、さらに興味深いことに、そのVTRを事例研究会で観せられたA君の担当保育者は、撮影当時の保育活動のなかで、自分はA君の物語を「仲間入りのプロセス」でも「仲間外れのプロセス」でもなく、むしろ「仲間くずしのプロセス」として筋立てていたことを振り返るのである。

比較的長いスパンのなかで物語の終わりを読み取った若手研究者と、もっと短い時間的展望のなかで物語を筋立てた父親、そしてA君の参入がそれまでの安定した仲間関係に投じた波紋にアクセントを置いて物語を筋立てた保育者、三者三様の物語の筋立てのうち、ここでどれが正しいのかを問題にしたいのではない。類型化すれば、それらはそれぞれ「オジ的存在」「親」「教師」を物語り手とする三つの典型的な筋立てと言えなくもないが、ここで確認しておきたいのは、このように物語り手によって「筋立て方」の違う複数の「物語」が、子ども自身の「物語形成」に影響を与えているということである。

誰が物語るかで「筋立て方」が違っているとき、誰の「筋立て方」が正しいのかを問題にするよりも、むしろ、その「筋立て方」の「差異」に注意を払いながら、各自が自分の「筋立て方」を反省していくことが大切であり、逆に、唯一つの「正しい物語」の現実構成力が圧倒的になったとき、教育のあり方は歪められていくことになる。もう一つ事例をあげてみよう。

　私の二人の息子が、小学校四年生と三年生になったときのことである。ある日職場に妻から電話がかかってきた。下の子（三年生）が手に怪我をした。今から病院に連れていくという。私が急いで病院に駆けつけると、ちょうど診察を終えたところで、二人は待合室にいた。息子は手に包帯をしていたが、大した怪我ではなかったようである。どうしてこんなことになったのか。怪我をしたいきさつについて尋ねると、息子ではなく妻がしゃべり始めた。それによると、その「事件」は息子がいつものように同級生のT君と一緒に学校から帰る途中に起こった。二人はたまたま帰り道で上級生（四年生）のF君と出くわした。T君がF君に何か言ったところ、F君が急に怒りだしたそうである。そして、息子に飛び掛かってきた。組み倒された息子はほとんど無抵抗であるにもかかわらず、F君に手の甲を踏みつけられたらしい。「上級生なのに、ひどいことをする」と、包帯をした息子の手を見やりながら妻は言った。妻が話している間、息子は一言もしゃべらなかった。

　妻の話を聴きながら、どうも私は釈然としないものを感じた。F君といえば上の息子の同級生である。転校してきたばかりのおとなしい子のはずだが。「息子はひょっとしたら加害者なのかもしれない」。私はそう思った。妻は「かわいい息子」の断片的な話をつなぎあわせて、わが子を被害者とする事件＝物語を筋立てた。しかし、私には、これとはまた別の物語を筋立てることが可能であるように思われた。

　その筋立てはこうである。息子とT君が下校途中に転校してきたばかりのF君と出くわした。転校生なら、こは下級生であるにもかかわらず、相手が一人であることをよいことにF君をからかった。転校生なら、この時期誰もが不安を抱えているはずである。新しい学校でこれから自分はどうなるのか。（下級生にまでばかにされるような）みじめな学校生活を送りたくなかったF君は、軽い気持ちでからかった二人がびっくりするような——しかし本人にしてみたら必死の反撃にでたのではないか、と。

私はかつて高校の教師をしていたとき、この手の「事件」に自分の子どもが係わっていたとなると、母親というものは往々にして、「何も悪いことをしていないわが子」の話を鵜呑みにして、わが子を一方的な被害者とする「事件」を筋立てやすく、しかも、この母親が当の子ども以上の被害感情にとらわれると、なかなか冷静に話し合うことが難しくなること、そのような場合はむしろ、父親と話し合ったほうが「話が通じやすい」ということを何度か経験してきた。ちなみに、右の息子の「事件」の場合、妻は学校と連絡をとる直前に、私と話し合うことでわが子を少しだけ突放して見る視点を得ていた。このことは、その後の関係者との話し合いを容易にしたと思う。その夜、T君が両親に付き添われてわが家に謝罪にきた。教師の「取り調べ」によって、この「事件」でT君が果たした中心的な役割が明らかになったのである。新しい「筋立て」のなかで、この「事件」の「主犯格」となり、しょげ返っているT君を、妻は「うちの子も悪いから……。これからも仲良くしてね。」と励ましていた。

ここで言いたいことは、母親の筋立てはいつも「主観的」で間違っており、父親の筋立ての方が「客観的」で正しいのだということではない。おそらく、子どもが健やかに育つためには、どんなときでもわが子をかばう母親的な関わり方と、ときには「人様に迷惑をかけているのではないか」と疑う父親的な関わり方の両方が必要なのだろう。子どもと一体化した母親の見方と、わが子であっても突放して見る父親の見方の、どちらの見方が正しいのかを問うてみても仕方があるまい。肝心なのは、二つの見方を交錯させながら、事態をより立体的に捉えることである。

その点で、どうも最近気になるのは、学校における教育「問題」の筋立て方、教育「問題」を語る「語り方」に、ある種のパターン化が認められるということである。そのパターン化とは、教育を最初から抑圧的なものと見なし、学校という巨大な権力機構による「被害者」のスタンスから教育「問題」を語るという、語り方のスタイルができ上がってしまっていることである。

例えば、いじめにしろ、不登校にしろ、何らかの教育「問題」について語るとき、誰もがこぞって「被害者の視点」から語るために、まるで当の子ども以上の被害感情にとらわれてしまった母親の口吻を思わせるような語り方が優勢となっている。もちろん、「被害者の視点」から語ることが間違っているわけではない。しかし、だからと言って、「被害者の物語」の正当化に加担する者の声だけが大きくなるのはまずい。教育という多声的な現実において、一つの声しか聴こえなくなることは教育のあり方を歪めていくことになるからである。

そもそも、被害者は「被害者の物語」のなかで「被害者」になるのであって、最初から被害者なのではない。傷ついた子どもは、大人が描く「被害者の物語」に「憑かれる」ことで、一時的に「救われる」かもしれないが、しかし、長い目でみれば「救われない」だろう。その意味では、「被害者の立場」を代弁する（母親のような）大人が増えることが、本当に子どものためになるのかどうかは疑わしい。今では、被害者の母親が「納得できない」ことを、「公」の立場にある者が口にすることは許されなくなっている。

誰もが被害者の母親のようなことしか言えない時代。そういう時代に、カウンセリングや心理療法は、いかにも母親が喜びそうな「被害者の物語」のネタを提供し続け、そのことで「時代の学問」になっている。この問題については、また稿を改めて論じてみたい。

【引用・参考文献】

Danto, A.C. 1965 *Analytical Philosophy of History*, New York : The Cambridge U.P. = 1989 河本英夫訳『物語としての歴史——歴史の分析哲学』国文社

土居健郎 1977『方法として面接——臨床家のために』医学書院

蓮實重彦 1985『物語批判序説』中央公論社

片桐雅隆 2000『自己と「語り」の社会学——構築主義的展開』世界思想社

河合隼雄 1993『物語と人間の科学』岩波書店

小峯和明 1998「名のる語り手——説話の語り」『文学』9 (2)

厚東洋輔 1991『社会認識と想像力』ハーベスト社

Lyotard,J.-F. 1979 *La condition postmoderne*, Paris : Les éditions de Minuit. = 1986 小林康夫訳『ポスト・モダンの条件——知・社会・言語ゲーム』風の薔薇

毛利　猛 1996a「「物語ること」と人間形成」岡田渥美編『人間形成論——教育学の再構築のために』玉川大学出版部

毛利　猛 1996b「教育のナラトロジー」和田修二編『教育的日常の再構築』玉川大学出版部

野家啓一 1996『物語の哲学——柳田國男と歴史の発見』岩波書店

Ricœur, P. 1985 *Temps et récit, III, Le temps raconté*, Paris : Seuil. = 1990 久米博訳『時間と物語Ⅲ　物語られる時間』新

曜社
坂部　恵 1985「かたりとしじま」『新岩波講座哲学1　いま哲学とは』岩波書店
坂部　恵 1990『かたり』弘文堂
皇　紀夫 1996「人間形成論の方法の問題――臨床教育学との関連で」岡田渥美編『人間形成論――教育学の再構築のために』玉川大学出版部
やまだようこ編 2000『人生を物語る――生成のライフストーリー』ミネルヴァ書房
矢野智司 1999「語り直す力は何処からやってくるのか――語りの教育人間学」『発達』20 (79)

2 先生と弟子の物語
――夏目漱石『こころ』の教育人間学的読解

矢野智司

1 先生と弟子という問題

人生の導き手としての先生について考えてみよう。このとき先生とは学ぶ者にとってモデルであり人生の理想を体現した人物である。しかし、私たちは、なぜある特定の人物を先生として尊敬したり畏敬の念を抱いたりするのだろうか。また「先生」とよんだ同じ人物にたいして、なぜ羨望や嫉妬や対抗意識といった感情を抱くようになったりするのだろうか。先生とは何者か、そして弟子とは何者なのだろうか。

ところで、多様な姿をとる先生＝教師という在り方も、その起源を共同体の内部かあるいは内部と外部との境界かという基準でとらえ直せば、二つの理念的なタイプに分けることができる。

前者の教師のタイプは、歴史的な淵源を古代ギリシャに登場したソフィストに求めることができる。彼らは、共同体の内部の教師として、金銭と交換に、未熟な構成員を一人前にするうえでさまざまな役割をはたす者である。彼らは、弟子に有用な知識や技能や技術を教える。今日では学校の教師がこの教師のタイプの代表例であろう。私たちの教師観は、近代学校教育の影響を強く受けているために、このタイプ以外の教師像を想像することは困難である。

しかし、歴史のなかにはもう一つ別のタイプの教師が存在している。それはソクラテスに代表されるようなタイプの教師である。ソクラテス型教師は共同体の外部で生まれ、「純粋贈与者」として共同体に戻り、共同体と外部との境界線で弟子を生みだす。彼らは、溢れでるものを見返りなしに弟子に贈与しようとする。しかし、彼らが贈与するのは、生きるうえで役に立つ知識ではなく、世界をよりうまくコントロールする技能や技術でもない。彼らが贈与するのは、共同体に共有されている意味世界の外部である。このように、彼らは共同体のなかで有用な役割を果たすわけではないから、共同体内部における権威の位階に位置づけられることはない。この教師が教師であるのは、ただ弟子によってその教師の「至高性」が理解されているときである。このようなタイプの教師は、予期せぬ出会いによって新たな生まれ変わり（生の「最初」）をもたらす教師であり、また、制度化することができない一回かぎりの教師である。その意味で「最初の教師」とよばれるべき教師である。

今日、私たちがソクラテスのような古代型の純粋な「最初の教師」に会うことはまずないだろう。しかし、夏目漱石の小説『こころ』に登場する「先生」となら、出会うことがあるかもしれない。漱石の『こころ』は、先生と弟子との関係を考察するうえで格好のテクストである。この「先生」は「私」にとって人生の師でありモデルである。しかし、この「先生」は、「私」の「先生」であることによって臨界点を超えてしまい、純粋贈与者としての「最初の教師」となる。どのようにして「最初の教師」は生まれるのか、そして彼は何を弟子に贈与するのか、『こころ』は現代の「最初の教師」の典型的な姿の一つを描きだしている。

教育における物語批評は、教育の物語（教育言説）のレトリックを歴史的に解明したり、隠されたイデオロギーを暴くという機能をもっている。これは近代教育（学）を批判するうえで、大きな威力を発揮することができる。しかし、教育の物語批評には、別の可能性がある。ロマネスク的作品の厚い記述によって、先生と出会うことによって弟子となった者の欲望の諸相、あるいは先生となることからはまりこむ陥穽、といった先生と弟子関係の生きた関係をとらえることができる*。また、教育理念から媒介なしに描かれることとの多い従来の教師論や教育関係論とは異なった、リアルな教師―弟子論の可能性を開くことができる。この場合、教育の物語は教育的現実の可能性を発見することのできる資源として理解されている。

*ジラールは、欲望模倣における媒体の存在を映しだしはするが、その存在を解明することのない作品をロマンティークとよび、それにたいしてそうした存在を解き明かす作品をロマネスクとよんでいる（Girard, 1961 = 1971 : 18）。

ところでなぜ漱石の小説なのだろうか。先生と弟子との関係をリアルに描く記述は、小説のようなフィクションにではなく、自伝や日記などにこそ求めることができるはずだ、自伝や日記の記述は実際にあった出来事の記録だから、そのような記録こそ資料にすることができるはずだと考えるかもしれない。しかし、次節で詳しくのべるように、先生と弟子関係が深くて緊密なときには両者のあいだに欲望模倣が働き、弟子の記述では欲望模倣に付随する羨望や嫉妬といったネガティブな感情の記述が、意識的にか無意識的にか削除されたり変形されたり隠蔽されたりしていることが多い。それにたいして漱石のようなロマネスク作家の小説では、この欲望模倣の機構が意識化されており、したがって、欲望模倣から生じる崇拝から羨望や嫉妬への感情の揺れが、生き生きと記述されている。このことから、漱石の小説においてこそ、私たちは先生と弟子との関係について具体的な記述を手に入れることができるのである*。

*漱石のほかの作品にも、共同体の外部を指し示す教師がしばしば登場する。『野分』の周囲からは滑稽な人物に見える白井道也先生や、『三四郎』の偉大な暗闇といわれた広田先生が、不完全ではあるがそのタイプの教師である。また、漱石自身が門下生たちにとってそのようなタイプの教師であったことは、門下生たちによる文章からも伺い知ることができる。たとえば和辻哲郎は漱石という先生について、「(漱石が) 公正の情熱によって『私』を去ろうとする努力の傍には、超脱の要求によって『天』に即こうとする熱望があるのであった。」(和辻・1963 : 92. 丸括弧内は矢野) とのべている。〔門下生によるこのような教師としての漱石像にたいして、徹底的に批判を加えたのは江藤淳 (1984) である。またこの江藤の神話破壊にたいして、あらためて「則天去私」の神話化以前の「根本趣向」を探ったものとして上田閑照 (1997) を参照。〕

2　欲望模倣としての先生と弟子の関係

欲望模倣モデルの図式

『こころ』における、先生と弟子との関係を反省するうえで、最初の手がかりをジラールの欲望模倣論に求めてみよう。欲望模倣論とはつぎのようなものである。

欲望は通常、欲望する対象自体に価値があり、主体から生じると考えられている。しかし、欲望は自分自身の奥底から自然にわき起こるものではない。欲望が自己の内部に根ざしていると考えるのは、「自律性」というロマンティークな誤った信念に由来している。ジラールによれば、欲望は、自分がモデルとする他者（ジラールは「媒体」とよぶ）の欲望を、模倣者（ジラールは「主体」とよんでいる）が模倣するところから生まれる。媒体が良いととらえる対象への欲望を主体が模倣し、あたかも自己のうちから生じたように欲望を抱くのである。青年期などに、先輩の癖や話し方や服装などを模倣することはよく知られている。しかし、欲望模倣はあらゆるレベルでおこなわれるのだ。

ところで、媒体と主体とのあいだの距離が大きいあいだは、両者のあいだに軋轢はない。このような媒体と主体とが互いに触れないほど十分に離れている場合の媒介関係は、「外的媒介」とよばれる。このとき媒体は主体によって理想化され尊敬される。しかし、媒体と主体のあいだの距離がせばまると、両者の関係は微妙なものとなり、お互いに競い合うライバル関係となる。このように互いに願望可能圏が重なる場合は「内的媒介」とよばれる。恋愛の三角関係のように、欲望の対象の獲得をめぐり、主体にとって媒体はモデルではなく立ちはだかる障害物となり、主体と媒体のあいだに熾烈なライバル関係が生じる。

ライバル関係というのは、互いに他方の欲望を刺激しあう関係だから、悪循環を作りだす。つまり主体にとって媒体の対象にたいする評価が重要であるように、媒体にとっても主体の対象にたいする評価は重要で、主体によってその対象が欲望されることによって、媒体の欲望もさらに昂進する。その結果、対象の価値はますます高まっていく。恋愛の三角関係が、異様な力でもって当事者たちを魅きつけてはなさないのはこの理由によるのだ。このように、主体が媒体の欲望をコピーするだけでなく、媒体が主体の欲望をコピーする媒介関係を「二重媒介」とよぶ。

いまのべたように、媒体と主体とのあいだに決定的な差異があるときには、羨望と嫉妬と対抗意識といったルサンチマンは起こらない。ニーチェのルサンチマン論を発展させたシェーラーが、卑劣な召使いや奴隷的本性をもった奴隷や子どもにはルサンチマンが生じないといっているのは、媒体と主体との差異が解消不可能なものとして主体の側に認識されているからである（Scheler, 1923 = 1977 : 61）。ところが、媒体と主体とが、本来的に平等であるにもかかわらず、主体は媒体のようになることができないと感じるとき、主体は媒体にたいしてルサンチマンを抱くようになる。近代社会は、人間の本来的な平等性を根拠とする社会であるから、媒体と主体との差異は絶対的な差異ではなく、媒体への主体による崇拝は容易にルサンチマンに転化するのだ。

先生の欲望を模倣する弟子

先生と弟子との関係も、またジラールのいうところの欲望模倣関係の一つとみなすことができる。弟子は、先生の知識や技術・技巧・技能・方法を獲得するとともに、先生の欲望を模倣する。先生の世界観や価値観を模倣するのである。もし弟子が先生の欲望を模倣しないならば、そもそも先生の知識や技術を学ぼうとさえしないだろう。そうなるといかなる意味でも、その関係は先生―弟子関係ということはできない。弟子が先生の欲望を模倣することは、学習が生起するうえで重要なモーメントなのである*。

*漱石の門下生である内田百閒は、つぎのようにのべている。「私は若い時非常に漱石先生を崇拝したので、先生の真似をした。真似をしたのは私許りでなく、先生のお弟子の中には、先生の様な歩き方をしたり、先生の様に笑つたりする人があつた」(内田・1972 : 270)。

しかし、この先生と弟子との関係も、やがて羨望と嫉妬の炎に焼かれる三角関係の競争者たちのように、ライバル関係に転化する可能性がある。もちろん、小学校の先生と生徒とのあいだでは、両者の力の差があまりに大きいために、ライバル関係は表面にでることはない。子どもの時期には、ただ自分より偉大な存在と見える先生への子どもの側からの敬意だけがある。ところが、先生と弟子の両者の距離が接近し始めるような関係、たとえば芸術家の師と弟子との関係、大学の教師と学生との関係、職人の親方と弟子との関係などでは、弟子の能力の高まりとともに先生とのあいだに二重媒介が生じ、ライバル関係が顕著になる。

弟子が先生と同じ領域で先生を凌ぎはじめたなら、先生は弟子の才能や能力を羨望しさらに嫉妬するようになる。ここに病理を生みだすダブル・バインド状況が生じる可能性がある。弟子が先生の模倣を脱しようとするとき、先生は弟子に自分への忠誠を促し、反対に弟子が先生の欲望模倣をしつづけようときには、先生は弟子に自分から自律せよと圧力を加える。「模倣しろ、模倣するな」という相互に矛盾するメッセージが、繰り返し弟子に向けられることになる。反対に、いつまでも先生に追いつくことのできない弟子は、先生を羨望し嫉妬し無力な憎悪感を抱き、当初の先生への心からの崇拝は澱んだルサンチマンへと変貌することになる。このように、内的媒介は、先生と弟子との関係を緊張をもったものにかえてしまうのである。

Kを模倣する「先生」そして「先生」を模倣する「私」

このジラールの欲望模倣論は、『こころ』に登場するKと「先生」との関係、「先生」と「私」との関係をよく説明してくれるようにみえる。

「先生」は経済的精神的に追いこまれている同郷の友人Kに、自分の下宿に一緒に住むよう誘う。Kはもともと真宗寺の住職の息子だったが、医者の家に養子として迎えられていた。Kは医学の道に進むことを期待されていたが、養子先の家に隠れて別の道を進んでいた。そのことを養子先の家に告白したために学資の仕送りが止められ、また実家からも援助が得られなくなっていた。Kは自力で学業をつづけようとするが、無理がたたり体を壊してしまう。「先生」は、この事情を知ってKを援助しようとした。しかし、本当の理由は別のところにあった。「先生」は学問にかぎらず、何をしてもKにはかなわない。

Kは私より強い決心を有してゐる男でした。勉強も私の倍位はしたでせう。其上持つて生れた頭の質が私よりもずつと可かつたのです。後では専門が違ましたから何とも云へませんが、同じ級にゐる間は、中学でも高等学校でも、Kの方が常に上席を占めてゐました。私には平生から何をしてもKに及ばないといふ自覚があつた位です。けれども私が強ひてKを私の宅へ引張つて来た時には、私の方が能く事理を弁へてゐると信じてゐました（夏目・1994 : 214）。

「先生」にとってKは欲望模倣の媒体である。それはKの方が秀才だからだけでなく、Kが「超然」として理想をめざして自己突破できるほど「精進」を自らに課しているところから、「先生」の目にはKがあたかも自律した「偉大」な人物にみえるからである（Kもまた、ロマンティークな自律的存在ではなく二重媒介の奴隷であることは、「先生」に静への恋をどう思うか相談する場面でも明かである）。しかも、Kのようになりたくても、「先生」にはKを追い越すことはおろか追いつくこともできない。そのために、Kに一緒に下宿するように誘ったとき、「先生」には最初からKを誘惑するという下心があった。「先生」は、禁欲を説くKにたいして異性への関心をもつように勧める。「先生」はこの関係において、主導権を握ってKの媒体となろうと勧めるのだ。ここには、努力しても媒体になることのできない弱者が抱くルサンチマンをみることができる。

しかし、「先生」の思惑どおりに、Kと下宿屋の娘の静との関係が深まると、今度は「先生」はKに嫉妬するようになる。Kと静とのなんでもない会話にも、隠された意味を深読みしてしまう。嫉妬はライバル意識を高め、同時に静の対象としての魅力を高めることになる。「先生」にとってKが媒体だから、Kによる静の価値の承認（Kにとっても静が魅力的な異性であること）によって、「先生」の欲望は拡大されることになる。

ある日、Kから「先生」は自分は静が好きだと告白される。Kから告白されることによって、「先生」の欲望は最高値にまで高まる。Kの告白を受けて、「先生」はKに先んじて下宿屋の奥さんに娘を嫁にくれるように頼む。ちょうど、両親の遺した財産を横領した叔父のように、「先生」は自分を信頼する友人を裏切ってしまうのだ。しかし、そのときに「先生」はKにたいする罪悪感ではなく勝利感を味わう。「外の事にかけては何をしても彼に及ばなかつた私も、其時丈は恐るゝに足りないといふ自覚を彼に対して有つてゐたのです。」（夏目・1994：263f）そして、奥さんから結婚の許可をえる。そのことを奥さんから聞いたKは、「先生」には何も告げず、遺書を残して下宿で自殺する。そののち「先生」は静と結婚したのだった。

「先生」は、この欲望模倣の犠牲者であるがゆえに、欲望模倣の深い認識者である。尊敬し近づこうとする青年の「私」に自分の分身をみて、「先生」はいつか君も私にルサンチマンを抱くことになるだろうと予言する。

かつては其人の膝の前に跪づいたといふ記憶が、今度は其人の頭の上に足を載せさせやうとするのです。私は未来の侮辱を受けないために、今の尊敬を斥ぞけたいと思ふのです。私は今より一層淋しい未来の私を我慢する代りに、淋しい今の私を我慢したいのです。自由と独立と己れとに充ちた現代に生れた我々は、其犠牲としてみんな此淋しみを味はわなくてはならないでせう（夏目・1994：41）＊。

＊漱石の門下生の一人である小宮豊隆は、古典となった漱石論『夏目漱石』のなかで、『こころ』の先生と漱石とを重ね合わせながら、この引用箇所をとらえて、「この先生の言葉は、漱石が若い弟子どもによって嘗めさせられた、苦い経験を背景としている。」（小宮・1987b：232. 傍点は小宮）とのべている。『こころ』についての小宮の解釈は納得しがたいが、先生としての漱石と弟子との関係を考えるうえでこの指摘は興味深い。

「先生」の欲望模倣についての明晰な認識は、「先生」自身とKとが関係した事件に負っている。Kへの尊敬と同時に打ち倒してやりたいと望むライバル意識が、Kが密かに愛を寄せている下宿屋の娘を自分のものにしようと「先生」を動かし、Kの自殺という悲劇を招いてしまったことを彼はよく自覚していた。そのような悲劇を繰り返したくない「先生」は、「私」にたいして警告したのだ＊。ルサンチマンを回避するもっとも消極的な方法は、人との関係をたえず希薄にして、間違っても人に尊敬などされないことだ。しかし、そのことを守ってきたはずの「先生」は、なぜいまになって「私」に「先生」とよばれることになってしまうのか。

＊ジラールの欲望模倣論の図式をもとに、『こころ』を師と弟子との関係として読み解いたものに作田（1981：134-147）がある。この節の議論はこの優れた本に負っている。

3 「先生」はなぜ「先生」となったか

「先生」のはじまり

『こころ』のなかの「先生」は、なぜ「私」によって「先生」とよばれているのだろうか。「先生」はどこかの学校で先生をしているわけではないし、また社会的な地位を指しているのでもない。

先生と掛茶屋で出会つた時、先生は突然私に向つて、「君はまだ大分長く此所に居る積ですか」と聞いた。考のない私は斯ういふ問に答へる丈の用意を頭の中に蓄えてゐなかつた。それで「何うだか分りません」と答へた。然しにやにや笑つてゐる先生の顔を見た時、私は急に極りが悪くなつた。「先生は?」と聞き返さずにはゐられなかつた。是が私の口を出た先生という言葉の始りである。……私が先生々々と呼び掛けるので、先生は苦笑ひをした。私はそれが年長者に対する私の口癖だと云つて弁解した（夏目・1994 : 9f）。

「私」が海岸で出会った人物を「先生」とよび始めるのは、まったくの偶然といってよい。しかし、「私」がこの見知らぬ人物に惹かれていった理由は、偶然というより恋愛関係に似た関係がある。このことは、本文中でも「先生」によって指摘されている。「恋は罪悪だ」と「先生」は言う。その理由は何かと「私」

が問うと、君は「既に恋で動いている」からいまに解かると答える。


「あなたは物足りない結果私の所に動いて来たぢやありませんか」

「それは左右かも知れません。然しそれは恋とは違ひます」

「恋に上る階段なんです。異性と抱き合ふ順序として、まづ同性の私の所へ動いて来たのです」(夏目・1994 : 36)

「私」は「先生」にそれまで一度も会ったことがないにもかかわらず、「先生」を見て「どうもどこかで見たことのある顔」のように思う。それは「私」が「先生」のうちに自分の姿を見ているからである。もちろん「先生」も、「私」のうちにかつての自分の姿をだぶらせている。両者が、お互いにお互いの姿を見ているということは、それぞれが分身となっているということである。ここには欲望模倣が働いている。やがて、「先生」は「私」にとっての人生の「先生」となる。その「先生」としての権威は、どこから来ているのだろうか。

「先生」と父——何が権威を生みだすのか

この問いに答えるために、「先生」と「私」の父とが「私」の目にどのように映っていたかを比較してみることにしよう。第二部の冒頭で、「私」は何度も「先生」と父とを比較している。作品の構成においても、第一部の「先生と私」と第二部の「両親と私」というタイトルが対をなしていることからもわかるように、この両者の比較は作者によって意図的に構成されてもいる。第二部の終わりで、「私」の父が危篤状態にあるところに、「先生」から看病に当たっていた「私」のもとに手紙が送られてきて、この手紙が届く頃には「先生」はこの世にはいないことが告げられる。「私」は急ぎ東京行きの汽車に飛び乗る。「私」にとって重要な意味をもつ二人の人物の死を前にして、なぜ「私」は実の父を見捨ててまでも、他人の「先生」のもとに赴こうとするのだろうか。

父は、病のために自分の死を自覚しながらも、世間にたいして、大学を卒業し前途有望な若者となった息子を誇りに思うような人物である。たしかに、父は、「私」にとって生物学上の父であるばかりでなく、同時に家族という制度上の権威者でもある。しかし、制度によって生みだされた権威は、制度を否定する者にとっては、もはや権威でなくなるの明らかだ。「私」にとって父は、なんら権威をもつものではない。

それにたいして「先生」は、立身出世といった世俗の論理から離れているため（それを可能にしているのは彼が親から受け継いだ財産を所有しているからなのだが）、「私」からはあたかも自律した個人のようにみえる。そのことが「私」にとっては聖なるものとみえる理由である。しかしこれは誤りである。この「先生」こそ、自律性というロマンティークな虚偽に基づいて、あたかも自らが望んだことのようにしてKの欲望を模倣し、下宿屋の娘に求婚したその人だからである。そのことを「私」はこの時点ではまだ知らない。「私」は「先生」が世間から隠れて生きていることを、世俗を超えた超然な「至高性」と思い違いをし、父親には認めがたい権威を「先生」のうちに見出したのである。遺書を読む以前の「私」が「先生」に認める権威は、「私」の思い違いからきている。そして、本当の「先生」の権威は、純粋贈与としての自死と、その遺書のなかの告白から生じてくるのだ。それについてはあとで詳しくのべることにする。

「先生」はなぜ「先生」となったのか

「私」にとって「先生」は先生であった。それにたいして、「先生」にとって、この「私」とは一体何者だろうか。突然に見知らぬ青年が目の前に出現し、「先生」とよぶことを許可したことから、自分は「先生」となってしまう。この青年は、自分を「先生」とよび、暇さえあれば自分の家に出入りし、尋常ならざる関心をもって自分の過去をあれこれと詮索する*。古代の教師たちが共同体の外部から来て、共同体と外部との境界面で弟子を生みだしたのとは反対に、ここでは弟子が「先生」を生みだすのだ。「先生」がKを欲望模倣のモデルとしたように、今度は「私」が「先生」を人生のモデルとするのである。

＊「先生」を自分の人生の師と考える青年は、「先生」の過去の謎に興味を示す「魂の探偵」（吉本・1986：86）でもある。もちろんこの「私」の熱心な「探偵」ぶりに、媒体にたいする主体のルサンチマンの感情を読み取ることもできる。また『こころ』をミステリーとして読む試みとして平川祐弘「ミステリーとしての『こころ』」（平川・鶴田・1992：32-65）を参照。

「私」の出現に警戒しながらも、「先生」はこのことをかならずしも不愉快に思っていたわけではない。「私」が自分のことを「先生」とよぶことを許し、また「私」が家に出入りすることを拒否しなかった。それだけでなく、「先生」は「私」を前にして同級生で出世している人たちを「ひどく無遠慮」に批判したりする。自ら選んだこととはいえ、世間から隠れて生きてきた「先生」にとって、自分が世間で認められていないことにたいする鬱屈した思いは強く残っていた。模倣者「私」の出現は、自分という存在の価値を、改めて他者から示される絶好の機会だったのだ。

Kの死後、「先生」は不安から逃れるために読書に没頭したり、酒に溺れたりする段階をへて、「死んだ気で生きる」という決心によって、危ういバランスながらかろうじて平衡状態を維持してきた。しかし、「先生」と静との淋しく静かな生活は、「先生」が「先生」となることによって均衡が破られ、「私」に思想的に追いつめられていった。ちょうどKが「先生」によって追いつめられたようにである。Kが静のことを好きだと「先生」に告白したとき、「先生」はその告白がKがこれまで主張してきた禁欲の思想と矛盾していると詰る。Kはこの「先生」の詰問によって思想的に追いつめられる。おなじことが「先生」と「私」との関係でも再現されることになる。

「先生」とよばれることによって、「先生」は青年の人生の導き手となるのだが、そのことによって、危ういバランスは崩れはじめ、「先生」は純粋な人生の導き手であることを強いられることになる。「先生」は、模倣者の「私」を得ることによって、自分の生きてきた人生についての反省を先鋭化させられるのである。そのことを「真面目」という言葉に着目して考えてみよう。

4　「先生」はなぜ死ぬことになるのか

真面目の悪循環

「先生」は、明治天皇（国の父）の死に際して、乃木大将が殉死したことに強い印象を受けた。乃木は本来ならば西南戦争において敵軍に軍旗を奪われた時点で死なねばならなかったが、明治天皇によって命を救われた。乃木はそののち三十五年間ずっと死ぬ機会を待ちつづけて生きてきたのである。それにしても、乃木の殉死に「先生」がなぜ強い印象を受けたのだろうか。乃木に呼応するかたちで、「先生」が自死するとき、この「先生」の死と乃木の殉死とは、どのような内的関係にあるのだろうか。

もともと殉死とは、自己を照らしだしている聖なる他者（王や聖者）の死に自己を殉ずることである。このような殉死する者の自己のうちには聖なる光がない。これは、自己のうちに光をもたない前近代的な生の在り方だといってよい。「個人」の倫理性は、社会からではなく、自己自身の内在的な原理からやってくる。「個人」が死を選ぶのは、個の倫理性の選択においてである。だから、「個人」は乃木のような死を選択することはない。しかしながら、乃木の死は一点において「個人」の倫理に、したがって「先生」の倫理に勝っている。それは乃木の真面目さである。「先生」の死は、乃木の殉死にたいして思想的に拮抗するだけの真面目さをもつものでなければならない。世間への面目や羞恥のような前近代的な共同体の原理に生きる乃木が、殉死することによって聖なる他者への忠節を示したとするならば、「先生」もまた「個人」の原理で生き抜く苛烈なほどの「真面目」さでもって、「私」に自分の人生を贈与する必要があったのだ。

明治天皇の死とそれにつづく乃木の殉死は、「先生」の死のきっかけでしかなく、Kの死にかかわる長年の懺悔の念が、「先生」の死の内在的な理由であることは間違いない。しかし、乃木の殉死の意味は軽くないとしても、その殉死の意味を決定的に重要なものにしてしまったのは、「私」という「先生」の分身の出現である。もし「先生」が「私」と出会うことがなかったなら、乃木の死にこれほど強い印象を受けることもなく、「先生」はこのときに死を選んだかどうかは定かではない。不意の「私」の出現こそが、それまで人知れず密やかに妻と一緒に暮らしてきた「先生」の生活に歪みをもたらしたのだ。

その歪みを臨界点にまで押し進めたのは、「私」の人生にたいする「真面目」さである。この「真面目」によって「先生」と「私」とのあいだの悪循環が生まれて、そして昂進していったのだ。「私」が「先生」の過去のすべてを知りたいと迫る場面は、この両者のあいだに何が起こっているかをよく示している。


「あなたは大胆だ」

「たゞ真面目なんです。真面目に人生から教訓を受けたいのです」

「私の過去を訐いてもですか」

訐くという言葉が、突然恐ろしい響を以て、私の耳を打つた。私は今私の前に坐つてゐるのが、一人の罪人であつて、不断から尊敬してゐる先生でないやうな気がした。先生の顔は蒼かつた。

「あなたは本当に真面目なんですか」と先生が念を押した。「私は過去の因果で、人を疑りつけてゐる。

だから実はあなたも疑つてゐる。然し何うもあなた丈は疑りたくない。あなたを疑るには余りに単純すぎる様だ。私は死ぬ前にたつた一人で好いから、他を信用して死にたいと思つてゐる。あなたは其たつた一人になれますか。なつて呉れますか。あなたは腹の底から真面目ですか」

「もし私の命が真面目なものなら、私の今いつた事も真面目です」

私の声は顫へた。

「よろしい」と先生が云つた。「話しませう。私の過去を残らず、あなたに話して上げませう。其代り……。いやそれは構はない。然し私の過去はあなたに取つて夫程有益でないかも知れませんよ。聞かない方が増かも知れませんよ。それから、――今は話せないんだから、其積でゐて下さい。適当の時機が来なくつちや話さないんだから」

私は下宿へ帰つてからも一種の圧迫を感じた（夏目・1994：88）。

この「私」が示す「真面目」さによって、「先生」は自分の過去の出来事を語り直し「私」に遺書という形で残すことになる。遺書の冒頭で、「先生」は「私」の問いにたいして会って話したいと思ったが、それができなくなったのでこの遺書を書くことになった、とその理由をのべ、「あの時あれほど固く約束した言葉がまるで嘘になります」といっている。友人を「裏切る」という過去の行為への懺悔に生きる「先生」にとって、「約束」を守るということは命がけの倫理なのである。「たゞ貴方丈に、私の過去を物語りたいのです。あなたは真面目だから。あなたは真面目に人生そのものから生きた教訓を得たいと云つたから。」（夏目・1994：157）と遺書にある。この「真面目」という言葉が、対話のなかでも遺書のなかでも何度も繰り返し使用されていることに注意しておこう。

供犠としての「先生」の死

それでは、この遺書によって何が実現されようとしているのか。

私は其時心のうちで、始めて貴方を尊敬した。あなたが無遠慮に私の腹の中から、或生きたものを捕まへやうといふ決心を見せたからです。私の心臓を立ち割つて、温かく流れる血潮を啜らうとしたからです。……私は今自分で自分の心臓を破つて、其血をあなたの顔に浴せかけやうとしてゐるのです。私の鼓動が停つた時、あなたの胸に新らしい命が宿る事が出来るなら満足です（夏目・1994：158）。

「私の鼓動が停つた時、あなたの胸に新らしい命が宿る事が出来るなら満足です。」という最後の言葉は、この物語の主題が「死と再生」であることを示している。ここにもっとも深い先生と弟子との関係のテーマが存在する。この先生と弟子という異なった人格のあいだを貫いて実現される受け渡しという事象こそ、その受け渡される内容はなんであれ、先生と弟子とよばれる関係を関係たらしめているものなのだ。死する者と生まれ変わる者との「血」をとおしての受け渡しが、かぎりなくエロス的な関係に近いのは当然だといってよい。この引用文からも明らかなように、これは「先生」から「私」に純粋に贈与された供犠なのである。

ではなぜ「先生」は自分を「私」に差しだすのか。それは「私」の真面目さによってである。ソクラテスのような人物は、弟子が存在する前から純粋贈与者であり「最初の教師」である。それにたいして、「先生」は当初は「私」のたんなる媒体にすぎない。しかしながら、「私」の人生にたいする真面目さによって、「先生」はますます真面目であることを求められる。「先生」にとって「真面目」とは、自分の「心臓を立ち割って、温かく流れる血潮を啜ろうと」する態度を相手に求めることである。そして、乃木の殉死を契機にして、「先生」は「真面目」であることの臨界点にまで達する。悪循環の昂進によって自己システムが自壊し、新たな形態が生起する。この跳躍によって、「先生」は告白し自死することによって自己を贈与する「最初の教師」となる。それは文字どおり命がけの跳躍である*。

＊瀧澤克己は、「漱石の『こころ』と福音書」において、「先生」をイエスに、そして『こころ』を福音書に見立てている。私は『自己変容という物語』において、ソクラテス・仏陀とともにイエスもまた純粋贈与者であることを論じた。そうしてみると、瀧澤の論は本論と共通している。しかし、瀧澤は『こころ』をキリスト教の文脈に取り込んでしまうために、瀧澤の論には、「先生」が「弟子」に追い込まれることによって純粋贈与者となり、また「弟子」はその贈与によって「先生」の限界を超えるという、自己変容のダイナミズムの議論が欠けている。本論は、純粋贈与者の供犠というより普遍的な文脈で、『こころ』における師と弟子との関係の理解を求めている。

「先生」の跳躍は、欲望模倣に囚われた在り方からの解放を意味する。「先生」はその人生の最後において、「私」への伝達という未来にかかわることで、Kへの懺悔という過去の呪縛を脱し、人間への不信を超えることができる。「先生」は過去の誤りのため自責の念に耐えかねて死ぬのではなく、未来に向けての贈与として死ぬのだ。

5 「先生」の死とその後の「私」

ソクラテスの死の意味

「先生」の死は弟子である「私」にとってどのような体験だったのだろうか。それを理解するには、これまでの純粋贈与者としての先生の死を、弟子たちがどのように意味づけてきたかを知ることが参考になるだろう。

ソクラテスの例をみることにしよう。神学者ティリッヒは、勇気を問題にした著作『生きる勇気』のなかで、キリスト教における勇気論と比較しながら、ストア主義者の勇気は何に由来しているのかと問うている。ソクラテスの死があったからだというのが、ティリッヒの答えである。

ストア的勇気は、けっしてストア哲学者の発見ではない。彼らがしたことは、この勇気に理性的概念をもって古典的表現を与えるということであった。しかしその根は古くさかのぼって神話や英雄伝説や古代的箴言や詩や悲劇にあるのであり、ストア主義出現以前の数世紀にわたる古代哲学の伝統のなかにある。ストア的勇気に永続的力を与えた特別な出来事は、ソクラテスの死であった。この死は、古代世界全体にとってただ単に一つの出来事であっただけでなく、それは運命と死とに直面する人間の状況をあらわに示すようなシンボルでもあった。そのなかに勇気が示されている。それは死を受けいれることができたゆえに、生をも受けいれることができるところの勇気である。ソクラテスの死は、勇気についての伝統的な意味に深甚な変化をひきおこした。ソクラテスにおいて、それまでの英雄的勇気は、理性的かつ普遍的な勇気に変わった（Tillich, 1952 = 1995 : 25）。

純粋贈与者としてのソクラテスの死は、教える―学ぶという教育関係における一つの総決算として現れる。弟子たちはソクラテスが死に直面したときの立居ふるまいのなかに、ソクラテスが日頃語ってきた教えの真実をとらえようとする。したがって、ソクラテスの死は、弟子たちにとってソクラテスとは一体何者であったのかを知るうえでの根源的な出来事である。そのために、プラトンは『ソクラテスの弁明』を書かざるをえなくなる。ソクラテスの死は純粋贈与者としての供犠なのだが、この供犠は原始共同体にみられるような循環的な時間のなかで繰り返される反復的な供犠などではない。その死の時が、新しい時が始まる絶対的なゼロ時間となる。残された弟子たちは、ソクラテスの死を境にして、ソクラテスの言行を語り直していくことによって、自分の生きる意味を新たに生みだしていくことになるのだ（矢野・2000a : 72-103）。

「先生」の死がもたらすもの

『こころ』に登場する「先生」は、急速な近代化をめざすアジアの辺境の地に生まれた一知識人にすぎず、ソクラテスのような古代型の「人類の教師」などではない。それでも、残された弟子の「私」にとって、「先生」はなぜ死を選んだのか、「先生」の死の謎の意味を考えることは実存を賭けた問いである。それは、Kがなぜ死を選んだのかと考えつづけた「先生」の問いと無関係ではない。しかし、Kの死はそれが謎であるとしても決して贈与ではない。それにたいして「先生」の死は、「私」にたいする惜しみない贈与である。「私は今自分で自分の心臓を破って、その血をあなたの顔に浴せかけようとしているのです。私の鼓動が停った時、あなたの胸に新らしい命が宿る事が出来るなら満足です。」と「先生」はいう。これは贈与でなくて一体なんだろうか。

だからこそ「先生」に残された「私」は、なぜ「先生」が死を選んだのかを、人生を賭けて問わざるをえない。そして、「先生」も死の意味を「私」が「生きた教訓」として「真面目」に理解してくれることを期待しているのだ。この贈与によって「私」は跳躍する。そして、「先生」との出会いと教えと別れとを語りだそうとするのである。『こころ』の書きだしを読んでみよう。

私は其人を常に先生と呼んでゐた。だから此所でもたゞ先生と書く丈で本名は打ち明けない。是は世間を憚かる遠慮といふよりも、其方が私に取つて自然だからである。私は其人の記憶を呼び起すごとに、すぐ「先生」と云ひたくなる。筆を執つても心持は同じ事である。余所々々しい頭文字抔はとても使ふ気にならない（夏目・1994：3）。

先生の死後に、「私」によって書かれたこの手記では、「先生」という言葉が新たに自覚的に選択されていることがわかる。たまたま使用されたにすぎない「先生」という敬称は、「先生」の死によって、「先生」から受け継いだ血によって、揺るぎないものとして選び直されているのだ。「先生」が遺書で友人をKという頭文字でよんだのとは対照的に、「私」はあえて「先生」という敬称を使用するというのだ。ここに「先生」とKとの関係を超えた、「私」と「先生」との新しい関係をみることができる＊。このような跳躍を「私」ができたのは、とりもなおさず「先生」の純粋贈与によるのである。

＊小森陽一によると、「私」は「先生」の単なる反復者としてではなく、「先生」の限界を超えて「先生」の生を差異化し、『こころ』という手記を書く者として生まれ変わったとのべている（小森・1988：428）。これは重要な指摘である。問題はなぜ「私」にそのような変容が起こったのかということである。これが本章での教育人間学の問いである。

通常、贈与は人間関係のバランスを揺るがし、贈与者への返礼の義務を生じさせる。「先生」の贈与も残された者にたいして、返済不能な負債を与えたのだろうか。もし、贈与されものが愛であるとき、贈与を受けた者を負債で苦しめはしない。「先生」が「私」に与えた物語とは、自らの罪にたいする懺悔に満ちた遺書という物語だけでなく、その遺書を「私」に託し自ら供犠として自死したという物語である。それは、世間の道徳と異なるロマネスクな個人の倫理にもとづいている。そのため、「私」に喪の作業を強制しはしないはずである。しかし、「先生」からの純粋贈与には、「先生」自身にも、そして作者である漱石にも払拭することのできない不純な影が残されてしまった。そのことが『こころ』という小説を暗い、後味の悪いザラザラしたものにしている。

6　そして「私」から「私」たちへと贈与はつづく

Kも「先生」も「私」も、三人とも地方出身の知識人であるだけでなく、それぞれの故郷の親や親戚たちの意志に反して自分の道を歩もうとした人々である。その意味で、彼らは「個人」として生きようとした。恋愛は個人として生きることの一つの証である。しかし、そのような自由な恋愛においてさえ、Kと「先生」によって示されたように、他者の欲望を模倣したにすぎない。そのことが認識ができなかったために、Kも「先生」もともに罰せられる。そして彼らと「精神的同族」である「私」もまた、この二人と同じ危険に直面していた。「先生」は自死と告白とによって、「私」にロマンティークな個人としてではなく、ロマネスクな個人として生きる可能性を開いたのである。

先生との出会い、先生による教え、そして先生の自死、そのことを思い出しながら語る「私」、……『こころ』はサンテグジュペリの『星の王子さま』と同じ構造をもっている。しかし、『星の王子さま』の最後は、王子さまの死による喪失感とともに、星の彼方で笑っている王子さまを感じる幸福感が漂っている。それを感じることができる者は、ノンセンスとして描きだされた人々の悪循環を前にしても、キツネの秘密の教えを知る者として生きていくことを可能にしていくだろう（矢野・2000a : 191-204）。

ちょうどキツネの秘密の教えのように、「先生」から教えられたのは、他の誰にも口外できない「先生」の「秘密」である。秘密の告白は、告白された者にとって「絶対的な伝達」である。語ることを禁じられた秘密をただ一人受け継ぐものとして、「私」は一人の聖なる物語をうちにもった「個人」となる。そこでは、共同体のいかなる物語にも回収されることのない、個人の内面が誕生するといってもよい。そして、今度はこの秘密が「私」から「私」たち読者へと贈与される。「私」から「先生」の秘密を語られる「私」たち読者には、「先生」から「私」へ贈与されたとき「私」に課せられたのと同じ義務が課せられてもいるのである。

『星の王子さま』の「私」にたいして、『こころ』の「私」や「私」たちには贈与されることからくる幸福感はない。たしかに「私」は「先生」からの贈与によって変容する。二重媒介の奴隷となることなく「個人」として生きていく可能性が、「先生」の贈与によってわずかながらでも指し示されているからだ。しかし、近代の日本に生まれた「最初の教師」は、お互いが欲望模倣に身を焼かざるえない「近代」と、個人の尊厳を認めない「世間」という二重構造のなか、「暗い人世の影」を生きざるをえない「個人」である。ロマネスクな個人の可能性を開いた漱石にも、この「暗さ」を完全に払拭することはできなかった。「近代」の欲望模倣が猖獗を極め、「世間」の重圧もなお存続する現代の日本において、「先生」がもつ暗さは、いまも私たちの生に影を落としつづけているのである。

【引用・参考文献】

阿部謹也 1995『「世間」とは何か』講談社

Bataille, G. 1976 *La souveraineté : La part maudite : Essai d'économie générale,* tomeIII, Œuvres Complètes, tomeVIII, Paris : Editions Gallimard. = 1990 湯浅博雄・中地義和・酒井健訳『至高性』人文書院

Bateson, G. 1972 *Steps to an Ecology of Mind : A Revolutionary Approach to Man's Understanding of Himself,* New York : Ballantine Books.

Bateson, G. 1991 *A Sacred Unity : Further Steps to an Ecology of Mind,* Donaldson, R. E., ed., New York : A Cornelia & Michael Bessie Book.

Dumont, L. 1983 *Essais sur l'individualisme : Une perspective anthropologique sur l'idéologie moderne,* Paris : Editions du Seuil. = 1993 渡辺公三・浅野房一訳『個人主義論考——近代イデオロギーについての人類学的展望』言叢社

江藤　淳 1984『新編　江藤淳文学集成1　夏目漱石論集』河出書房新社

Girard, R. 1961 *Mensonge romantique et verite romanesque,* Paris : Editions Bernard Grasset. = 1971 古田幸男訳『欲望の現象学——ロマンティークの虚偽とロマネスクの真実』法政大学出版局

Gusdorf, G. 1963 *Pourquoi des professeurs? : Pour une pédagogie de la pédagogie,* Paris : Payot. = 1972 小倉志祥・高橋勝訳『何のための教師』みすず書房

Tillich, P. 1952 *The Courage to be,* New Haven;London:Yale University Press. = 1995 大木英夫訳『生きる勇気』平凡社

亀山佳明 1996「個人主義の困難と自我変容——夏目漱石『それから』を中心に」井上俊ほか編『文学と芸術の社会学』岩波書店

柄谷行人 1992『漱石論集成』第三文明社

小宮豊隆 1986, 1987a, 1987b『夏目漱石』上中下、岩波書店

小森陽一 1988『構造としての語り』新曜社
夏目漱石 1966（1914）「こころ」『漱石全集』第六巻、岩波書店
夏目漱石 1966『漱石全集』岩波書店
作田啓一 1981『個人主義の運命――近代小説と社会学』岩波書店
作田啓一 1996『個人』三省堂
Scheler, M. 1923（1915）*Vom Umsturz der Werte*, Leipzig : der Neue Geist Verlag = 1977 林田新二・新畑耕作訳「道徳の構造におけるルサンチマン」『シェーラー著作集』第四巻、白水社
瀧澤克己 1973（1941）「漱石の『こころ』と福音書」『瀧澤克己著作集』第四巻、法蔵館
平川祐弘・鶴田欣也編 1992『漱石の『こゝろ』――どう読むか、どう読まれてきたか』新曜社
上田閑照 1997「夏目漱石――『「道草」から「明暗」へ』と仏教」『ことばの実存――禅と文学』筑摩書房
内田百閒 1972（1941）「机」『船の夢』所収、『内田百閒全集』第四巻、講談社
矢野智司 1996『ソクラテスのダブル・バインド――意味生成の教育人間学』世織書房
矢野智司 2000『自己変容という物語――生成・贈与・教育』金子書房
和辻哲郎 1963『和辻哲郎全集』第一七巻、岩波書店

3 物語る者としての教師
――キルケゴールの戦術と技法

山内清郎

1 よき物語を語り教えることへの「とまどい、落ち着きのわるさ、ためらい」

説教者と不眠症の男の話――過度な同調

何らかの教育の仕事に携わっていると自認する者の誰もが、教師という立場を引き受けるだけの覚悟をもっているのだろうか。ただ、たとえ自分が教師でなくても、誰かに何かを教えなければならないような立場に立ってしまうことは決してめずらしくないし、そうした場合に、ことの右や左を丁寧に教えたのち、相手に「はい分りました、その通りだと思います、その通りにします」と応えられ、とまどい、落ち着きのわるさやためらいを、何とはなしに感じてしまうことはないだろうか。

教えるという行為の不思議なところは、教えること自体が、確かに自分が示し、教えたように相手にして欲しいという狙いをもって為されているにもかかわらず、一方で、こちらの指し示す模範に抗してでも、相手が、その人自身のやり方で、思う通りに動いて欲しいとの願いを抱かずにはいられないことにあるように思う。そうした思いが自ずと浮かんでくるのはなぜなのだろう。

旧約聖書に登場するアブラハムの物語（「創世記」22『旧約聖書』1997）を語る説教者、神の下命により、わが子イサクを燔祭の生け贄に捧げようとした物語を語る説教者が、ひょっとしたら遭遇するかもしれないような次の場面を例に考えてみよう。

説教者がいつものように、それほど自らの説教に感動を覚えるでもなく、日曜日の説教壇の上から聴衆に向けて、「アブラハムが最善のもの――つまりわが子イサク――を捧げようとしたほど神を深く真実愛したことは偉大なことであった」と説いたとする。聴衆の中には、この物語のおそろしさを真剣に考え続けたあまり不眠症になってしまった男がたまたま居合わせるかもしれない。するとそこで、世にもおそろしい、このうえなく深刻な誤解が生じかねない。不眠症の男はある決意をもって家に帰っていく。そして、自らの信仰を証するために、わが子を捧げたアブラハムのように自分もふるまってみようとする。それを聞き知ったくだんの説教者は、その男のもとに驚きあわてて駆けつけ、「こんな畜生、人間の屑め、何という悪魔に取り憑かれたんだ、わが子を殺そうなんて」と叫ぶ。今度は日曜日の説教とはうってかわって力強さと感情の高まりを覚えて叫ぶのだ。説教者は、もしかすると自分がひとかどの説教者であるかもしれないと自認して自分の真剣さに得意になるだろう。しかしそのとき、この説教者はおそるべき一撃で報いられる。あわれな男は落ち着きはらってこう答えるだろう。「でも、あなたご自身が日曜日にそう説教されたじゃありませんか。最善のものを捧げることが偉大なことであった、と」。

この話には、本論で問題にしようとしている、よき物語、よき物語を語り教える者、そしてそれを聞く聴き手という構造が生じさせてしまう、教える行為に付随する困難さが前面に現れている。この例で考えると確かに、説教者個人の普段通りの日曜日の説教での意気込みのなさや、子殺しを止めようとしての鬼気迫る説得の効果、また聴衆の中にたまたま不眠症の男がいたことの不運などといった観点から納得できる説明をして済ますこともできよう。しかし、ことはそんな単純な話だけで済ませられるものなのだろうか。

ところで、物語を、一定の「筋」によってまとめられる、統一性をもった言説といった程度のかなり幅広い意味で捉えるなら、教えるという行為は、語り手が何らかのよき物語を語る行為であり、しかも聴き手がその物語にしたがって行為することを意図して語る行為である、と差し当たり定義できる。そうすると、冒頭の語り手が抱く「とまどい、落ち着きのわるさ、ためらい」といったものは、聴き手が物語を理解あるいは誤解すること、という枠の中で考えることができるだろう。そして、教えるという行為につきまとう「とまどい、落ち着きのわるさ、ためらい」は、何もこうしたアブラハムの物語を説教の壇上で語る説教者と聴衆という極端な例に限られたものではなく、教室の中での教師と生徒の間に、あるいは親と子の間に、また友だち同士や同僚同士の間などでもごく普通に起こっていると言えるだろう。

教えることには、この不眠症の男の「世にもおそろしい、この上なく深刻な」とまではいかないにしても、いかほどかの「誤解」がどうしても入り込んでくるのではないだろうか。また、表立って人目につくことがなくても、「誤解」がそのまま二人の間で「理解」として通用してしまっているのではないだろうか。こちらの語ったよき物語を、聴き手が頭から同調しようとすることは、果たしてその物語を「理解する」ことになっているのだろうか。こうした数々のひっかかりが——何らかのよき物語を、誰かに語って教えようとしている最中であっても——心に浮かんでくる。

先の「とまどい、落ち着きのわるさ、ためらい」というのが、この種のひっかかりの表現であると考えるなら、教えることに由来する、こうしたとまどいや落ち着きのわるさ、ためらいを感じつづけた思想家の一人に、この説教者と不眠症の男の話の創作者でもあるデンマークの思想家キルケゴール（Søren Kierkegaard, 1813-1855）がいた。

この種の「誤解」のモチーフは、キルケゴールのテクストに、さまざまにかたちを変えて登場するモチーフだった。たとえばキルケゴールの著作『あれか、これか』に登場する、美的生活に漂う青年が書いたことになっている次のアフォリズムで思い浮かべられているような場面がそうである。

ある劇場で舞台裏が燃え出したことがあった。道化が表に出てきて観客に火事を報せた。人びとはそれがふざけだと思って拍手喝采した。そこで彼が、もう一度繰り返し告げると、人びとはますます歓声をあげた。これと同じことなのではないかと私は思う。世界は事態をウィットだと信じ込むほどの頭をもった人びとによって大歓声のうちに滅亡するであろう、と（Kierkegaard, 1956 = 1963 : 56）。

ここで言われる一連の「劇場」「舞台」「観客」、そして火事の報せをふざけだと思い込んでしまうような「誤解」。たとえ比喩的な意味であっても、私たちが舞台に上がり人前で何かを語る際、この道化のように言葉による受け答えや台詞が誤解され錯覚されることは、誰に起こってもおかしくない。それに、この出来事なら、道化が火事の現場を指さし、直接人びとに見せつければ、なるほどその実地の教示によって観客を納得させることができるかもしれない。しかし、たとえばアブラハムの物語のように、直接に指し示すことができないようなことがらが物語の中核にあるような場合にはどうだろう。言葉をつくして、委細を述べれば通じるものだとは言えないのではないだろうか。

「英雄崇拝」による自己の課題の回避

説教者と不眠症の男の話では、聴き手が物語に過剰な同調をし、物語の筋や主人公に自らを同一化しようとする態度に焦点が合わされており、そうした態度に対する説教者のとまどいが表現されていた。逆に、物語の登場人物を「英雄」「聖人」あるいは「天才」として「崇拝」することによって、聴き手が物語に同調するどころか、自身を物語から引き離してしまい、自己の課題を回避しようとする聴き手の構えにも教えることの困難さを見ることができる。

コミュニケーションの形態としてのアイロニーやユーモアそして喜劇性の側面からキルケゴールを捉え直そうとしているリピッツが挙げている例を手がかりに考えてみよう。

自分がそれほど才能豊かでもないアマチュアの絵描きだとしてみよ。そして、その敬愛する画家がピカソであるとする。そうすると、私はピカソを「天才」と見なすことで、イーゼルを前に絵を描く際に、自分がほとんど努力をはらわずにいることを思い悩まなくて済む。それというのも、ピカソは私などを遥かに越えたところに位置する「天才」だからなのだ。私の描く絵がピカソの絵の足下にもおよばないからといって、どうして私が恥ずかしさを覚える必要があるだろう。また場合によっては、はなから、自分をピカソと比較するという考えを思いつきさえしないかもしれない。そんなことをすれば、ひどく傲慢だと感じられるか、ただの笑いものになるだけだと思われるから（Lippitt, 2000 : 34-35）。

リピッツによれば、この「英雄・天才崇拝」の態度といったものは、「天才が一個の奇蹟として私たちからまったくかけ離れていると考えられているときにのみ、天才は私たちの感情を害しない……ここでは私たちは優劣を争う必要がない」（Nietzsche, 1967 = 1994 : 194）というニーチェの文言に端的に示されているという。そして、これは何もピカソの話で言われるような領域に限られる事態なのではなく、道徳的な領域にもあてはまるのだともいう。たとえば「道徳的な聖人」の物語を想像してみよう。聖人が私たちとは、質的にまったく異なるものであると見なしている限り、私たちが自らに要求する道徳的な基準は、聖人の姿に範例的に示されるものからは低いものにとどまるだろう。それというのも、質的に異なる聖人とは「私たちは優劣を争う必要がない」のだから。結果として、これは自身の道徳上の怠惰を正当化することになってしまうだろう。

これに対し、リピッツは「範例（exemplar）」と「私」との関係が正しいかどうかは、「範例」に関係している「私」にある種の「恥ずかしさ」が生じてくるか否かの一点にかかっていると指摘する。「範例」の物語を自分とは無縁な物語として祭り上げ、そこに「恥ずかしさ」が感じられなくなると、「私」の中に「道徳的な回避」――内面に感じられる自己変容への欲求を回避する戦略――が生じる。聖人への賞讃が自身のキャラクターや生活にほとんど何もインパクトを与えないなどと、私がもし答えるようならば、その場合には、聖人を賞讃しているという私の主張には遂行的な矛盾、すなわち賞讃の言葉と身をもって示される態度との間の矛盾が生じる。そしてそのことが即ち、聖人の道徳的な基準を自らに適用していないということを明るみに出す。

この「賞讃」ということについて、キルケゴールは、人間的な差異の次元と普遍的な次元とを厳密に峻別している（Kierkegaard, 1958 = 1969 : 304）。賞讃することは「人間的な差異の次元では非常に正当であるが、普遍的なものに関しては完全なる誤解である」と。人間的な差異の次元、たとえば運動能力が人より優れているとか、何か国語も話せるとかいったこと――ピカソのように芸術の才能があるということもここに含まれるであろう――については、賞讃がそれほど問題になることもない、いや、ぜひとも賞讃すればいいことだ。ところが、たとえばアブラハムのような人物の物語の場合は「たとえどれほど理解が浅くとも、つねにすばらしいという不思議議な性質をもっている」ものなのだ。語り手がせっかくアブラハムの物語を物語ったとしても、最後に聴き手が「そうですか、私など足下にもおよばない偉大な人がいたのですね。すばらしいことです、よく分かりました」などといった賞讃で応えようものなら、ここにもまた「とまどい、落ち着きのわるさ、ためらい」が感じられることにはならないだろうか。

冒頭の「分かりました」という受け答えや台詞に対するとまどいや落ち着きのわるさ、ためらいというのは一方で、語られた物語に過度な同調を示す聴き手から感じられたものかもしれない。しかしそれだけではなく、また一方で実はこうした「英雄・天才崇拝」的な回避の態度を示す聴き手からも同様に感じ取られるものなのではないだろうか。

キルケゴールは、「そこに描き出されている者が、その徳や信仰、気高さ、誠実さ、忍耐のゆえに、普遍的なものに関して偉大であるとされるのなら、賞讃は現に欺瞞的関係であるか、ないしは容易くそうなってしまう」と主張する。彼にとっては、普遍的なものを描いた物語が、こうした「英雄・天才崇拝」的な態度で聞かれてしまうことも、また「誤解」に他ならないのである。このように賞讃をすることによって、自己の課題を「回避」しようとし、あたかも自己を忘れ去ってしまおうとするかのようにふるまう人間の機微そして欺瞞を知るためには、何も人間心理に通じた人間通である必要はないだろう。

では、どうすればいいのか。聴き手が物語への過度な同調にも「英雄・天才崇拝」的な回避にも滑り落ちないで踏みとどまれるようにするには、物語の語り手としてどう手を尽くせばいいのか。このように途方にくれた語り手の問いかけに対して、キルケゴールは、ここで言われているような「英雄」「聖人」や「天才」などの偉大さについては、それが「賞讃の対象として提示されてはならず、ひとつの要求として提示されなければならない」と答える。

2 語り教えるための戦術と技法

聴き手が転じる観察者や賞讃者、査定者というあり方

こうした事態を、今ひとたび、聴き手の側から見直すとどう言えるのだろうか。聴き手の各人のアイデンティティを、自分が何者であるかを自分に語って聞かせる物語、という意味で捉えてみよう。そうすると最初の例で見た、物語への過度な同調は、自己のアイデンティティを確証するために、自己を超えたものとの間の本来あるべき間あいを一気に跳びこえ、語られた物語にすっぽりと自らの物語をゆだねてしまうことと言えるだろう。

また次の例の、「英雄・天才崇拝」的に自己の課題を回避するような現象は、自己の物語とは異なる物語から呼び込むことができるものだけを、自己のうちに呼び込むか、あるいは、自己の枠を壊さない程度の、自己の枠に合わせた形に都合よく加工した物語を、アイデンティティを確証するための物語に援用しているのだ、という言い方もできるだろう。

とりわけ、アブラハムのような人物の物語では、こうした十分な間あいをもたない同調による「理解」や、自己にとって安全に加工されたうえで呼び込まれた形での「理解」が起こるのがまれではないだろう。たとえて言えば、こうした類の物語の聴き手は、過剰な同調と自己の課題を回避することという深い谷が左右に広がる痩せ尾根を歩き、常に滑り落ち転落する危険にさらされているのだとも言えよう。語り教える者としての教師は、聴き手がそうした左右の谷に落ち込まずに、尾根に踏みとどまり、合間を抜けてい

くことができるようにするための戦術や技法も身に備えておかなくてはならない。

キルケゴールは、この危険な尾根におかれる聴き手が谷へと転落する様子を、聴き手が観察者や賞讃者、査定者といったあり方に転じることとして論じている（Kierkegaard, 1958 = 1969 : 304）。もし、よき物語が「現実性の形式」――かくかくしかじかの人が現実に生き、現実にそれを為したというような仕方――で提示されれば、聴き手の眼はその物語の人物が「現にそうであるのか」どうかにひきつけられる。そしてこの人物は聴き手によって、議論され、検証され、何度も裏表を確かめられ、ようやく「現にそうである」ということが確認されてはじめて賞讃される。このような査定の眼や観察の眼を向けられ、そして最後になってようやく賞讃されるというまでのこの間、その人物はずっと聴き手のおしゃべりの種にされるだけである。

観察者・模倣者としての語り手キルケゴールのあり方

しかしキルケゴールは、観察者のあり方を一概に非難しているのではない。むしろ、自らが語り教える者になる際には、積極的に、また違った意味での観察者たろうとするのである。

キルケゴールが観察者を自認し、何よりも「模倣すること」が自らの方法であると規定している箇所（Kierkegaard, 1952 = 1964 : 83）では、「観察者」のあり方が次のように述べられている。観察者は、観察する事象をことさら何か選んでくる必要はない。また事象に相応しい事例を選ぶに際して、何もわざわざ物珍しい事例を選ぶ必要もない。「もし観察者がそこに居さえすれば、どれもこれも毎日起こっていること」

なのだ。しかし、それでも「彼の観察は……新鮮さをほこる特色をもち、現実性をそなえた関心をひく」ようになる。どのようにすれば、そのようにごくありふれたことを観察するだけで、特色をそなえ、人びとの関心をひくような観察ができるようになるのだろうか。

新鮮さをほこる観察を提示し、人の関心をひくためには、その観察者が他の人において発見する「あらゆる気分、あらゆる心理状態を、自分の心の中で模倣して（倣って組み立てて：bildet……nach）」みなくてはならない。そして、その「模倣（Nachahmung）によって、果たして本当にひとを騙すことができるのかどうか、自分が理念の力をかりて創り出した、その先の上演（実行：Ausführung）にひとを引き込むことができるのかどうか試してみる」必要があるのだ。

この観察から上演までのプロセスを例示するため、いわゆる実存的な諸概念のひとつである「情熱」が一例として挙げられる。何らかの「情熱」を観察しようと思えば、観察者は、その情熱を観察する対象に、まず誰かある人物を選ぶ。次に、その人物が抱える情熱の動き、情熱の秘密を窺うため、自らは平静を装い目立たないようにしながら観察する。それからひとを欺くことができるようになるまで、「自分が既に学んだことを、くりかえし稽古する（übt）」。そこまでしたうえではじめて、「相手を欺くことができるようになるまで、いまや自然さを越えたほどの情熱にある者としての自己の姿」を人前で演じるのであり、「情熱」を抱える人物の姿を模倣して提示するのである。

このように、言葉ではなく、自己の姿やたたずまい、その身ぶりを提示することで伝えられるのは、単に言葉だけで伝わるような、共約可能な（kommensurabl）教説やメッセージには決してとどまらないだろう。実存的な諸概念を観察者が探っていく戦術や技法には、大きく分類すると、⑴模倣の働きが強調されている点、⑵自らの姿を欺くようなことをしてまでも、相手に何かを気づかせるという点、⑶毎日起こっていること、ごくありふれた日常との関わりが常にある、という三点の特徴を認めることができる。

この戦術や技法を、具体的にキルケゴールはどのように行使、実行するのか。キリスト教への信仰は、それこそキルケゴールの周囲（十九世紀のデンマーク）の衆にとっては周知のありふれた日常のことがらだったのであろうが、その信仰への情熱にとらわれたヨハンネス・クリマクスという仮名を付与されたひとつのペルソナ（仮面）を実演するにあたって、キルケゴールは次のようにふるまう。

クリマクスに扮することで、あたかも別人であるかのようにふるまい、そのクリマクスの手によって書き上げられたと想定されている著作の中で、キルケゴールは、「自らはキリスト者ではない」また「キリスト者への途上にあるものだ」と頻りに繰り返し告げる。

先に述べた、模倣の働きの強調という第一の点に関して言うと、キルケゴールは自身の実像とは直接には関係なく、キリスト者でないとクリマクスの口をかりて宣言し、またそのせいで信仰への確実な拠り所を求める情熱を抱いている人物に自らを擬している。キルケゴールは、まるで「自然さを越えたほどの情熱」をもった者であるかのように、徹底的に情熱の人の姿勢を模倣している。そうした情熱をもって、「私ことヨハンネス・クリマクスは、キリスト教が約束する至福にどのようにすれば与するようになれる（Wie ich … der Seligkeit teilhaftig werden kann）のかを問題にする」（Kierkegaard, 1957 = 1968 : 36）というのだ。

このときキルケゴールは、「至福にどのようにすれば与するようになれるのか」という問題はまったくただクリマクス一人だけ、その本人だけに関わるものであるとあくまで主張し続ける。しかしそれは、自らの演じる情熱の人の姿勢が「相応しく提示される（richtig aufgestellt ist）のなら、他の誰にとっても、同じ仕方で関わるはずだ」という意味において、ただ自分一人だけに関わるということなのであり、何も、自分自身が信仰を得てしまえば満足し、それで自足してしまうといったような意味ではない。

また、観察者・模倣者として、クリマクスになりすまして、自己の姿を提示することは、他のすべての人が信仰を何か所与のものであるかのようにしてもっていると確信していることに対立してなされる姿勢の提示、身ぶりであるということも忘れてはならない。ここに、既に信仰を何か所与のものであるかのようにもっていると錯覚している相手に、その錯覚を気づかせるという第二の点が出現する。

さらに、クリマクスが言おうとすることは「小学生でも誰もが知っていることにすぎない」（Kierkegaard, 1957 = 1968 : 103）のだ。クリマクスは、何もある物語に新規の斬新な意味を発見したと宣言しているのではない。（キリスト教について）小学生でも知っていることを言っているにすぎない、とキルケゴールは主張する。あくまでごくありふれた日常に関わるという第三の点がここに認められるだろう。とはいえ、そのように誰もが知っていることをただ口に出して言うだけでは、その行為自体はクリマクスにとって何の功績にもならない。だが「それを明確に区分し示す（明確に提示する : deutlich darlegen）ことを、小学生も思弁的哲学者も共に分かっていない。小学生の場合はまだ未熟であるために。思弁的哲学者の場合はあまりに老熟しているために」と、小学生でも老熟した哲学者でもない、情熱にとらわれた者としてのクリマクスが自らの功績を語るとき、そこにはやはり何らかの戦術や技法を働かせているのだというキルケゴールの息づかいが聞こえてくる。

こうしたキルケゴールの戦術、観察から上演までのプロセスには、人びとに対して次のような効果のもたらされるであろうことが考慮されていた。キルケゴールが自らの伝達の機微を、後に回顧的にしるした著作『わが著作活動の視点』の中で次のようなことを述べている。

> 伝達しようとすることがらから直接に始めるのではなく、相手の錯覚を確かな元手として受け取ることから始める。だから……私はキリスト者だ、あなたはキリスト者ではない、という風には始めない。また、私の言い述べたいのはキリスト教だ、だがあなたは美的なカテゴリーの中で生きているだけだ、という風にも始めない。そうではなく次のように始めるのだ。さあ一緒に美的なものの話をしようではないか、と。ただ宗教的なテーマにたどり着くことだけ考えて、こう話をもち出すところに欺きが存する（Kierkegaard, 1951 = 1963 : 53-54）。

人びとが「信仰を何か所与のものであるかのようにしてもっている」錯覚、そうした周りにありふれた錯覚に、憤ることなく、それを相手の人との共通の「元手」として真に受けることから始める、とキルケゴールは言うのだ。

3　物語ることのドラマツルギー

「異化効果」や「叙事的演劇」

　ところでキルケゴールとその生きた時代、そして抗う背景は異なっているが、既存のものに安住している人びとに対して、その既存のものが錯覚であることに気づかせる試みをしたという点で、キルケゴールと類似の試みをした人物がいる。演劇の実作者そして演出家であるブレヒトと、そのかたわらで共同でアイデアを練りつつ同時にそのアイデアの批評家でもあったベンヤミンである。この二人は伝達の戦術と技法に関して、キルケゴールよりはるかに自覚的であり、キルケゴール戦術や技法を考察するのに、大いなる補助線の役割を果してくれる。

　ブレヒトによって提案された「異化効果」「叙事的演劇」というアイデア。ごくありふれた日常の自明な出来事を際立たせることにより、受け手におどろきと共に新たな認識を生み出す「異化効果」のアイデアは、今日では演劇に限らず広くテクスト論にまで適用されている。また、その技法的な礎となっている「叙事的演劇」のアイデア。ブレヒトにおいては、演劇を用いてのイデオロギー的指摘がとりざたされることも多かったが、ベンヤミンはブレヒトの「叙事的演劇」をイデオロギー的側面ではなく、その技法において評価した。

　アリストテレスが『詩学』で、カタルシス（精神の浄化）を悲劇の要件として取り上げて以来、観客は劇中のヒーロー（英雄）、そしてその行為を模倣した者（演技者）に感情移入することが伝統的に求められてきた。伝統的なドラマツルギーが要請し、劇場に訪れる観客も要求する感情移入をまったく否定しさる試み――その否定の試みによってソクラテスの産婆術的な演劇とも評された――が、ブレヒトによって提案された「叙事的演劇」である（『ブレヒト演劇論集』1962：110-165）。

「叙事的演劇」の全体像をイメージするために、ブレヒト自身がモデルに挙げたのは、交通事故の目撃者が街角で事故の様子を模倣し再現してみせるデモンストレーション（実地教示）の仕方であった。事故の検証が始まる。目撃者は、事故を模倣再現するのにわれを忘れるまで、事故の当事者と一体化してしまうことはない。もしあまりに巧みに一体化する程まで模倣再現することができれば、その目撃者の演技に対し、何と巧く再現することか、と驚嘆の声を引き起こすことになるかもしれないが、事故の検証に関してはまったく意味がない。検証のためには、台詞はまるで引用文であるかのように語られなくてはならない。そうすることで事故との間の距離化が図られ、距離をとった目撃者の演技のおかげで、それを観る者、つまり観客となっている検証者に反論や質問の余地が残されることになる。

この「叙事的演劇」というアイデアに出会い、イデオロギー的側面に解消されてしまうことのない技法の可能性を見出したベンヤミンの解釈にしたがい「叙事的演劇」をさらに整理すると要点は次のようになる。

「叙事的演劇」には何よりもまず、衆が「局外者でなくなること」（Benjamin, 1966 = 1971：9）が求められる。そのために劇の内容は、観客が自らの経験に照らして重要箇所を検討できるような内容でなければならない。また、演技者に技巧が目立ってはならないとされる。ただ、ここで言われる技巧の禁止とは、演じていると感じられない演技、また演技者の演技がありのまま自然であるように感じられる素朴さ、こうした演技や素朴さに対立する意味での技巧的巧みさを禁止することではない。むしろ逆に、あまりに巧みに、あたかもありのままであるかのような自然さが演じられてしまうことに対する禁止である。

まず第一に、内容に関してより詳しく述べよう。観客が劇に感情移入することを否定し、何よりも観客自らが判断を下すことができるためには、「叙事的演劇が表現することがらはすでに周知のものである必要はないか」（Benjamin, 1966 = 1971 : 10）、いや、むしろ積極的に、周知のことがらである必要があるのではないか、という問いが立てられる。そうして、その問に対して、新しい物語よりもむしろ既知の物語の方が役に立つ、という答えが引き出される。したがって、内容には「歴史的なことがらが、まずもっとも適当」である。このように歴史的な周知のことがらを内容としながら、劇のヒーローを、哲人に代表されるような「考える人」に仕立てあげ、その人物を、歴史的に形づくられた社会の「諸矛盾の展示場」、すなわち諸矛盾の弁証法が完全に展開される場に転じてみせる実験を試みなくてはならない。

次に、演技者の技巧に関して詳述するなら、その目的は何よりも観客の「感情移入ではなく、おどろきを、よびさます」（Benjamin, 1966 = 1971 : 13）ことにあると規定される。それも、単にヒーローの行動におどろくということではなく、むしろその行動が置かれている状況におどろくことの方が重要なのだ。観客が行動にではなく、状況におどろくことが「異化」のもたらす効果なのである。状況を当然なものとして受け取るように導くのではなく、あまりに自然な筋の展開を敢えて中断し、行動にではなく状況に観客の目を向けさせることが、異化へとつながるのだ。

そうした自然な筋の流れの中断のためには、演技者の身ぶりも自然なものとして模倣するのではなく、あたかも引用でもしているかのように——台詞どころでなく身ぶりまでも「引用」しているかのように——扱うことができるようにならなくてはならない。これが演技者に求められている技巧なのだ。

さらに、演技者にはもうひとつ別の技巧が求められる。演技者がしなくてはならないのは「かれが頭脳を冷静に保っていることを、演技でもって証明すること」(Benjamin, 1966 = 1971 : 17) なのだ。演技者がヒーローに感情移入してしまうことは「叙事的演劇」では役立たないし、避けなければならない。演技者はことがらを見せると同時に、自分をも見せなくてはならない。言い換えると、その役柄について考える自身の姿を前面に出すことで、自らの役柄から巧みにずれて、はみ出していられる可能性を絶えず留保しておくことが求められるのである。

「諸矛盾の展示場」としてのキルケゴール

「異化効果」や「叙事的演劇」から得られる示唆は、どのようなものなのだろうか。すでに見たように、キルケゴールもまた、伝達する者——具体的にはたとえば「自らはキリスト者ではない」また「キリスト者への途上にあるものだ」と頻繁に繰り返すクリマクスというペルソナ——の役柄を考えている自身の姿や身ぶりを提示し、わざわざ描き出すことで、ある意味で「異化」を試みていたといえよう。そうした自己の身ぶりの描写を重視し、模倣を試みるキルケゴールは次のように言う。「かつてキリスト者がまだ少数であったとき、彼らの課題は、キリスト教へ入るように人びとを獲得することであったが、今や課題はできるならばおどろかすことによって人びとを獲得することなのである」（Kierkegaard, 1958 = 1969 : 312）のだ。

このように「おどろき」をもたらすことをめざすという「叙事的演劇」との共通点から眺めると、クリマクスに扮したキルケゴールに見られるように、そこで選ばれている模倣という技法は、ベンヤミンが否定している単純素朴に感情移入を引き起こすための模倣でないのは確かであるし、やはりそこには技巧が凝らされていると言わなくてはならない。

偉大な人物を現実の人物であるというように描き出すなら、観客の方でその人物をまれな例外的人物（「英雄」や「聖人」「天才」）に変身させてしまう危険がある、というキルケゴールの指摘はすでに見た通りである。すなわち、そうしたまれな人物を描き出し、そのまま再現し賞讃することは、その人物と観客と間の差異が人間的な差異である場合にはに関してはまったく正当であり得るが、この差異が普遍的なものである場合には誤解であるということだった。まれな人物が自分とは根本的に違う者だと解することで、質的に決定的な差異が観客に働きかけることを邪魔し、観客の内面に変化を呼び覚ますのを妨げるのである。

そしてまた「実存的な仕方で思考している者」は「本質的に思考している者として提示されなくてはならないが、それには彼がその思考されたものを述べることによって、自らを描き出していくことを捉えなければならない」（Kierkegaard, 1958 = 1969 : 302）とキルケゴールは言う。このとき、彼の扮するペルソナ、クリマクスは、自らが思考していることがらを見せるだけではなく、思考する自分の姿をも見せ、自らを思考する者として、「叙事的演劇」で言う「考える人」というヒーロー、つまり「諸矛盾の展示場」に転じているのではないだろうか。だからこそ、主体的に思考する者の課題は、人間的なものを実存において明瞭にそして適確に表現する道具に自分自身を変えること（Kierkegaard, 1958 = 1969 : 301）なのだとも言われるのである。

観客に感情移入を求める伝統的なドラマツルギーでは、劇が単なる虚構であること示すような指標――たとえば台詞を間違ってしまったというしぐさを見せる――が前面に出れば、それは上演に致命的な失敗をもたらしかねない。しかし、「叙事的演劇」では、これは虚構であるという指標を積極的に役立てる。こうしたことを観客の立場から批評したバルトは次のように言う。根本的なことは、この演劇が決して観客を芝居のなかに完全に巻きこまないことである。演技者にとっては、観衆自身が「苦しんでおりごまかされている姿を観客が見るために必要な、あのわずかな対象からの距離を保てなければ、すべてが御破算なのだ」（Barthes, 1964 = 1972 : 68）。

さらにバルトは、子どもたちを戦争に送った母親を「叙事的」に描き出したブレヒト劇『肝っ玉おっかあ』について具体的に寸評している。

戦場に息子たちを送り出しながら、その状況に疑問を抱かない愚かな母親は愚かで盲目と言えるだろう。しかし、劇を観る者にとって、その母親の置かれている状況は見えている。「肝っ玉おっかあ」が盲目なのを観ている者は、彼女が見ないものを見ているからだ。「肝っ玉おっかあ」の盲目性を分かちもちながら、この同じ盲目性を見ている。このように模倣の対象からの距離を保った演技――自らの役を見つめそれについて考える姿勢を保つこと——が同時に、観客が自らの苦しみを見るための距離を作り出す。苦しみから抜け出せと観客に直接的に訴えるだけなら、それは戦争の悲惨さを歌っただけの惨歌で終わってしまうだろう。

ここで、バルト流の言い回しを使うとすれば、自らの表明を伝達するにしても、その表明の真実性のためには、どうしても他者の言語を借りてこなくてはならないし、他者のために表明するのでなくてはならない。しかし、そうした表明はどうしても自らの心中にあるものからは離れてしまう、それでも正確に表明しようとする者は、この他者の言語との境界に位置しなくてはならない、といった事態（Barthes, 1964 = 1972 : 16）をこの「叙事的演劇」による観客への訴えかけ方は示していると言える。バルトは、「叙事的演劇」に見られる、台詞や身ぶりを引用的に扱う技巧に、他者の言語を引用しつつも自分の心中にあるもの——それは絶えず表現からずれてしまう——を語り出すことに、表明の可能性を見出したのだ。

『肝っ玉おっかあ』の場合の苦しみについて、またキルケゴール—クリマクスの場合の所与の信仰についても、それらが他の形でもあり得たかもしれないというように、対象との距離を演技者が見せることによって、それらのものが必然的で運命的に動かし難いものではなく、変え得るものであることを観客に示そうとする点で両者は共通する。このようにキルケゴールの戦術と技法は、「叙事的演劇」を鏡にすることによって、より明確に示すことができる。

他の形でもあり得たかもしれないのを示そうとすることに関しては、キルケゴールが自らの著作活動の戦術をも叙述していると考えられる箇所で次のように言う。「詩作での創作に関係する法則としてあらわれるもの、それと同じものが……人間おのおのの生における交際や形成の法則である。あることを根本的に体験する人は誰でも、同時に……その同じことの諸々の可能性と、それとは反対のことの可能性とを体験する。これらの可能性は……合法的な所有物である。それに反して、その人の私的な人格的な現実はそうではない」（Kierkegaard, 1954 = 1962 : 241）。ある根本的な体験をした者の所有物は、現に体験したことそのもの、つまり体験の現実性にとどまるというのが、おそらくは普通の理解であろう。しかし、キルケゴールはむしろ、そうした現実の体験、体験の現実性だけにではなく、他の形でもあり得た可能性、それとは反対の体験の可能性にもまた、その合法的な所有権を創作者に認める。

また、キルケゴールのペルソナ、クリマクスも次のように述べる。「実存の現実性（Existenzwirklichkeit）は伝達され得ない。……現実性が第三者によって理解されるべきであるとするならば、可能性として理解されなければならない。そして、そのことを意識している伝達者は、彼の実存の伝達（Existenzmitteilung）が、まさに実存の方向においてなされるためには、可能性の形式をとらざるをえないことを決して見失わないだろう」（Kierkegaard, 1958 = 1969 : 303）。

「主体的で実存し思考する者」の間での伝達において、個々に直接的な言葉だけによる共約可能な意味の癒着を許さないところでは、あるいは本来、真偽の判断が問題になるはずの「認識」においてさえ主体的なものが重視されるところでは、わがものにすること（Aneignung）が肝要であるところでは、おおよそ伝達とは一個の芸術品（技法による作品：Kunstwerk）であると言われる。そしてその形式として「権謀術数」が挙げられる。キルケゴールがここで言う「権謀術数」とは、「各々の主体性が……相互に引き離され、客観性の中で互いに癒着してしまうことを許さない」ことなのである（Kierkegaard, 1957 = 1968 : 139）。
バルトは、伝統的なドラマツルギーが、観客を埋没させ棄権に導く点を誤っていると考え、それに対して、ブレヒトのドラマツルギーが、観客を一人ひとり孤立させることにおいて優れているのだと言う（Barthes, 1964 = 1972 : 69）。もし、キルケゴールを実存的・主体的思想家と呼ぶことに何らかの正当性を認めるとするなら、それはキルケゴールが「実存」や「主体性」の教理や学説を述べたという理由からではなく、伝達においてここまで見てきたような戦術や技法を用いて、ブレヒトの「叙事的演劇」と同様に、観客に癒着を許さなかったところに、その理由を認めなくてはならない。

4　物語る誘惑者としてのソクラテス

伝統的なドラマツルギーをもった悲劇や喜劇とは、また別の系譜に位置する「笑劇 Posse」は、従来、幕間をうめるためなどに即興性をもって演じられる軽い出し物としてだけ受け取られることも多かったが、キルケゴールには、その「笑劇」における演技者と観客との関係についての見解を述べている箇所がある。その見解を見てみよう。

笑劇というものは、教養ある観客の気分を一色に統一することはできない。なぜなら、笑劇の効果というものはその大部分を観衆の自発性と創造性にまつものであるため、それぞれの個性が通常とは違った仕方で表に出てくるし、またそれを享受する仕方も、伝統どおりに賛嘆し、笑い、感動しなければならない、というようなあらゆる美学的義務から解放されているからである。……ポスターを見ればすぐに、その晩自分がどんな顔をするべきか、あらかじめ分かっていようとする——こんな一色の態度は、笑劇の場合にはありえない。なぜなら同じひとつの笑劇でもまったくさまざまな印象を与えるからである、また実に奇妙なことに、最高に上手く演じたのに全然受けない、ということもままあるのである。……笑劇を観るとき、人はどんな気分になるか予測がつかない、だから、自分が劇場で、然るべきところで笑い、あるいは泣く常連の名誉ある一員らしくふるまえたかどうかも、確かさをもって言うことができない。……だから、もの悲しい気分になることも、われを忘れて笑うことも、どちらもあり得るのである（Kierkegaard, 1955b = 1962 : 250）。

すでに知っている者には判断することができるように、またそれに対して知らない者には、何か知らなくてはならないものをわがものとすることができるようにして伝達する（Kierkegaard, 1957 = 1969 : 173）という一般に想定されるような伝達の様式に納まり切らない、観客に様々な印象を与え得る、こうした伝達の様式が現実にあることが、キルケゴールには意識されていたと言ってよいだろう。

このように、どういった「誤解」が生じてもおかしくない難しい伝達状況の中で、「間接伝達」というのは、「伝達することを、一般に想定されている伝達とは違った意味でひとつの技法にする」ことだとキルケゴールは考えていた。確かに、伝達者は観客の気分を一色に統一することはできない。しかしその際、伝達を弁証法的に難しくすることに配慮する者に自ら転じることはできるというのだ。すなわち「〔伝達を〕受け取る者が一人の実存する者であること、そしてこのことが〔伝達にとって〕本質的なことであるのに配慮すること」（Kierkegaard, 1957 = 1969 : 173.〔　〕は引用者）はできるのだという。では、その配慮とは一体どういったものなのか。

先に例に挙げた「情熱」に代表される実存的な諸概念に関して、キルケゴールは、それらを伝達する際には「定義をしないでおくという確実な配慮（Takt）」（Kierkegaard, 1952 = 1964 : 218）を示していると言う。キルケゴールの考えによれば、その「配慮」をもちながら「私がここで述べていることこそが、どんな概念の展開にもまして、こうして語られている問題を、私が真剣に知っていることを証明している」というのだ。いわば、定義に頼らず、述べるという行為それ自体によって、自身を「諸矛盾の展示場」に転じること、その自らの姿や身ぶりを見せることの方が、そこで語られる問題を知っていることになるのだ。このことを「語り教える者としての教師」という観点からまとめるなら、語り教える者が為すべきことは、物語を見えるようにすることではなく、物語ることを媒介として見えないものを見えるようにすることだということになるのではないだろうか。

ところで、このキルケゴールが考える、見えないものを見えるようにする「諸矛盾の展示場」としての人物にはモデルがいる。キルケゴールが修士論文の主題に選び、それ以降、彼の著作活動に直接に間接に影響をおよぼし続けているソクラテスこそその人物である。そのソクラテスを描いたキルケゴールの憧憬に満ちた記述（Kierkegaard, 1961 = 1967 : 63）にふれて本論を終わりたい。キルケゴールは次のように言う。

「ソクラテスという人物は……精神のあらゆる誘惑的な天分をもっていた。しかし、伝達し充実し豊かにすることが彼にはできなかった」。ソクラテスは、問いかけを通して見せかけの内容を吸い出し、そこに空虚を残しておき、一切の既成のものを突き崩しつつ、相手をその現実に突き放すというアイロニー的技法の使い手だった、いや、それどころかアイロニーそのものであった。キルケゴールによれば、ソクラテスを「誘惑者」と呼べるのは、「彼が青年たちを欺き、彼らの心に憧憬をめざましたが、彼らにそれをかなえてやりはしなかったのであり……精力的で滋養のある食べ物を彼らに与えはしなかった」からなのだ。

私たちは、自身が語り教える者としての教師の立場に置かれたとき、過度な同調と「英雄・天才崇拝」による自己の課題の回避の狭間に立たされ、双方への転落の危険にさらされる聴き手に、転落せずに踏みとどまるよう語り教え続けることができるのだろうか。手近にあり満足をもたらしてくれる答え、精力的で滋養のある食べ物をつい与えてしまいたくなる気持ちに対してためらいを続けることができるだけの十分な戦術や技法をもっていると言えるのだろうか。

【引用・参考文献】

Barthes, R. 1964 *Essais critiques*, Paris : Seuil. ＝ 1972 篠田浩一郎・高坂和彦・渡瀬嘉朗訳『エッセ・クリティック』晶文社
Benjamin, W. 1966 *Versuche über Brecht*, Frankfurt an Main : Suhrkamp. ＝ 1971 石黒英男ほか訳『ブレヒト』晶文社
Brecht,B. ＝ 1962 千田是也編訳『今日の世界は演劇によって再現できるか――ブレヒト演劇論集』白水社

Kierkegaard, S. 1951 *Die Schriften über sich selbst*, Düsseldorf / Köln : Diederichs Verlag. = 1963 田端義三郎訳「わが著作活動の視点」『キルケゴール著作集』第一八巻、白水社

Kierkegaard, S. 1952 *Der Begriff Angst*, Düsseldorf / Köln : Diederichs Verlag. = 1964 氷上英廣訳「不安の概念」『キルケゴール著作集』第一〇巻、白水社

Kierkegaard, S. 1954 *Eine literarische Anzeige*, Düsseldorf / Köln : Diederichs Verlag. = 1962 飯島宗享訳「現代の批判」『キルケゴール著作集』第一一巻、白水社

Kierkegaard, S. 1955a *Furcht und Zittern*, Düsseldorf / Köln : Diederichs Verlag. = 1962 桝田啓三郎訳「おそれとおののき」『キルケゴール著作集』第五巻、白水社

Kierkegaard, S. 1955b *Die Wiederholung*, Düsseldorf/ Köln : Diederichs Verlag. = 1962 前田敬作訳「反復」『キルケゴール著作集』第五巻、白水社

Kierkegaard, S. 1956 *Entweder / Oder I*, Düsseldorf / Köln : Diederichs Verlag. = 1963 浅井真男訳「あれか、これか第1部（上）」『キルケゴール著作集』第一巻、白水社

Kierkegaard, S. 1957 *Abschließende unwissenschaftliche Nachschrift zu den philosophischen Brocken I*, Düsseldorf / Köln: Diederichs Verlag. = 1968 杉山好・小川圭治訳「哲学的断片への結びとしての非学問的あとがき（上）」『キルケゴール著作集』第七巻、1969「哲学的断片への結びとしての非学問的あとがき（中）」『キルケゴール著作集』第八巻、白水社

Kierkegaard, S. 1958 *Abschließende unwissenschaftliche Nachschrift zu den philosophischen Brocken II*, Düsseldorf / Köln: Diederichs Verlag. = 1969「哲学的断片への結びとしての非学問的あとがき（中）」『キルケゴール著作集』第八巻、1970「哲学的断片への結びとしての非学問的あとがき（下）」『キルケゴール著作集』第九巻、白水社

Kierkegaard, S. 1961 *Über den Begriff der Ironie*, Düsseldorf / Köln:Diederichs Verlag. = 1966 飯島宗享・福島保夫訳「イロ

ニーの概念(上)」『キルケゴール著作集』第二〇巻、1967 飯島宗享・福島保夫・鈴木正明訳「イロニーの概念(下)」『キルケゴール著作集』第二一巻、白水社

Lippitt, J. 2000 *Humour and Irony in Kierkegaard's Thought*, UK : Macmillan Press.

Nietzsche, F. 1967 *Menschliches, Allzumenschliches I*, Berlin : Walter de Gruyter. = 1994 池尾健一訳「人間的、あまりに人間的」I『ニーチェ全集』第五巻、筑摩書房（ちくま学芸文庫）

「創世記」1997 旧約聖書翻訳委員会訳『旧約聖書』岩波書店

II

教育の物語・物語の教育

II

4　増殖する教育の物語

──絵本『もじゃもじゃペーター』について

山名　淳

1　発達に介入する物語

子どもの内側に入り込む絵本

子どもがいうことを聞かない。大人にとって、これほどやっかいなことはない。しかも、このやっかいなことは頻繁に起こる。子どもがいうことを聞かないという事態に、人は一生のうちに何度も繰り返し遭遇するにちがいない。その子の親として、教育者として、あるいはまったく関係のない赤の他人として。言葉をまだ理解できない赤ちゃんであれば、ある程度はあきらめもつく。だが、言葉を覚えて「なぜ、なぜ」と質問することが大好きな年頃の子どもたちにかぎって、「してもよいこと」と「してはならないこと」の区別をうまく理解してくれない。あるいは、彼らは、そのような区別があることを理解したうえで、あえて「してはならないこと」に挑戦する。

できることなら子どもたちの心の奥に手を伸ばし入れて、彼らを内側から変えたいものだ。「してはならないこと」に挑戦する子どもたちとの格闘に疲れたとき、そう感じたことのある大人も多いはずだ。もちろん、子どもたちの心の奥に手が届くことなど現実にはありえない。それでは、自分の手にかわって、子どもたちの心にふれ、内側から子どもたちを変化させてくれるような、そんな道具はないものか。たとえば、子どもの絵本。大人が、怒鳴ったり、手をあげたりするかわりに、絵本を読んで聞かせることによって、大人が思うとおりに子どもが振る舞うようになれば、どんなに素敵なことだろう。そう、まるで梃子の原理によって手が届かないところにまでぼよよんと伸びて用事を済ませてしまう玩具のマジック・ハンドのように、物語が子どもの心に入り込み、その内側からじわりと影響を与えるような絵本はないものか。

子どもたちを内側から変えるという効用を多くの大人たちが密かに期待して買う絵本。『もじゃもじゃペーター』（図1）は、そうした子どもの発達に介入するための典型的な絵本のひとつである。スープが嫌いだとだだをこねていたら、見る見るうちに痩せていって、五日目にはお墓に入ってしまう。親指をなめていたら、裁縫屋さんがやってきて、大きな鋏で指を切られてしまう。マッチで火遊びをしていたら、洋服が燃えて、最後には自分も灰になってしまう……。一八四五年に出版された絵本『もじゃもじゃペーター』は、一〇編のそのような短い物語で構成されている。作者は、よく知られるとおり、ハインリヒ・ホフマン（Heinrich Hoffmann, 1809-1894）というドイツ人である。精神科医、政治家など、彼のもつ肩書きは多いが、プロの絵本作家ではない。それにもかかわらず、『もじゃもじゃペーター』はドイツで爆発的に売れ、一八九六年にはすでに二〇〇版を数え、現在もなお再版が続けられている。この絵本は、世界各国で少なくとも三〇以上の外国語に翻訳され、国際的によく知られた絵本でもある。

『もじゃもじゃペーター』が広く知られているのは、オリジナルの売れ行きが好調であるからだけではない。この絵本は、「もじゃもじゃペーター群（Struwwelpetriaden）」と呼ばれる類似本やパロディーによってもその知名度をあげてきた。その数たるや、『ロビンソン・クルーソー』、『鏡の国のアリス』、『ピノキオ』の類似本やパロディーに匹敵するという。この絵本をこよなく愛するR・リューレは、「もじゃもじゃペーター群」を丹念に調べ上げ、とうとう分厚い一冊の事典を作り上げてしまったが、そこに掲載されている作品数は実に一五七七に及んでいる（Rühle, 1999）。また、『もじゃもじゃペーター』は、推理物をはじめとしていくつかの小説にモチーフを与えてもいる。ついでにいえば、ホフマンの生誕地であるフランクフルトにある「もじゃもじゃペーター博物館」や「ハインリヒ・ホフマン博物館」では、人形やバッジな

図1　『もじゃもじゃペーター』の表紙
〔出典・Hoffmann, 1994 (1845)〕

どの「もじゃペー」グッズが売られ、またそれらを集めたり類似本を保存することを趣味とする「もじゃペー収集家」たちがいる。

人々がこの絵本に魅了される理由はさまざまだろうが、少なくとも、最初にこの絵本に出会うきっかけを与えるのはたいていの場合は親であり、親が期待しているのは、すでに述べたようにまずは教育的な効用であろう。リズムのよい美しい韻を踏んだ文章や色彩豊かな挿絵によって構成されてはいるが、多くのしつけ本と同じように、『もじゃもじゃペーター』もまた、甘味料に包まれた薬のようなものである。D・ペットツォルトは、そう述べている。この絵本は、娯楽の要素を備えながらも、そのなかにしっかりとしつけという苦みを含み込んでいる、というわけだ。

予防する絵本としての『もじゃもじゃペーター』

たとえば、『もじゃもじゃペーター』のなかに「親指しゃぶりのお話」という物語がある。コンラートちゃんという男の子がお留守番をすることになった。お出かけ前のママが、コンラートちゃんに、留守番中に親指をなめてはいけませんよと念を押す。けれども、ママが出ていってしまった寂しさを慰めるかのように、コンラートちゃんは親指をすぐにお口のなかにくわえてしまう。すると、突然ドアが開いて、髪をなびかせながら目にも止まらぬ速さで裁縫屋さんがやってくる。裁縫屋さんは、子どもの背丈ほどもある大きな鋏で、コンラートちゃんの親指を切ってしまう。ママが帰ってきたときには、両手の親指を切られたコンラートちゃんがしくしく泣きながら立っていた、という話である（図2）。フランクフルトの「もじゃもじゃペーター博物館」を訪れたときに聞いた話だが、ドイツ人のある母親は自分の娘に『もじゃもじゃペーター』を買って与えはしたものの、「親指しゃぶりのお話」が掲載されている頁だけは糊でふさいで開かないようにしたという。このエピソードが示しているように、「親指しゃぶりのお話」は、『もじゃもじゃペーター』の物語のなかでも、過激さでは一、二を競うが、程度の差はあるものの、他の物語も基本的には同様のからくりをもっている。では、そのからくりとは何か。

ホフマンは、子どもたちがしてはならないこととしてもよいこととの境界線を自覚できるようなからくりを絵本のなかに準備し、それによって子どもたちの逸脱行為を阻止しようとした。その際、彼は、子どもたちに向けて「こうした方がいいよ」とあからさまなメッセージを送ったりはしない。ある話では、逸脱者は大切な物（大切な赤い鞄）を失う。また、ある主人公は侮蔑を受け、ある主人公は死者（焼死者、餓死者）や行方不明者となり、またある主人公は負傷（指の切断）したり水に溺れたりする。ホフマンは、過激ではあるが、あくまでも合理的な因果連関によって主人公たちが不幸に見舞われるまでの過程を説明している。単純だが理に適った話（たとえば、ホフマンは突然悪魔がやってきて主人公に災いをもたらすといった話を挿入したりはしない）を聞いて、子どもたちは、災いの原因となった逸脱行為をしないよ

図2　「親指しゃぶりの話」の一コマ
〔出典・Hoffmann, 1994(1845)〕

うに、自らが自らにブレーキをかけるようになる。そのように、『もじゃもじゃペーター』は、模範行為を反転させて逸脱行為を提示したうえで、その後逸脱者たちがどのような不幸に見舞われたかを描写し、そのことによって聞き手である子どもたちを模範行為の方へと誘うのである（図3および表1）。

ホフマンは、模範行為へと誘う絵本の効用を、彼の専門分野である医学の領域で用いられる「予防（Prophlaxe）」という言葉で表現している。取り返しのつかないことが起こる前にあらかじめその芽を摘んでしまうような予防性が、まずは作者が主張する『もじゃもじゃペーター』の本質なのだ。医者が患者を病や死の危険からあらかじめ遠ざけようとするように、教育者も被教育者である子どもたちに災いがふりかかることを事前に防ぐ努力をする。望まれざる事態が生じることを予防するためには、一方で、個人がいわば外部から監視・管理されねばならないが、他方で、個人が自らそうした事態を避けるようにつねに配慮することが要求される。『もじゃもじゃペーター』は、予防に関するこの後者の役割を、つまり個人内部の啓発という役割を担い、願わくば個人外部からの監視・管理の度合いを軽減しようとする物語である。

2 物語が「文明化」する

三歳と十九世紀――「文明化」における二つの枢要点

幼児のうちに自らの行為や衝動を規制する心的メカニズムをつくりだす作用を、N・エリアスならば

図3　絵本『もじゃもじゃペーター』の基本構造

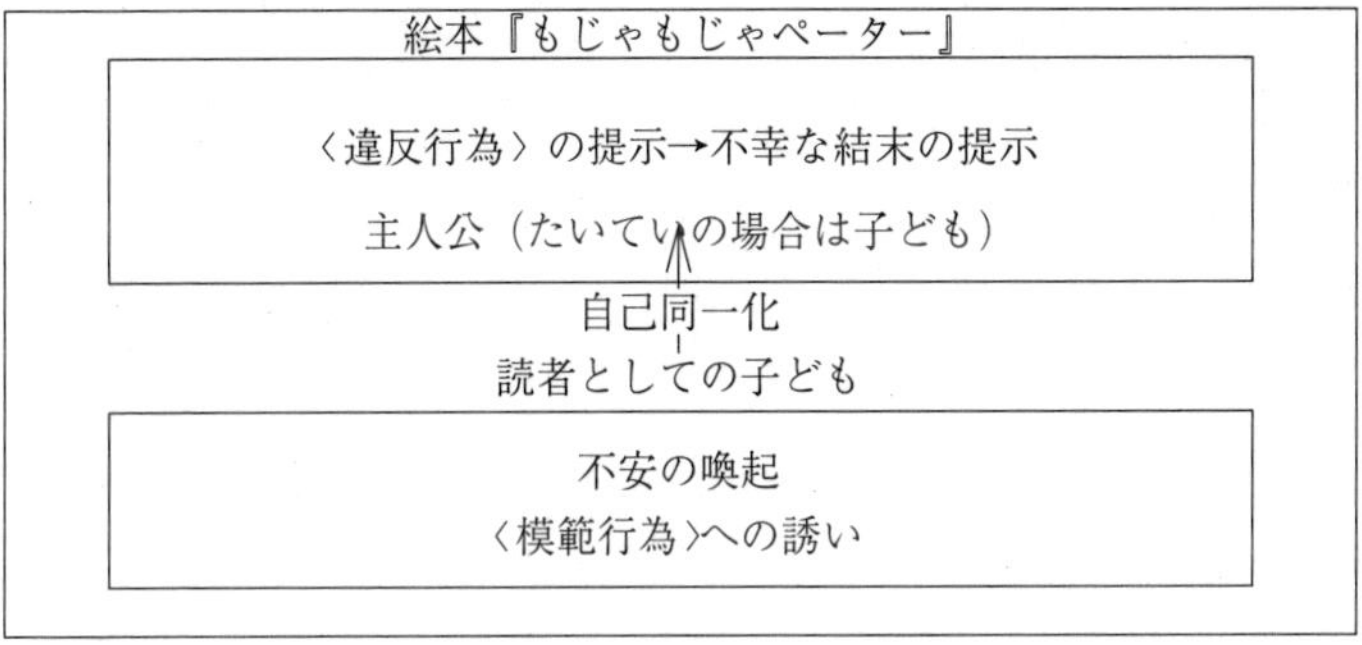

表1　『もじゃもじゃペーター』の各物語と促される行為

物語名	物語のなかの出来事と結果	促される行為
①もじゃもじゃペーター	髪や爪を切らない→侮蔑。	身体衛生に配慮する。
②わんぱくフリードリヒの話	乱暴・いたずら→犬にかまれ、負傷。	乱暴をしない。
③マッチについての悲しい話	留守番中に火遊び→焼死。	火遊びをしない。
④黒人少年の話	黒人差別→大きなインク瓶の中に入れられる。	人種差別をしない。
⑤乱暴な狩人の話	ウサギ狩り→ウサギに銃を奪われ、狙われる。井戸へ落下。	動物を愛護する。
⑥親指しゃぶりの話	指をなめる→「服屋」さんがきて、指を切断。	指をなめない。
⑦スープ嫌いのカスパーの話	スープを飲まない→餓死。	偏食をしない。
⑧行儀の悪いフィリップの話	食事中に椅子を揺り動かす→ひっくり返る。	食事の作法を守る。
⑨お空眺めのハンスの話	ぼおっとしている→犬と衝突。川に落下。学生鞄を失う。	よそ見をしない。
⑩空飛ぶロベルトの話	嵐の日に外出→風に飛ばされる。行方不明。	嵐の日には家にいる。

「文明化」と呼ぶであろう。エリアスがいう「文明化」とは、西欧近代社会の発展状況を示す語であり、技術の水準、礼儀作法の種類、学問上の認識や世界観の発展状況など、「最近の二、三〇〇年のヨーロッパ社会が、それ以前の社会あるいは同時代の『もっと未開の』社会よりも進化して持っていると信じているものすべて」(Elias, 1969b = 1977 : 68) のことをいう。エリアスによれば、一定の「文明化」の度合いに達した社会において、人々の恣意的な行為、本能や情動に導かれた行為は、次第に、習得された自己抑制によって規制された振る舞いにとってかわられる必要が生じてくるという。自己の外部からの衝動規制にかわって、今や主要となるのは自己の内側に形成された「衝動自己監視装置」である。

個々の人間はすでにごく小さいときから大人としての機能に必要な絶えざる抑制と長期的視野をもつように定められている。こんな具合に自己の行動や衝動を抑制したり、規制したりすることは幼いときからの習慣になっているので、「理性」とか、より細分化され安定した「超自我」といった、そのつど社会的に通用している図式やモデルという意味での自動的に働く衝動自己監視装置が、いわば社会的基準の中継点として彼のなかに形づくられる。そして衝動や愛着の抑圧された部分が、もはや直接彼の意識にのぼることはまったくなくなってしまう (Elias, 1969b = 1978 : 348)。

前述の文章でエリアスは、自己の行動や衝動を規制することが「幼いときからの習慣になっている」と述べているが、無論、最初「野蛮」なまま生まれてくる子どもたちは、振る舞いの基準を自明のものとして受け入れているわけではない。したがって、そのような基準をもって生まれてこない子どもたちを「この基準に合わせて自己を克服し、自分の衝動、自分の性癖を抑えるように、あるときは厳しく、あるときはやさしくしつける」（Elias, 1969b = 1978 : 271）ことが、先行世代には必要となる。私たちの社会は、そうした「文明化」のための「種々の道具」（Elias, 1969b = 1978 : 290f.）を有しているはずだ。そもそも、エリアスにとっては、社会そのものが「文明化」のための巨大な装置にほかならないのだが、そのなかにも、個別の「文明化」の道具が存在しているはずである。教育としつけに関する物、人物、制度はすべて、そうした「文明化」の道具の代表であるといえる。私たちが注目している『もじゃもじゃペーター』のようなしつけ本はといえば、やはり、典型的な「文明化」の道具に数え上げられるべきであろう＊。

＊そもそも、エリアスが各時代の「文明化」の到達の度合いを測量するために用いた主要な史料がしつけ本のルーツである各種作法書であったことを思い起こしておくべきであろう。ドイツにおける児童向けの著作の歴史に関する概説書において、しばしばしつけ本の始源とみなされているのは、エラスムスの『少年作法論』（一五三〇年）――この著作は必ずしも子どものために書かれたものではないのだが――であるが、エリアスは、まさにこのエラスムスの著作のうちに「文明」の語源である「礼儀 civilité」という概念の重要な起源を見出していた。『もじゃもじゃペーター』は、『少年作法書』の後に連綿と続く作法書およびしつけ本の系譜のうちに位置づけることもできるだろう。

ところで、個人に行使される「文明化」の力は、そもそも私たちの社会の長期的な歴史過程のなかで培われたもので、したがって、個人の「文明化」は、そのような長期的な「文明化」の小規模で個別的な繰り返しにほかならない。このことを意識するとき、『もじゃもじゃペーター』は、人類の歴史過程における「文明化」と個人の変容過程にみられる「文明化」の両次元において、十九世紀と三歳という二つの重要な時間の交錯点に位置しているといえるのではないだろうか。

一方で、「文明化」の長期的歴史過程に注目するとき、十九世紀という時代が画期をなしていた、ということを先行研究者たちは強調している。たとえば、J・J・セイフェルスバーグによれば、「文明化」の過程で培われてきた「適切」な振る舞いと「不適切」な振る舞いを区別するコードが支配的であったのはかつては宮廷社会であったが、ドイツの場合、十九世紀になってそれが社会の構成員の大半を占める人たちに急激に波及していった。そうした「文明化」の普及時代に、『もじゃもじゃペーター』は誕生した。クリスマスのプレゼント用に子どもの絵本を買おうとしたホフマンが、もしフランクフルトの本屋で彼を魅了する絵本をみつけていたら、『もじゃもじゃペーター』が世に出ることはなかっただろう、などと考えてはならない。大衆に受け入れられるほどの「文明化」の絵本が一般書店の店頭に並ぶまでには、歴史はもう少し時間を必要としていたのであるし、こういってよければ、ホフマンの登場を待ち受けていたのだから。

『もじゃもじゃペーター』は、他方で、もうひとつの「文明化」の過程、つまり個人のうちで繰り返される「文明化」の過程における三歳という重要なポイントとも結びついている。様々な発達論が示唆するところによれば、この年齢段階は物語をとおして自己の衝動や行為を規制する心的メカニズムをつくりだすことがようやくできるようになる時期である。「衝動自己監視装置」を個人のうちに確実に形成するためには、この年齢段階の子どもは最適であるとみなされる。『もじゃもじゃペーター』は、まさにこの三歳（この絵本が、ホフマンの三歳の息子のためにクリスマスのプレゼントとして書かれたことに注意を喚起しておこう）の読者を想定して書かれていた。また、その副題が示すところによれば、少なくとも六歳までの子どもたちのために書かれた絵本である。実際に、ドイツのたいていの子どもたちは、三歳から六歳くらいの間にはじめてこの絵本と出会う。

ホフマンがもじゃもじゃの髪の毛と伸び放題の長い爪を描くとき、彼は明らかにそのような姿が読者の不快感や苛立ちを呼び起こすであろうことを予測している。そうした不快感や苛立ちの度合いこそ、私たちがどれほどの「文明化」の高みにいるかを推し量るバロメーターとなるし、また同時に、その時代の子どもたちに行使されるであろう「文明化」の力の大きさを反映してもいる。人類が長い時間をかけて辿った「文明化」の過程を、子どもたちは短期間のうちに一気にその高みへと駆け上がるのだ。もっとも、そう容易には駆け上がろうとしない子どもたちもいることを私たちはよく知っている。ただし、そうした子どもたちは、たいていの場合、「文明化」の高みから見下ろされて、「聞き分けのない子ども」とか「どうしようもない子ども」などあまりありがたくない評価を受けることになる。

従順なペーターの誕生

それにしても、『もじゃもじゃペーター』が「文明化」の道具であると断言することに、いささか躊躇の念が生じないわけではない。エリアスによれば、人々は「文明化」の作用を人生の「かなり早い時期に忘れてしまうか、あるいは心の中で抑圧してしまう」(Elias, 1969a = 1977 : 272)という。「これらすべてが彼らには、自分のもっとも個性的なもの、何か『内的』なもの、いわば自分たちに生まれつき具わっているものと思われる」(Elias, 1969a = 1977 : 272)というわけだが、そうした「文明化」の道具にしては、『もじゃもじゃペーター』にはさりげなさが欠如している。また、「威嚇の教育」などと揶揄されてきたことに象徴されるように、『もじゃもじゃべーター』のお話はあまりにも強烈で過激である。

そうした強烈さや過激さは、物語の描写に含まれたあからさまな暴力性に由来しているだろう。数多くの口承文学が子どもの読み物として加工されていく過程で、暴力や性に関する表現が取り除かれて、同時に教訓がふんだんに盛り込まれるようになったことは、たとえばグリム童話や『桃太郎』などについての先行研究が私たちに示してくれているとおりである(たとえば、中内・1983を参照)。子どものための物語が辿った長期的変遷の軸に『もじゃもじゃペーター』を置いてみるとき、教訓の盛り込みという点においては、たしかに『もじゃもじゃペーター』はためになる典型的な近代の児童本であるといえるかもしれない。だが、その一方で、『もじゃもじゃペーター』は、子どもの命や身体などを喪失することにみられるように、暴力性や残酷さをまだその表現のなかに残しており、その点では、「未開」の尾てい骨とも呼べそうなものをまだそのなかに留めている。要するに、「文明化」のための近代の絵本としては『もじゃもじゃペーター』はまだ不完全なのである。

『もじゃもじゃペーター』が子どもたちを秩序の方へと導くためのあまりに過激な描写に対しては、出版当時から批判があったが、やがて、そのような批判の延長線上で「教育的に改善」されたペーターの末

図4　『教育的に改善されたもじゃもじゃペーター』
〔出典・v.Miris/Oberlander, 1880〕
ポマードで髪をなで整えて、ステッキを持ち、帽子を取って上品に挨拶をする「きれい好きなペーター」。

図5　『もじゃもじゃペーターの改悛と改心』〔出典・Tienemann, 1851〕
おかあさんに長い爪を鋸で切られるペーター。この後、長い髪もばっさりと切られてしまう。

裔たちが出現してくることになる（Miris / Oberländer, 1880. 図4）。『もじゃもじゃペーター』のいくつかの類似本では、主人公たちが残酷な運命に見舞われるところで物語が終わるのではなく、そうした運命から救済されるところまで話は延長されるであろう。主人公たちは、謝罪し、更正し、名誉を回復して、最後には真の英雄としてその清潔な姿を私たちにみせつけるだろう。横暴であったり、だだをこねたり、不潔であった反面教師としての主人公たちにかわって、従順な主人公たちが模範となって子どもたちを秩序の方へと導き入れるようになるにちがいない。そうして、物語から「未開」の尾てい骨が抜き取られ、「文明化」のための絵本の仕上げが施されていくのである。

図6　『もじゃもじゃリーゼ』

〔出典・Schmidt-Teichmann, 1950〕

無精でいたずら者のリーゼも、最後はすっかり反省して、清潔な姿で読者をみつめる。「文明化」の基準である清潔さを獲得することで、子どもは秩序の側へと移り住む。

そのような展開をする『もじゃもじゃペーター』の類似本は数多い。オリジナルが出版されてわずか六年後の一八五一年に出されたK・ティーネマンの『もじゃもじゃペーターの改悛と回心』（Thiene. mann, 1851. 図5）では、すでに、ペーターの髪や爪は伸び放題のままに放ってはおかれていない。ママはペーターを人々の侮蔑から救済するために、鋸で彼の凶器と化した鋭い爪を切り落とし、大きな鋏で髪をばっさりと切る。最後に、ペーターは、新しい洋服を着て誇らしげにママとお出かけをする。

『もじゃもじゃリーゼ』（Schmitt-Teichmann, 1950）も、そのような類似本のひとつである。この絵本に登場するリーゼちゃんは、最初、あちこちが破れたブラウスやスカートを身にまとっただらしのない女の子として登場する。彼女は、早起きが大の苦手だ。また、朝の冷たい水で顔を洗うのが嫌いである。学校には遅刻をする。宿題はやってこない。食事の好き嫌いは激しい。農園の野菜を台無しにする。ラジオにいたずらをする。危険な木登りをする。布団を引き裂いて羽毛布団の雪を降らせ、ベッドをゲレンデに見立

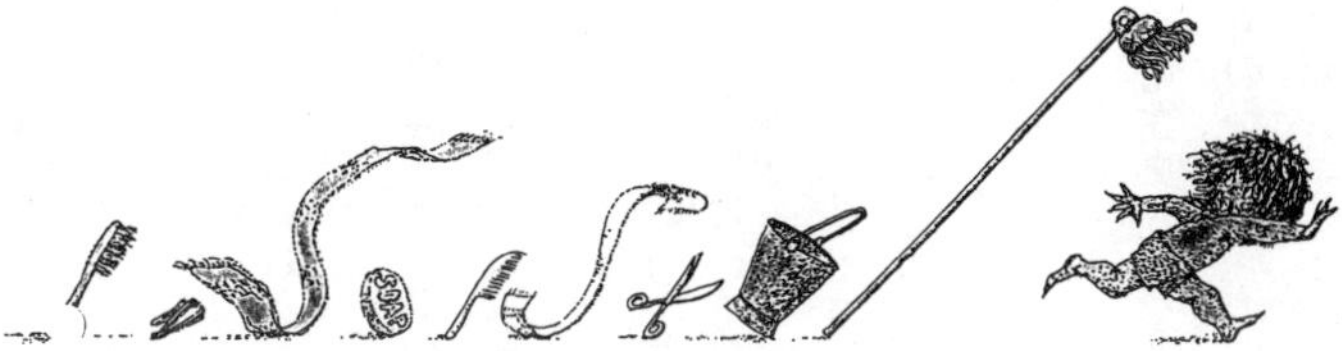

図7 『もじゃもじゃぼうや』〔出典・川崎大治，1981〕
もじゃもじゃぼうやは、モップやタオルや石鹸にとらえられて、全身きれいにされる。

ててスキーの練習をする。本を読みながら車道を歩く。そうしたリーゼちゃんを待ち受けているのは、他の子どもたちの嘲りであり、大人たちの叱責であり、また大怪我である（最後には車にはねられて、病院に入ってしまう）。『もじゃもじゃリーゼ』の最後の頁では、すっかり反省したリーゼちゃんが、おめかしをして清潔な行儀のよい女の子に変身した姿であらわれ、きらきらと輝く瞳で読者をみつめている（図6）。

さらに、『もじゃもじゃペーター』に示唆を受けて書かれたと考えられる日本の絵本もこの系譜に位置づけられるだろう。たとえば、せなけいこの『もじゃもじゃ』（一九六九年）に登場するルルちゃんがそうだ。庭の木や犬のコロやほつれた毛糸と同じように、もじゃもじゃしたルルちゃんの髪の毛は、きれいに切りそろえられて黄色のリボンでくくられていく。川崎大治と三好碩也の『もじゃもじゃぼうや』（一九八一年）（図7）に登場する無精な男の子は、突然ふわふわと逃げていってしまった自分の洋服を追いかけているうちに、モップや鋏や歯ブラシや石鹸に出会い、それらに逆に追いかけられて最後はきれいにされてしまう。

うそをつく子ども、盗みをはたらく子ども、掃除をしない子ども、テレビから離れない子ども、兄弟げんかをやめない子ども……。戒めの対象となる子どもの例をあげれば、枚挙にいとまがない。それと同様に、『もじゃもじゃペーター』とその延長線上でつくられる従順なペーターの物語は、少なくとも原理的には、際限なく増殖していくのである。

3　「文明化」に抵抗するペーター

周縁者としてのもじゃぺー

「文明化」の道具としての『もじゃもじゃペーター』解釈は、しかしながら、この絵本の特徴の半面しか浮き彫りにしていない。『もじゃもじゃペーター』は、主人公たちを摩擦なく「文明化」された状況に馴染ませようとする物語であるというだけでなく、逆に、そのような「文明化」を推進する物語を解体するための力をも含み込んでいる。「文明化」の側にとっておそらく驚異となるような『もじゃもじゃペーター』に内在する力についてもっとも手際よく論じてくれているのは、本田和子である。

本田は、〈中心／周縁〉理論を基盤とした独自の記号論によって、とりわけ『もじゃもじゃペーター』における第一話に登場する髪の毛と爪が伸び放題の子どもの挿絵を解釈し、そうした「もじゃもじゃのイメージ」に「始源の生命力の象徴たる子どもの姿」を見出そうとした（本田・1982：116）。同時にまた、「異文化性」もしくは「周縁性」とでもいうべき性質（整合的な「文化」の外に位置するがゆえに、存在そのものが秩序への問いであり続ける性質）が「もじゃもじゃのイメージ」に集約されていることを、彼女は示唆しようとしたのである。

本田が指摘するように、ペーターのどこまでも伸びゆく髪や爪は、当人すら統制できない生命力の象徴であり、「その非合理な曲線性をもって、人間の意識的・合理的理性の対極に位置づけられる」（本田・1982：118）はずだ。「もじゃもじゃ」、つまり、そうした生命力が勝手な方向に繁殖し無秩序にもつれ合う様子は、合理的な統制をにわかには許さないがゆえに、人間の忌避感情を呼び起こす。かくして、「もじゃもじゃの所有者たち」（＝いまだ文明化されていない「自然児たち」）は、「文化と秩序の敵として排除の対象」（本田・1982：118）とされてしまう。『もじゃもじゃペーター』の物語をあらためて眺めてみると、ペーター以外の登場人物たちも、秩序の側に立つ者たちの忌避感情と統制への意志を呼び起こしてしまう生命力に満ちあふれていることがわかるだろう。フリードリヒは手足を大の字に伸ばして高々と椅子を持ち上げ、パウリーネは部屋を飛び回り、カスパーは絶叫し、ハンスは夢をみながら空を見上げ、ロベルトは大空に高く舞い上がる。躍動や浮遊などをとおして、ペーターと仲間たちはみな文化（秩序）の外部で手を取り合っている。

『もじゃじゃもじゃペーター』は、子どもが文化（秩序）に対してもつ威嚇性をあからさまに示しつつ、それが不幸なことであるというメッセージを加えることによって、文化（秩序）の側に子どもたちを導こうとする社会的な道具として機能する。つまり、「秩序と良俗の守り手」（本田・1982：118）としての側面をこの絵本はもっている。だが、本田が同時に示唆しているのは、つねにそのような大人の作為から逃れようとする部分を子どもがもっているということであり、また、「秩序と良俗の守り手」としての『もじゃもじゃペーター』が、実は、そのような大人の作為から逃れる子どもの姿をも表象しているということである。

侵犯を抑止するはずの装置がはからずも侵犯を誘発してしまうのか、それとも、子どもの密やかな望みをお話のうえで適えることによってやはり現実の侵犯行為を抑止しているのか。いずれにしても、秩序に対する侵犯を抑える装置であるはずの絵本が侵犯の快楽を予示していることは、まちがいがなさそうだ。また、Ｈ・リースが示唆しているように、『もじゃもじゃペーター』は、歴史的にみれば、ビーダーマイヤー風の厳格なモラルの守り手であると同時に、それに対する反抗者でもあるという見方ができるかもしれない。

正確にいえば、ペーター自身は、秩序や文化に対する反乱者でも、あるいは先にふれた「文明化」に対する抵抗者でもない。本田が示唆しているように、ペーターとは、それ自体は秩序に対する怨念とはおよそ無縁な、だが、秩序の側からみたときに反乱者とみなされるような自然児のことである。ひとたび、反乱者としての意味付与がなされるやいなや、秩序の側に立つ者たちにとって、ペーターは自分たちの安寧を脅かす危険な存在としての処遇を受けるだろう。だが、その一方で、既存の秩序のあり方に疑念をもつ者たちにとっては、ペーターは、逆に秩序をめぐる闘争における格好の先兵とみなされるにちがいない。『もじゃもじゃペーター』において描かれた生命力あふれる逸脱者たちの姿にこそ、多くの人々が魅了されてきた理由は、おそらくそこにある。

そのことは、秩序の側に容易に取り込まれない「もじゃもじゃ」の姿がパロディーの作者たちを惹きつけ、反秩序や反権威のための表現にモチーフを与えるものとして採用されてきたことにみてとることができるだろう。十九・二十世紀転換期の生活改革運動者たちの象徴として太陽を背にこちらを見据える「今日のペーター」（Stern, 1914. 図8）、花咲く野原でくつろぐ「ヒッピーもじゃもじゃペーター」（Sebel, 1988）、ビートルズ風の「最新のもじゃもじゃペーター」（Homburg, 1967）、学生運動の盛んな頃に時代を象徴して書かれた『アンチもじゃもじゃペーター』（Waechter, 1970）、環境問題の深刻さを訴えて伐採されそうな樹木に登って阻止しようとする「エコもじゃもじゃペーター」（Lapointe, 1972）、あるいは教壇に上って教師を挑発する「パンク・ペーター」（Grünewald, 1985）など、手入れをしていない長髪を反権威の象徴とみなしたところにたちあらわれるさまざまな「もじゃペー」たち。すでにみたように、あからさまな暴力性といった「未開」の尾てい骨を物語から抜き去ることによって秩序の方へ摩擦なく導こうとする改善が一方で行われていたが、他方では、そのように改善の方向を拒絶するような物語がつくられている。そのような場合、ペーターの足元にあるのは、もはや晒し台ではない。それは、英雄を掲げるための台座へと変

図8 『今日のペーター』
〔出典．Stern, 1914〕
世紀転換期の生活改革者の背景には、手を加えられていない自然と整備されて庭園と化した自然が対比されている。台座に書かれた折れた鋏が、ありのままの自然に著者が価値をおいていることを意味している。

化しているのである。

図9　『アンチもじゃもじゃペーター』
〔出典・Waechter, 1970〕
右手を振り上げ、「アンチ」と書かれたカードを「もじゃもじゃペーター」という表題の前に掲げて挑発的な笑みを浮かべているペーター似の少年。

『アンチもじゃもじゃペーター』

反秩序や反抗をテーマにして書かれた『もじゃもじゃペーター』のパロディー本として比較的よく名が知られているのが、F・W・ヴェヒターによる『アンチもじゃもじゃペーター』(一九七〇年)だ。表紙に描かれたペーターのそっくりさんは、右手を振り上げ、「アンチ」と書かれたカードを「もじゃもじゃペーター」という表題の前に掲げて挑発的な笑みを浮かべている。『アンチもじゃもじゃペーター』に収められた九つの物語の方向性は、すでにこの似非ペーターのいたずらっぽい笑みに暗示されているといってよいだろう(図9)。ホフマンは、子どもたちが悪さをするといかなる不幸が彼らの身にふりかかるかを描いていたのだが、ヴェヒターは、逆に、子どもたちの悪さを大人たちがとがめるといかなる不幸が大人たちの身にふりかかるか、という話につくりかえている。

たとえば、「親指しゃぶりたちのお話」。コンラートちゃんがお出かけ前のママに指しゃぶりをしてはならないことを指示されるところまでは、『もじゃもじゃペーター』と一緒である。ちがうのは、そこからだ。ママが外出するやいなや、コンラートちゃんは裏の階段から友だちを自宅へ導き入れる。家庭用祭壇の前でくつろぎながら集団で親指をしゃぶる子どもたち。そこへ裁縫屋さんがやってきて、大きな鋏でお仕置きしようとしたが、すべって転んで顎を打ち、最後は気絶をしてしまう。その間に子どもたちは、鋏とズボンを奪って逃げる。コンラートちゃんのママが帰ってくると、前を隠した裁縫屋さんが立っていた、という物語だ。他の物語においても、基本的な展開はよく似ている。「行儀のよい警官のお話」では、立入禁止の芝生の上でサッカーに興じる子どもたちを注意した警察官が、裸になって抵抗する子どもたちに取り囲まれて気絶する。「スープ嫌いのカスパーのお話」では、スープが嫌いで飲もうとしないカスパーを父親が叩こうとするが、つまずいてテーブルクロスの上にのせられていた食器や料理の下敷きになってしまう、といったように。

作者ヴェヒターは、風刺マガジン『タイタニック』などで活躍していた「新フランクフルト学派」を自称する図案家である。彼の立場は、絵本中の「フリードリヒのお話」のなかで、さりげなく示されているといってよい。この物語では、父親の手によって地下室に閉じこめられたわんぱくフリードリヒが友だちに救い出されるが、彼らが導いていくその行く先は「自主保育所《キンダーラーデン》」だった。空いていた〈店舗《ラーデン》〉を借りて始められた〈幼児《キンダー》〉のための施設であったことからそう呼ばれたこの私設共同保育所こそ、学生運動に象徴される伝統に対する抵抗の時代に「反権威主義的教育」の理論と実践を架橋することが期待されていたオールタナティヴな保育施設であった。

『アンチもじゃもじゃペーター』のなかで権威の保持者として批判されるのは、無論、教育に関わる親や教師だけではない。権威は、宗教、政治、治安、道徳といったさまざまな領域で認められる。宗教的権威者である神父が、治安の権威を司る警官が、あるいは道徳を体現する近所の「貴婦人」が、次々と登場してては子どもにやっつけられる。そうした権威への抵抗者として描かれた子どもにしても、現実の子どもというよりは、権威への抵抗をもくろむ大人たちの分身として描かれているといった方が適切だろう。したがって、作者ヴェヒターが扱おうとしたのはもっぱら教育の問題であった、というわけではない。とはいえ、少なくとも読者の側からみれば、反権威の象徴としての子どもと権威の保持者である大人との対峙が絵本のなかで描出されているかぎりにおいて、他の多様な領域の権威問題と関わりながらも、やはり教育の領域における権威問題が『アンチもじゃもじゃペーター』においてひときわ鋭く問われているといってよいだろう。ともすれば、ヴェヒターによる批判は、あたかも教育そのものを否定するかのような勢いをもっている。

4　元祖ペーター、従順なペーター、抵抗するペーター

従順なペーターと抵抗するペーターの表裏一体性

ここまでくれば、『アンチもじゃもじゃペーター』が教育の闇部分を暴露しようとした反教育学との関連で理解されるまでは、ほんのあと一歩であるにちがいない。周知のように、一九七〇年後半から登場した反教育学を標榜する論者たちは、教育がそもそも善い営みであるという教育学の大前提に根本的な疑念

を投げかけようとした点で一致をみた。一九七〇年代を頂点とした「反権威主義的教育」やそれに先立つ学生運動などに表出した教育に対する危機意識が反教育学の伏線をなしていることは、これまでもしばしば指摘されているとおりである。『アンチもじゃもじゃペーター』は、それを生み出した土壌である「反権威主義的教育」と親和性をもつ反教育学の主張を先取りしているように思われる。

ただし、まちがってならないことは、「文明化」の過程のなかで更正する従順なペーターは教育的で、抵抗するペーターは非教育的だ、などと考えてはならないということだ。最終的に「よい子」になる『もじゃもじゃペーター』の末裔たちは、しばしば、「文明化」を突き詰めていくとどのような恐ろしい結果（従順で清潔だが生気を失った子どもの形成）が待ち受けているかを予兆している。『教育的に改善されたもじゃもじゃペーター』の作者の意図が実はそうであったように、究極の教育的ペーターは、皮肉にも、反教育的な性質を帯びてしまう。一方、『アンチもじゃもじゃペーター』に代表される抵抗するペーターは、「文明化」を司る権威からの解放を掲げながら、自らが権威的であることなしに権威からの解放へと導くことはいかにして可能か、という啓蒙期以来の伝統的な教育的根本問題が横たわっていることを、私たちに意識させる。つまり、抵抗するペーターは、非教育的なのでなく、その反教育的な表象を通して教育の根本問題への回帰を促しているのだ。

以上のことを言葉を換えていえば、従順なペーターと抵抗するペーターはともに、伝統的な教育的二律背反問題という同じ図柄の陰画と陽画の関係にあるのではないだろうか*。両者は、指導と放任、あるいは拘束と自由といった、近代教育学が取り憑かれてきた二律背反問題から脱出を図るのだが、容易にそこから脱出できないことを示す二つの典型的なパターンであるように思われる。双方とも、もう一方の極を否定してそれとは逆の方向へ突き進もうとするのだが、そうであればあるほど、一極であることの不安定さがますます露呈して、その結果として、否定しようとしたはずの極を参照するようにつねに引き戻される。教育をめぐる『もじゃもじゃペーター』の末裔たちは、近代教育の二律背反性をそこに映し出しながら増殖しているようにみえる。あるいは、近代教育の二律背反性こそが『もじゃもじゃペーター』から教育と反教育に関する末裔たちを分出させる大きな原動力であったというべきかもしれない。

＊教育的二律背反の問題については、たとえば、矢野・1994を参照。

虐げられる元祖ペーター

先述のエリアスにしたがえば、社会の機能分化によってそこに参加する人々が相互に関係せざるをえないという状況が必然的に生じてくる。そのような人々の関係構造の変化を一種の梃子にして、封建化の仕組みが徐々に効力を失い、かわって、国家のような「より安定した中央機構」や軍事および警察権力のように「暴力のより確固とした独占機構」が形成されるようになる。そのような社会では、個々の人間は突然の襲撃などの暴力による侵害から広範囲に守られ、また比較的安定した社会状況のなかで日々の生活を送ることを期待できるようになるが、同時に、この社会に参与する人々はすべて、暴力行使の衝動や激情の発散などを押さえられるより安定した個人であることが要求される。恣意的な行為、本能や情動に導かれた行為は、次第に、習得された自己抑制によって規制された振る舞いにとってかわられるという。そのように自己抑制を社会から要求される人間こそ、「文明化」された人間にほかならない。エリアスは、「文明化」を、人々が外的暴力から保護されるようになると同時に、内なる衝動や激情と日常的に戦わざるをえなくなるような両義的な状況として捉えていた。エリアスの言葉を借りれば、「戦場は心のなかに移された」というわけだ。個人の幸福に対して「文明化」社会が有している両義性の指摘は、たとえば、近代人の個人的自由と創造性を抑圧する「鉄籠」の出現として近代社会を批判的に精査したM・ヴェーバーの見解と別物ではないし、また、そのようなヴェーバーの見解から示唆をえて「双面神としての近代」について語ったD・ポイカートの近代批判とも連なっている。

『もじゃもじゃペーター』は、「文明化」の典型的な道具であるというだけでなく、期せずして、両義的な「文明化」社会に生きる諸個人の象徴としての相貌を有している。『もじゃもじゃペーター』のオリジナルこそ、「文明化」がもたらす安寧と「文明化」以前に備わっていた生命力との間で揺れる近代人たちのすぐれたパロディーにほかならない。かたや、『もじゃもじゃペーター』の教育的および反教育的パロディー本は、もはや近代の子どもたちを風刺するに飽きたらず、「文明化」された近代人たちを、とりわけ、近代社会に「未開」のまま誕生してくる近代の子どもたちを、そのアイロニカルな運命から救済しようとする。一方で、従順なペーターは、「文明化」の戦略に身を任せ、生命力の減退を代償として、秩序のなかの安寧を享受する。他方で、抵抗するペーターは、「文明化」の力に反発し、安寧を放棄してでも生命力を保持しようとする。こうしたペーターの末裔たちは、オリジナルにおいて未分化であったがゆえに不明瞭であったペーターの双面神的な相貌を、目にみえるかたちで私たちに提示してくれていたのだが、同時に、そのようにオリジナルにあった未分化なものを分解してしまうとどのようなより困難な問題が生じるかということを示してもいた。従順なペーターと抵抗するペーターがお互いを否定してそれとは逆の方向へ突き進もうとする先述の事態は、両者が元祖ペーターから相互に真反対の方向にではあるが距離を取ろうとすることでもあるのだが、両者ともにその反動で引き戻される地点は、両者の中間点に位置する元祖ペーターという始源ではなかっただろうか。発達に介入しようとするさまざまな物語がそこから分化しはするが、分化したすえにたえず立ち戻ってこざるをえないような故郷にも似たような位置に元祖ペーターはある。従順なペーターと抵抗するペーターという二種類のパロディーは、元祖ペーターというオリジナルの輪郭をなぞりつつ侵犯するが、同時に、教育的二律背反の原理によってその侵犯の困難に突き当たり、そのことによって逆説的にオリジナルを支持しているのである＊。

＊こうしてみれば、すでに作者ホフマンの真意が、実は「秩序と良俗」へと導かれるべき子どもと本来的にそこから自由な子どもという、子ども存在の二重性を描写することにあったのではないか、という憶測も成り立つかもしれない。たとえば、ドイツ文学研究者の池内紀は、『もじゃもじゃペーター』が十九世紀市民社会における「よい子のつくり方」の巧妙なレシピを示す本であることを認めつつ、同時に、「よい子」になる前の子ども本来の姿がそこに映し出されていることにも注意を向けて、次のように述べている。

「ここでは子どもは、先の時代の教育者たちが考えたような『小天使』ではなく、純真無垢のシンボルでもない。ホフマン先生は、髪をちゃんとくしけずり、お行儀よくスープを飲み、指をなめたりしない『よい子』たちがつまらないことを……知っていた。要するに、大人とはまったくちがった価値の尺度ではかるべき生き物であることを、よく知っていた」(池内・1994：129)。

それにしても、ほんとうにホフマン自身、「よい子」たちがつまらないことを知っており、そうであるがゆえに、自覚的に前近代性と近代性とを巧妙に混合させた絵本を作成したのかどうか。ホフマンの真意について語るためには、彼自身についてのより詳細な考察を必要とするだろうが、ここではそのような問題について検討する余裕はない。このことについては、『もじゃもじゃペーター』に関する他の問題とともに別稿であらためて論じることにしたい。

ところで従順なペーターと抵抗するペーターとの永続的な仮想のやりとりがたえず元祖ペーターを基点にして展開するのに対して、そのようなやりとりがひとたび教育学の議論に引き入れられると、往々にしてオリジナルのペーターが冷遇されていることに注目しよう。反教育学者たちにとって、問題の根本的な解決法は、教育を否定することであり、また、こういってよければ、『もじゃもじゃペーター』をも否定することであった。反教育学者たちが直接に『もじゃもじゃペーター』を攻撃する場面にはあまり出会すことはないが、それでも、たとえばM・シャッツマンが、『もじゃもじゃペーター』の「親指しゃぶりの話」を緩和された去勢の物語であるとしたS・フロイトの解釈を、近代教育を断罪する論証立てのなかに挿入していたことなどに『もじゃもじゃペーター』への敵対はすでに暗示されているといってよいだろう(Schatzmann, 1973 = 1975. とくにその第八章を参照)。その一方で、反教育学を標榜する者たちとの対峙を求められる教育学者たちはというと、やはり、元祖『もじゃもじゃペーター』に対する態度は冷ややかだ。たとえば、反教育学を批判的に検討することを目的とした著作のなかで、A・フリットナーは次のように述べている。

『もじゃもじゃペーター』は、私たちが「教育」と呼んでいることを題材にしているわけではまったくないのではなかろうか。かりに、『もじゃもじゃペーター』が題材にしているのが教育であるならば、私たちは直ちに反教育学者にならねばならないだろう（Flitner, 1985 : 12）。

フリットナーによれば、反教育学を標榜する者たちが切って捨てようとする教育とは『もじゃもじゃペーター』に凝縮された旧来の教育にすぎないのであり、そうした教育のうちの問題ある要素に対しては、教育学も同様に見切りをつけるべきである、というわけだ。あたかも、元祖『もじゃもじゃペーター』を犠牲の羊として捧げることによって、一見したところ対極に位置するようにみえる反教育学との提携が可能になり、また同時に教育学は救済されるのだ、といわんばかりである。教育学と反教育学の両側から子どもの「文明化」をめぐって交わされる議論のなかで虐げられる元祖ペーターは、しかしながら、そうした議論の生真面目さのなかで忘却されがちなもうひとつの要素をうちに秘めている。

5　哄笑するペーター

絵本『もじゃもじゃペーター』をもう一度開いてみよう。そして、そこに描かれている登場人物に注目してみよう。大きな鋏をもって宙を舞うように駆けつける裁縫屋さん。灰になったパウリーネを前に、小川ができるほどの大泣きをする猫のミンツとマウンツ。狩人の眼鏡をかけて銃を撃つうさぎ。悪童フリードリヒのかわりにごちそうを食べる前掛けをした犬。差別をする子どもを懲らしめるための巨大なインク壺をもって登場する大男ニコラウス。川に落ちてずぶ濡れになったハンスを嘲り笑う三匹の魚。嵐の日に傘一本で風をとらえて大空を舞うわがままロベルト。挿絵に示される登場人物たちは、でたらめというわけではないにしても、往々にして日常の生真面目な意味了解の世界を飛び越えてしまっている。さらに、物語の展開。美しい押韻とリズムに乗って、主人公たちは実に淡々と負傷し、大切な物を喪失し、死にいたる。そうしたホフマンの詩画は、たとえば同時代を生きたノンセンスの巨匠E・リアを彷彿とさせる。リアの『ノンセンスの絵本』（一八四六年）と同様に、『もじゃもじゃペーター』もまた、日常を意味づけるはずの物語を動揺させる物語としての側面をもっている。

したがって、『もじゃもじゃペーター』の教育的子孫と反教育的子孫とは別に、ノンセンスを継承したペーターの末裔たちがいたとしても不思議なことではないだろう。押韻を唯一の制約（と同時に拠り所）として、物語は教育や反教育とおよそかけ離れたさらなるノンセンスへと開かれていく。たとえば、「ズッペ（スープ）」ちゃんという女の子がチョコレートでできた「プッペ（人形）」に愛着があって口にすることができないというM・ボンフィンガーによるお話のように。

Das kleine Mädchen Frieda Suppe
liebt ihre Schokoladenpuppe :
"Ich esse meine Puppe nicht !
Nein ! Meine Puppe eß ich nicht !"

ちっちゃな女の子フリーダ・ズッペ、
チョコのお人形だいすきで、
「お人形さんは食べられない、
私のお人形、ぜったい食べない」

Und Frieda Suppe wird verehrt
vom Kannibalenknaben Gerd :
"Ich esse Frieda Suppe nicht !
Nein, Frieda Suppe eß ich nicht !"

人喰い小僧のゲルトくん、
そんなズッペにちょっと感激、
「フリーダ・ズッペは食べられない、
フリーダ・ズッペをぜったい食べない」

（Bonfinger, M. 1994 *Haps : das Menschenfresserbuch, Frankfurt am Main*, Metcalf, 1996 : 213. からの再引用）

こうしたパロディー本では、元祖『もじゃもじゃペーター』に形式を借りつつも、意味はどんどん横滑りを起こしていく。無論、そうした意味を横滑りさせたパロディーの創作は、詩に対してだけでなく、挿絵に対しても試みられている（Bernstein, 1994. 図10）。

『もじゃもじゃペーター』の物語には、合理性もあれば非合理性もあり、生もあれば死も盛り込まれている。それはちょうど人生そのものとそっくりだ。だからこそ、『もじゃもじゃペーター』は素晴らしい。そんなことをいいたいわけではない。むしろ、他のノンセンス作品に対する言及のなかで先行研究者たちがしばしば指摘しているように、『もじゃもじゃペーター』の特徴は、その登場人物たちが人生に備わっているはずの厚みを感じさせないことにある。通常私たちが恐ろしいと思っている人生の出来事が、人生そのものと関係ないかのように、そして、あたかも詩画の表層をすべるかのように展開していく。『もじゃもじゃペーター』は、そのような深さを欠いた表層のノンセンスを含み込むことによって、自らが仕掛けた「文明化」戦略の生真面目さとそれに対する抗いの生真面目さとを同時に中和化してしまうような戦略をも備えている＊。「文明化」をめぐる教育と反教育との対極構造をセンスとノンセンスと

VERKÜRZT
PF!
STRU OHNE KO
IST WIE
BLU OHNE TO

図10 『ベルンシュタインのもじゃもじゃペーター』の一コマ〔出典・Bernstein, 1994〕
「短くされたもじゃもじゃペーター」。台座に書かれた文章は、単語が不完全なパズルのようになっている。「頭のないもじゃもじゃは鉢のない花のようだ」の意か。台座に隠れたペーターの頭の笑い声「プッ（PF!)」は、各行語尾の「頭(Kopf)」と「鉢（Topf)」を推測するためにヒントとなっている。

いうもうひとつのより大きな対極構造の一方の極に位置づけてしまう力を備えていることによって、『もじゃもじゃペーター』は、まさに教育的な絵本の始源に位置しているといえるのではないだろうか。ただし、この場合の「教育的」とは、もはや本章の冒頭で用いたような「文明化を促進するための」という意味における「教育的」と同一のものではない。

＊ノンセンスが人間形成にとって有する意義については、矢野智司が考察を行っており、本論文の最終節はそこから重要な示唆を得ている（矢野・2000．とりわけその第三章「非‐知を生むメディアとしてのノンセンス」を参照）。

関連するパロディー群が織りなす図柄から捉え返された『もじゃもじゃペーター』とは、「文明化」と反「文明化」の戯曲を内包し、しかも両者の意味地平をも動揺させるような幕間狂言をもやってのけるような巧みなメディアである。しかも同時に。そのような離れ業をやってのける巧みさにおいては、どの類似本もオリジナルには適わない。そうした異なる要素を抱え込みながら微妙な均衡を保持している点にこそ、そうやすやすと発達に介入させてくれるわけではない子どもたちを惹きつけるこの絵本の秘密があるのではないだろうか。子どもたちが、『もじゃもじゃペーター』のことをこわいこわいといいながら、それでも読んでと大人にお願いするとき、あるいは「ぼくはもじゃもじゃペーターになりたい」と叫ぶとき、すでに絵本と子どもたちは、大人を経由することなくコミュニケーションを始めているのである。しつけを目的として『もじゃもじゃペーター』を買い与える大人の意図とは裏腹に、絵本そのものは、子どもがそこから別のものを受信したり、あるいは、少なくとも意図以上のものを受信する可能性に開かれている。

『もじゃもじゃペーター』が「教育的」であるというのは、「文明化」へと導こうとする大人のあからさまな意図を超えて子どもたちを惹きつけつつ、「文明化」というおそらく私たちにとって避けることのできない現実との多様なつき合い方へと絵本そのものが導いてくれるという意味においてである。少なくとも、『もじゃもじゃペーター』のことを甘味料に包まれた苦い薬と形容するだけでは、まったく不十分なのだ。このことは、何も絵本だけに当てはまるのではおそらくない。私たちが経験的に、すぐれた教師、すぐれた教育実践、あるいはすぐれた教育思想と認めているものは、往々にして以上で述べたような『もじゃもじゃペーター』の特徴を共有しているといえはしないだろうか。

ところで、大人がしつけのためだけに、つまり「文明化」への導きのためだけに、『もじゃもじゃペーター』を子どもに買い与えるのではないかという前提も、実は疑わしい。たしかに、たいていの大人は、『もじゃもじゃペーター』のあまりにも単調な因果の連関によって進行するストーリーと、子どもにふりかかる運命の残酷さと、あからさまに押しつけられる教訓にあきれかえるにちがいない。だが、この絵本は、なぜか大人の読者をも魅了する。子どものためにと称して買った『もじゃもじゃペーター』を鞄にしのばせて家路へと向かう大人自身が、子どもを魅了するのと同様の理由によって、実はわくわくしていたとしても何の不思議もないだろう。大人はもはや子どもではないが、大人のうちにも子ども性が内在しているかぎりにおいて、〈大人／子ども〉という二分法はにわかには成り立ちがたいのだから。絵本『もじゃもじゃペーター』を大人が子どもへと買い与え、その子どもが大人に成長してまたその子どもに買い与えるという循環は、かくして成立する。十九世紀半ばに誕生した『もじゃもじゃペーター』の再版は、二一世紀を迎えた今日までのおよそ一五〇年間で、実に六〇〇版以上に及んでいるという。

【引用・参考文献】

Elias, N. 1969a *Über den Prozeβ der Zivilisation*, Erster Band, Bern / München. = 1977 赤井慧爾ほか訳『文明化の過程』上巻、法政大学出版局

Elias, N. 1969b *Über den Prozeβ der Zivilisation,* Zweiter Band, Bern / München. = 1978 波田節夫ほか訳『文明化の過程』下巻、法政大学出版局

Elias, N. 1991 *Die Gesellschaft der Individuen*, Frankfurt am Main. = 2000 宇京早苗訳『諸個人の社会——文明化と関係構造』法政大学出版局

Flitner, A. 1985 (1982) *Konrad, sprach die Frau Mama... : Über Erziehung und Nicht-Erziehung*, München.

Heinrich-Hoffmann-Museum 1985 *Von Peter Struwwel bis Kriegsstruwwelpeter : Struwwelpeter-Parodien von 1848 bis zum Ersten Weltkrieg*, Frankfurt am Main.

Heinrich-Hoffmann-Museum 1988 *Von Struwwelhitler bis Punkerpeter : Struwwelper-Parodien vom Ersten Weltkrieg bis heute,* Frankfurt am Main.

Hoffmann, H. 1994 (1845) *Der Struwwelpeter ; oder lustige Geschichten und drollige Bilder für Kinder von 3 bis 6 Jahren,* Bindlach. = 1992 (1936) 伊藤庸二訳『ぼうぼうあたま』教育出版センター

池内　紀 1994「ぼうぼうあたま」池内紀『ドイツ四季暦』東京書籍

本田和子 1982『異文化としての子ども』紀伊國屋書店

Metcalf, E.-M. 1996 Civilizing Manners and Mocking Morality : Dr. Heinrich Hoffmann's Struwwelpeter", *The Lion and the*

Unikorn : A Critical Journal of Children's Literature, 2 (2) : 201-219.
中内敏夫 1983「教材『桃太郎』話の心性史」中内敏夫他編『学校のない社会・学校のある社会』新評論
野村修 2000「ハインリ・ホフマンの絵本『もじゃもじゃペーター』とその影響をめぐって」谷啓子・鵜飼祐介編『「まだ手探りしている天使」への手紙』（野村修遺稿集）、私家版
Petzold, D. 1994 Die Lust am erhobenen Zeigefinger : Zur Dialektik von Unterhaltung und moralischer Belehrung, am Beispiel des Struwwelpeter", Petzold,D./Spath,E., *Unterhaltung. Sozial und literaturwissenschaftliche Beiträge zu ihren Formen und Funktionen,* Erlangen, 85-101.
矢野智司 1994「教育関係のパラドックス」加野芳正・矢野智司編『教育のパラドックス／パラドックスの教育』東信堂
矢野智司 2000『自己変容という物語――生成・贈与・教育』金子書房
Rühle, R. 1995 Struwwelpetriaden, Böhme, H. u.a. (Hrsg.), *150Jahre Struwwelpeter : Das ewig junge Kinderbuch,* Stafa (Schweiz), 75-93.
Rühle, R. 1999 *"Böse Kinder", Kommentierte Biographie von Struwwepetriaden und Max-und-Moritziaden*, Osnabrück.
Savelsberg, J.J.1996 Struwwelpeter at One Hundred and Fifty : Norms, Control, and Discipline in the Civillizing Process, *The Lion and the Unikorn : A Critical Journal of Children's Literature*, 2 (2) : 181-200.
Schatzmann, M. 1973 *Soul Murder : perception in the familiy*, Penguin Books (London) = 1975 岸田　秀訳『魂の殺害者』草思社
●「もじゃもじゃペーター・パロディー群」については、Heinrich-Hoffmann-Museum, 1985 ; Heinrich-Hoffmann-Museum, 1988. がたいへん参考になった。なお、ここで言及した「パロディー群」は、以下のとおりである。
Bernstein, F.W. 1994 *Der Struwwelpeter umgetopft*, Berlin.

Grünewald, D. 1985 *Punkerpeter*, [o.O.].

Homburg, G. 1967 *Der aktuelle Struwwelpeter in Pardon*, Nr.1.

川崎大治 1981『もじゃもじゃぼうや』チャイルド本社

Lapointe, C./Stein, P. 1972 *Peter Struwwel*, Frankfurt am Main.

v.Miris/Oberländer, A. 1880 *Der pädagogisch verbesserte Struwwelpeter*, München.

Sabel, O. 1988 *Struwwelpeter-Hippie beim smoke in* (Zeichnung).

Schmitt-Teichmann, C. 1995 (1950) *Die Struwwelliese*, Stuttgart.

せなけいこ 1969『もじゃもじゃ』福音館書店

Stern, F. 1914 *Der Struwwelpeter von heute*, Frankfurt am Main.

Sura, M. [o.J.] *Der Latzenpeter*, Nürnberg.

Waechter, F.K. 1982 (1970) *Der Anti-Struwwelpeter*, Zürich.

Tienemann, K. 1851 *Struwwelpeter's Reu' und Bekehrung*, Stuttgart.

5 物語のなかの環境教育を求めて

——メカニカル＝テクニカルな「環境教育という物語」を超えて

今村光章

1 問題の所在——環境教育にたいするアンビバレントな感情

「地球環境問題の解決は二十一世紀の最重要課題である。だから、環境問題の解決を目的とした環境教育（environmental education）が必要である。」——だれかがそう語れば、わたしは一市民としていちもになく肯く。

しかし、教育学の研究者が、「環境教育は、学校教育でどれほど可能か。環境問題の解決にどれほど役立つか。」——そう問題提起すれば、わたしは環境教育の研究者として、「学校での環境教育の実践には多くの壁があるので、効果はさほど大きくはない」とこたえるだろう。

わたしはこれまで、環境教育を体験した子どもたちが環境にやさしい行動を起こし、ライフスタイルや社会システムを変えて「環境変革」を起こすという「環境教育という物語」を語ってきた。それと同時に、環境教育が、環境問題を生みだした産業社会の再生産装置としての学校教育システムの刷新を促進するというサブストーリーをも語ってきた（今村・1998：11-22, 2001：157-166）。というのも、環境教育の教育目的が、近代教育の教育目的とはかなり異なったものであるばかりか、その学びの技法——たとえば、ワークショップやシミュレーションゲーム、自然体験などの技法——が、旧来の教育方法と根本的に異なっているように思われたからである。

わたしは「環境」と「教育」の双方を改革する「環境教育という物語」を語ることに大いに魅了されてきた。だが今は、学校における環境教育があまりにも手段化されて行動実践志向に傾くことに違和感を抱いてもいる。科学的思考を基盤に、環境問題を解決する人間を工学モデルで「制作」するという環境教育の「語られかた」は、わたし自身の「語りかた」とかけ離れつつあるように思えてならない。

なぜ、環境教育の推進者であったはずのわたしが、環境教育にたいしてアンビバレントな感情を抱き、ときとしてためらいがちになるのか。その問いにできるだけ的確にこたえるために、環境教育そのものを論じるよりも、その「語られかた」を検討してみたい。そして、わたし自身が語ろうとしている「もうひとつの環境教育」を語ってみよう。

2 メカニカル＝テクニカルな「環境教育という物語」の語られかた

環境問題は、産業社会の発展とほぼ同時に発生しはじめ、その科学的＝実証的な原因究明にはかなりの時間が費やされた。そのために問題が深刻化し、犠牲者は多数におよんでいる。それでも、狭い地域の環境問題の場合、その因果関係はある程度まで説明可能で、責任の所在が明らかであった。幸運なことに、部分的であるにせよ環境破壊の結果が可逆的であったため、多少なりとも問題解決が図られている。

他方、地球温暖化やオゾン層の破壊などに代表されるような広い地域の地球環境問題については、科学的＝実証的な研究に今後も膨大な時間が費やされることが予想される。しかも、「被害―加害」関係が入り乱れているために、責任の所在を明らかにすることが困難である。環境にたいして不可逆変化を引きおこすこともある。こうした点で、地球環境問題は地域的な環境問題とかなり異なっている。

それにもかかわらず、地域的な環境問題の対策のたてられかたと同じような方法で、地球環境問題の解決策がたてられてきた。そのひとつが教育であった。

科学的な見地からみて、環境によい行為を学ぶ機会が必要であると考えることは自然のなりゆきである。実際に、地球環境問題の解決を教育目的とした科学的な環境教育の理論が構築され、問題の発生のメカニズムを理解するための科学的認識とメカニカルな予防策としての行動をうながす教育実践が重視された。

そうしたメカニカルな思考にくわえて、環境教育の理論家と実践家たちの多くは、科学技術を実地に応用して自然の事物とその過程を改変できるという工学モデルを環境教育に持ちこんだ。その際、人間形成の過程に環境教育を導入して、「環境にやさしい」人間をテクニカルに「制作」するという工学モデルがまぎれこんだ。その背景には、そうしたテクニックが開発可能であるというテクノロジーへの暗黙の信頼もあったにちがいない。

こうして、現代社会の生活様式を環境の「持続可能性（sustainability）」の観点から科学的に見なおし、「環境容量（carrying capacity）」を理論的計量的な根拠として、人間の行動を管理して新たな社会システムを構築する教育計画が可能であると考えられるようになった。まるで「環境にやさしい人間の制作テクニック」が開発可能であるかのように、テクニカルに環境教育が語られてきた。

ところで、ここではメカニカルとテクニカルという言葉を用いたが、もちろん、両者ははっきりと区別できるわけではない。加藤尚武の指摘を踏まえていえば、両者の底流には、経済的コストにかんする最大の効率を求めるという経済効率至上主義的な価値観や、人間の目的合理性に合わせて、自然そのものと自然の過程を人間の手で変更してもよいという人間至上主義的な価値観、そして、メカニカルな意味での「真理」の解明と技術の更新は、それ自体「善」であるという技術至上主義的な価値観がある（加藤・1996：137-150）。そこで以下では、両者が表裏一体で不可分であるという意味で、メカニカル＝テクニカルという言葉を用いたい。

たとえば、メカニカル＝テクニカルな環境教育のプログラムでは、幼児期の自然体験が不足していることが地球環境問題を発生させているという理由で、「自然体験学習」のテクニックを開発しようとするだろう。それは「自然とのかかわり」それ自体を重視した自己充足的な自然体験学習とは異なり、「目的―

手段」思考に基づくメカニカルな人間形成観を色濃く反映している。また、環境教育で消費の制限をうながすための「ゴミ学習」を開発するという場合、従来の社会科でのゴミ学習にはなかった不安が生じる。つまり、環境教育では環境によい人間をテクニカルに形成しようとする企図が持ちこまれ、ゴミ学習が広がりと深まりをなくして矮小化される懸念がある。

このようにみてくれば、わたしがアンビバレントな感情を抱いてきたのは、どうやら「環境教育という物語」のメカニカル＝テクニカルな語られかたであるように思われるのだが、もう少しメカニカル＝テクニカルな環境教育それ自体の性質を検討してみることにしよう。

3　メカニカル＝テクニカルな環境教育の「ＲＤＤＡアプローチ」

ある社会問題が生じた場合、その「ワクチン戦略」として問題解決を教育の社会的機能に求めようとする教育構想が示されるのは珍しいことではない。消費者教育や人権教育、国際理解教育、エイズ教育などもそのひとつとして数えられる。

一九六〇年代になって地球環境問題が科学的＝実証的に認識されはじめ、社会問題となってきた。そのため、環境教育も、「人間環境宣言」（一九七二年）、「ベオグラード憲章」（一九七五年）、「トビリシ宣言」（一九七七年）などにおいて、地球環境問題解決の「国際的ワクチン戦略」として構想された。

このように環境教育が目的的な教育戦略であったために、計画的な性質を帯びることになった。環境教育を推進するための計画策定とその計画母体の必要性から、「国連環境計画」(一九七三年)と「国際環境教育計画」(一九七五年)が登場し、環境教育を計画的に推進することになった。日本でも、「環境基本法」(一九九三年)と「環境基本計画」(一九九四年)がだされているように、環境教育はあらゆるところで綿密に計画されている(今村・1999:1-10)。

つまり、環境教育は、科学による地球環境問題の発見とメカニカルな対策の必要性(物語の明確な起点)によって生まれ、地球環境問題を解決するテクニックの開発と計画(物語展開の中間部)という段階を経て、環境教育を手段とした地球環境問題の予防と解決(物語の終局部)が可能であるという科学的・国際的・計画的な教育の「物語」として語られてきた。

その際、環境教育を生みだしたメカニカル=テクニカルな「物語」は、環境教育それ自体の性質をも特徴づけることにもなった。

メカニカル=テクニカルな環境教育は、「RDDA(研究・開発・普及・採用)アプローチ」(RDDA: Research, Development, Diffusion / Dissemination, and Adoption)によって発展してきた(原子・1996:33-42)。たとえば、「RDDAアプローチ」とは、教師や研究者らが、ゴミや水、空気や生態系などの環境問題について研究し、そうした環境問題に対応するための教材やカリキュラムを開発したり、教師用のマニュアルを作成したりして、それらを普及させて洗練し、できるかぎり多くの学校でその教材やカリキュラムやマニュアルを採用させるという環境教育への接近法である。

確かに、意欲的な教師や研究者たちが教材開発をし、環境教育を広く普及させるという点では、「RD

DAアプローチ」は有益なテクニックであった。実際に、このようにして環境教育のプログラムやテクニックが開発されてきた。

しかしながら、「RDDAアプローチ」には、環境にかんする科学的＝実証的な情報をたんに伝達し、開発された教材やテクニックを受動的に消費するだけで、無批判にテクノクラシーへと盲従する教師を生みだしかねないという危険性がある。いいかえれば、メカニカル＝テクニカルな環境教育を無造作に実践する教師たちは、環境について自ら「教える―学ぶ」豊かな力を失うばかりか、テクノクラートに頼ろうとすることで、教育実践を自ら構築していくような自主性と自律性とを失う危険性がある。

メカニカル＝テクニカルな環境教育の性質の根底にあるのは、基本的には機械論的な自然観である。そして、それに基づいた機械論的な人間形成観と技術至上主義、さらには環境教育を政策的な手段とみなす目的合理主義も見落とせない。

確かに、こうした基本的性質が、環境教育そのものを推進する原動力とはなったが、反面その弊害がではじめているように思われる。そこで、メカニカル＝テクニカルな環境教育の問題点をもう少し考えてみよう。

4 メカニカル＝テクニカルな環境教育の〈ad hoc〉な性質

地球環境問題の科学的な実態把握と因果関係にかんする議論は尽きない。したがって、メカニカル＝テクニカルな環境教育は、地球環境問題についての科学的根拠を失ってしまえば、その出発点がゆらぎかねない教育である。そればかりか、予防策や解決策についても、科学の進歩による反証の可能性は否定できない。それゆえに、環境改善の実効性を求められるはずの環境教育の効果も、科学的＝実証的に完全には保障されない。

科学が進歩するにしたがって、理論の反証可能性の度合いが増加するという反証主義科学論的な立場から環境教育をみれば、無限の時空での科学の完全性が保証されないかぎり、メカニカル＝テクニカルな環境教育は〈ad hoc（その場かぎり）〉な仮説にすぎない。環境教育という物語は、出発点ばかりではなく終着点もあいまいで不完全なプロジェクトということになる。

メカニカル＝テクニカルな環境教育の〈ad hoc〉な性質は、実践の場の教師たちを困惑させているように思われる。教育が成り立っている通常のコミュニケーションの場面と環境教育の一場面をくらべることで、そうした困惑を描きだしてみよう。

たとえば、生徒が学校内でタバコを吸っている場面を目の当たりにした教師なら、「それはしていいことか、悪いことかよく考えなさい！」という教育的なメッセージをだすことがあるだろう。このとき、生徒は頭をかきながら、「よく考えます」などとこたえることがある。しかし、いくら生徒が「よく考えた」結果であっても、それが教師の頭のなかにある「こたえ」と同じでなければ、教師が納得しないことを生徒はよく知っている。

理由は簡単である。喫煙の場合、メッセージの内容と形式はともあれ、教師は「タバコを吸ってはいけない」というメタレベルのメッセージを強く持っているからである。しかも、そのことを生徒も了解している。それゆえに、学校における「教師―生徒」という教育的関係においては、生徒は自分がタバコを吸うべきではないという事柄を了解しているかのようにふるまう。どれほど「よく考え」ても、期待されている「こたえかた」は両者にとって自明である。

しかし、学校における環境教育で、これと同じ事態が生じるだろうか。たとえば、ペットボトルでジュースを飲んでいる生徒に向かって、教師が「それはしていいことか、悪いことかよく考えなさい！」というメッセージをだす場合のことを考えてみよう。もちろん、ジュースを飲むのに、ペットボトル、アルミ缶、スチール缶、紙コップなどのうちどれが一番いいのか、あるいは飲まないほうがよいのか、それを環境負荷を手がかりとして考えてみることができる。

しかしながら、教師も生徒も、環境負荷計算の妥当性を検証するメタレベルの判断基準をもっていない。もっていたとしても、そのメタ・メタレベルの判断基準となると無限遡及に陥る。再生不可能な資源の埋蔵量やリサイクルの可能性まで視野に入れて、ペットボトルの環境負荷を科学的＝実証的に完全に計算することはほぼ不可能であろう。

仮に現時点で、ペットボトルの環境負荷がもっとも少なく、しかも人体に安全であるとされても、今後、健康を害する物質がペットボトルに含まれていることが明らかにされるかもしれない。したがって、科学的な環境教育における指導上の「終着点」が見えてこない。ペットボトルにかんする環境教育はあくまでも〈ad hoc〉である。

環境教育を実践する教師の判断基準があいまいになれば、その教育実践活動はきわめて不安定な状態に陥る。教師は「ペットボトルでジュースを飲まないように！（あるいは、飲みなさい！）」というメタメッセージをだせなくなる。生徒もそうしたメッセージを受けとれない。環境教育の教育行為を支えている教育言説が弱い場合には、教師は生徒とのコミュニケーションに当惑し、生徒もうまい「こたえかた」ができなくなる。

メカニカル＝テクニカルな環境教育は、科学によって事実が証明され、あらゆる結果を予見できるという仮説を出発点として認める。法則化と一般化を通して、環境教育が客観的な効果を生むことを期待するのも、そうした出発点を認めているからである。しかし、そうした前提が認められないならば、メカニカル＝テクニカルな環境教育は、不完全なプロジェクトであると考えざるをえない。

では、不完全であるにもかかわらず、科学的な環境教育を推進している原動力は何であろうか。それは、将来実現されるかもしれない「科学の完全性」そのものではないだろう。むしろ、科学への「信仰」にすぎないのではないか。そして、そうした信仰を学校教育は強化しているように思われる。この点にかんする反省を含めて、学校教育には環境教育をすすめるうえでの反省的視点が必要である。そこで、次にそのことについて述べてみたい。

5　産業社会の再生産装置としての近代学校教育システムへの反省

これまで見てきたように、環境問題と教育を結びつけて筋立てる行為自体が「物語」たりえる。しかし、反省的視点を確認するためには、そうした「物語」以前に、環境と教育を結びつけて筋立てる行為があったことを確認しておく必要があるだろう。

振り返ってみれば、近代教育（学）の歴史そのものが、人間にとって環境とは何かを問う歴史だったといっても過言ではない。教育学の歴史を遡ってみると、ルソーは『エミール』で、当時の腐敗し世俗化した価値観が蔓延する状況を憂い、ある配慮された教育環境の中に人間を隔離して、「善い」人間を育てようとする思考実験を行っている（Rousseau, 762 = 1962）。ヘルバルトも、「召使どもや、親兄弟たち、わる遊びや淫欲、さらには大学という代物」といった教育環境が堕落すると、教師たちの仕事がうまくいかなくなると指摘している。そして、子どもの成長にとって、人間が考えだした技術よりも、偶然的な環境が非常に重要であることを見抜いている（Herbart, 1806 = 1969 : 11-12）。つまり、教育は決して直接に行われるだけではなく、環境を通して間接的に行われることが近代教育（学）の出発点から認められている。

その後、教育と環境にかんする考察は、人間形成をめぐる基本要因についての遺伝説、環境説、輻輳説等の論争で盛んになる。大正時代の日本にも大いに影響を及ぼした教育的環境学の祖であるブーゼマンは、環境を分類して教育のために手段化するという基本的構想を描いていた（Busemann, 1932）。他方では、学校教育が社会環境を変えるという意味で「環境を変える教育」といった社会改造主義的な言説も流布した。

簡潔に言えば、環境と教育は、「環境による教育」と「環境を変える教育」という点で不可分のものであった。

こうした「環境を変える教育」という教育言説から、環境教育にも、環境問題を生みだした環境の変革が可能であるという物語が生まれたと考えられる。それが、メカニカル＝テクニカルな物語としての環境教育を生みだした母体ともなっている。そこに操作的な思考があまりに強く働くことになれば、思わぬ弊害を生みだしかねない。この点で、多少なりとも反省が必要であろう。

しかしながら、それ以上に、近代教育（学）は環境の変革を促進させるどころか、逆に地球環境問題を生みだした産業社会の再生産に一役かってきたのではないかという反省も必要であろう。

アメリカの環境教育学者であるバワーズは、産業社会の再生産装置としての教育システムにおいて、人間と自然環境との関係が、歪曲された不自然な関係として再生産されていたのではないかと指摘している（Bowers, 1995：314-317）。地球環境問題をメカニカル＝テクニカルな環境教育で解決しようとする場合、最初から人間とは切り離された自然が思いおこされ、科学的な文脈で環境問題がとらえられる。しかも、最終的に、合理的な人間の行為だけで解決可能であるかのようにとらえられがちである。「ＲＤＤＡアプローチ」や、問題の認識‐学習‐思考‐行為という一連の目的合理的思考のプロセスはその典型例である。

しかし、科学的で目的合理的思考の結果であるはずの行為が、問題解決につながらないばかりか、かえって問題を複雑にし深刻化させるという場合もある。たとえば、牛乳パックやアルミ缶のリサイクル運動などを想起すればよいだろう。また、人間の理解を超えた自然の営みや、科学的には説明のつかない人間と自然とのかかわりかたも存在する。産業社会の再生産装置としての教育システムでは、そうしたかかわり方が教えられなくなったからこそ、地球環境問題が深刻化しているようにも思われる。

そこで、近代学校教育システムの一部分である環境教育によって、地球環境問題を解決する方法を探す以前に、このシステム全体が、総合的に環境問題を生みだす産業社会の価値観やイデオロギーや習慣を再生産しているのではないかという反省が必要であるように思われる。

こうした反省を踏まえれば、地球環境問題の解決を図る環境教育には、従来の産業社会の価値観ではなく、新しい人間の生き方や、生活・人生・生命上の価値観についての教育言説を樹立しなければならないと思われるかもしれない。確かに、新たな環境教育の教育言説を打ち立てて、メカニカル＝テクニカルな環境教育に対抗するという手段をとることもできよう。しかしそれでは、「絵に描いたもち」に終始するか、「ＲＤＤＡアプローチ」と同様の問題に直面することになりかねない。

そこで、環境問題の共犯者としての学校教育を反省し、メカニカル＝テクニカルな環境教育を相対化する手がかりとするために「もうひとつの環境教育」が存在することを確認してみたい。

6　環境絵本における「物語のなかの環境教育」

それでは、もうひとつの環境教育、すなわち、メカニカル＝テクニカルでない原初的な環境教育とはどのような教育であろうか。

まずあげられるのは公害教育である。公害教育は、いわば「既存型の環境教育（すでに存在している、環境についての教育）」であり、国際的な環境政策において、理念を中心に人工的な成立過程を経て成立した「理念型の環境教育（存在すべきであるとされる、環境のための教育）」と対照をなしている。地域的な環境問題を背景に、教育者個人の教育実践活動の歴史から生まれ落ちた公害教育のなかに、原初的な環境教育をみることができる。

あるいは、エコロジカルにみて持続可能な共同体を築いている非西洋的文化――たとえば、アボリジニ、クワキウトル族、バリ族、ホピ族の文化や、西洋文化の衝撃がおよぶ以前のさまざまな地域の先住民族の文化――における日常的な「教え―学び（模倣）」が、原初的な環境教育であると考えられる（Bowers, 1993:183）。そういった共同体においては、科学的で論理的な世界は成立してはいないかもしれない。だが、「持続可能性」を保証する暗黙知が無意識的に受け渡されているだろう。自然環境と共存してきた地域・社会・民族・文化・時代のなかに、原初的な環境教育が見出せる。

公害教育と持続可能な共同体における原初的な環境教育については、多少なりとも先行研究がある。それらも参考にできるだろう。

ところが、自然や環境にかんする「教え―学び（模倣）」関係が、もっと身近で無意図的無計画的に成立しているにもかかわらず、それほど注目されていなかった場所がある。それは、物語や神話、絵本のなかにあらわれる環境教育である。そこで、ここでは絵本に注目したい。

さて、環境問題と絵本を筋立てるとき、最初に連想されるのは、地球環境問題を意識したいわゆる「環境絵本」の登場である。一九九〇年代にはいって、地球環境問題を意識した環境絵本が国内外を問わず多数出版されるようになってきた。自治体や各種団体の主催で環境問題をテーマにした絵本のコンクールも開かれるようになった。受賞作品は次々に出版され、多くの人々に読まれている。環境絵本の歴史はわずか十年足らずであるが、大人、子どもを問わず、環境絵本の創作と購入に積極的である。

こうした環境絵本の特徴は、次に述べるように、地球、自然物、環境悪化に苦しむ動植物それぞれにたいする視点が入りこんでいるところにあるように思われる。それを確認してみよう。

地球環境問題を意識している環境絵本では、地球を含む動植物と自然物のいのちがテーマとして表現され、地球がいのちをもつものとして描きだされている。まず、環境絵本に含まれる地球への視点を確認しておこう。

たとえば、世界自然保護基金（WWF）やグリーンピースなどの環境保護団体に所属しているアメリカのシメールは、一九九一年に画集『OUR HOME　我が家』（北山耕平訳、小学館・1991）で、「地球という星」をテーマに創作活動を開始し、以来、『地球のこどもたちへ』（小梨直訳、小学館・1993）、『母なる地球のために』（小梨直訳、小学館・1998）といった地球をテーマとした環境絵本を描きつづけている。そのメッセージは次のような文章に凝縮されるだろう。

親愛なる地球のこどもたちへ／これは助けを求める手紙です。／わたしは惑星、地球。ただの星ではありません。／あなたがたの住む家、母なる地球なのです。／そしてあなたがたと同じように、わたしの体はたったひとつきり。／ひとつしかないということは、／とくべつな、かけがえのない存在であるということ。／いつも愛され、大切にされなければならないということです。／あなたと同じように。／（中略）／わたしのこどもたち、地球のこどもたちよ。／手紙はこれでおしまいにします。／でも、わすれないで。／わたしは、あなたがたの住む星。／みんなと同じように、たったひとつきりの／かけがえのない存在。／あなたが愛し、大切にし、守ってくれさえすれば、／わたしはずっと、あなたがたの家でありつづけられるのです。／いつも、いつまでも、永遠に。／みんなを心から愛しています。／母なる地球より（『地球のこどもたちへ』より）

環境絵本では、宇宙に浮かぶ青い地球が丸ごと描かれるようになった。絵本の歴史において、丸い地球が描かれたこと自体がエポックメイキングな「事件」である。今では地球を描いた絵本が数多く出版されているが、それは環境絵本の最大の特徴のひとつである。

シメールの絵本では、生命を抱く唯一の存在として地球が描かれ、大切にしましょうというスローガンがだされる。そうした環境絵本の「説教臭さ」には、多少なりとも批判があるかもしれない。しかしながら、こうした地球を描いている環境絵本のなかには、環境倫理学の祖として高く評価されているレオポルドの「土地倫理（land ethics）」的な視点が入りこんでいる。レオポルドは「土地倫理」で、生態系や地球を含む生物共同体を含めた広い意味での「土地」は、人間が所有する物ではないから、人間だけの都合で一方的に処分してはならないことを主張したが、この絵本のなかには、その内容がやさしく盛り込まれている。

　また、同じような内容を扱いながら、さらに広い視点にたつ絵本もある。イギリスを代表する絵本作家バーニンガムの『地球というすてきな星』（長田弘訳、ほるぷ出版・1998）では、子どもたちからの真摯な働きかけに応じて大人たちが変わっていく可能性が描かれている。つまり、環境の変革の「物語」を、大人と子どもが手をとりあって創作しましょうというメッセージが見てとれる。地球を守るというテーマから出発して、後世代が前世代の変容を迫ることを視野に入れた珠玉の作品である。

　こうした環境絵本を通じて、子どもばかりではなく大人も、地球というスケールとその有限性、世代の相互変容、そしてなによりも環境問題が解決できるという「希望」を感じとることができる。それが、環境絵本においてもっとも重要なことであるように思われる。

　ところで、環境絵本の特徴は、地球を扱っているということにかぎらない。空気や水、川、海、湖沼、山、森、景観などを扱っていることもこうした環境絵本の特徴になっている。自然物の内在的価値を扱った環境絵本も数多い。次にそうした絵本をとりあげてみたい。

　地雷撤去運動に取り組んできたことで有名な葉祥明は、地球環境問題にかんする典型的な啓発的絵本作家でもある。葉は、『ジェイクのメッセージ　空気はだれのもの？』（リッキー・ニノミヤ英訳、自由国民社・1997）で、地球や動植物のいのちや空気に関して次のように述べる。


　森の木は、地球にとってとても大切なの。／空気をきれいにしてくれているのに、／畑や牧場や道路や住宅、遊び場所のために、／人間たちが、勝手に切ったり焼いたりし過ぎているの。／ほんとだよね。／だから生き物が住めなくなったり……／ジェイク、人間たちに伝えて。／これ以上、空気をよごさないでって!!／お金のためや自分たちの楽しみのために、／何億年もかかってできた、／わたしたち空気と水と大地と植物、川や海という／命のサイクルをこわさないでって！／うん、伝えるよ。きみたちがどんなに大切かって。／人間たちにとってもね。／でも、どうしたらいいだろう？／電気や水を、むだにたくさん使わないこと、／食べ物も、物も、必要なだけつくって大切にするの。／自分だけの楽しみのために、／自然をこわしたり、よごしたり、／生き物を傷つけたり、苦しめたりしないことね。／そうだ！　そうだ！（『ジェイクのメッセージ　空気はだれのもの？』より）

葉のメッセージは、メルヘンの世界の犬「ジェイク」へのメッセージという形をとって、自然物や動植物には人間にとっての有用性や評価を抜きにした価値や権利があることをわたしたちに思いおこさせる。また、財やサービス、エネルギーなどについて自発的に消費の制限をしようという環境倫理的な側面にも気づかせてくれる。

ただ、注意したい点は、「し過ぎている」「むだに」「必要なだけつくって」などに見られるように、メカニカル＝テクニカルな見方が入りこんでいる点である。使い方によっては、科学的でメカニカル＝テクニカルな環境教育の補助教材になりかねない。それでも、こうしたメッセージは基本的に十分評価できるだろう。

最後に、環境絵本のもうひとつの特徴として、環境悪化に苦しむ動植物への視点があることを簡単にみておこう。

有明海諫早湾の干潟に棲む生き物たちに思いをよせて、小学生の女の子が描いた絵本『むったんの海』（寺田志桜里作、くもん出版・1999）では、巨大な堤防で湾が閉められ、干潟がカラカラに乾いた結果ムツゴロウが苦しむ姿が描かれる。そして、海や空気をきれいにして、人間ばかりではなく動植物を救いたいという気持ちが表れている。環境絵本にかぎらず、動物をテーマにした絵本は多いが、子どもが環境問題を契機として、自分から環境悪化による動植物たちの苦しみを描きだしたことは新しい動きである。偶然こうした絵本を読むこと自体が原初的な意味での環境教育となる。

ここでみてきたように、環境絵本には、地球、自然物、動植物への視点がある。それらは無関係な視点ではなく、環境倫理学に裏付けられている点で相互に関係しているともいえよう。ただし、以上の環境絵本は直接的であれ間接的であれ、メカニカル＝テクニカルな意味で発見された地球環境問題への関心を契機として生まれてきた絵本である。しかしながら、そうした関連なしに、原初的な意味での環境教育的要素をもつ絵本が数多く存在するように思われる。次にそうした絵本をみてみよう。

7　もうひとつの「物語のなかの環境教育」を求めて

では、メカニカル＝テクニカルな視点からではなく、本質的に原初的な絵本をみることによって、もうひとつの「物語のなかの環境教育」をさがしてみよう。そうした絵本はたくさんあるように思われるが、ここでは、そのうちから次のような三冊の絵本をとりあげて、原初的な環境教育の特徴をみていきたい。

バートンは、身近な題材をもとに、自分の子どものためにすべての作品を描いたといってもよいアメリカの絵本作家である。彼女の代表作のひとつに、一九四二年に出版されコールデコット賞を受賞した有名な『ちいさいおうち』（石井桃子訳、岩波書店・1965）がある。まずはこの絵本をとりあげよう。

この『ちいさいおうち』のストーリーの「主人公」である「ちいさいおうち（小さな家）」は、最初は静かな田園地帯の丘の上に建って、四季のめぐりと豊かな自然を満喫していた。だが「ちいさいおうち」の周りの田園地帯がしだいに都市化されていく。それに嫌気がさした「ちいさいおうち」が、再び田園地帯に引っ越すという物語である。アメリカの都市化された社会から脱出するという『ちいさいおうち』の完結部は次のような言葉で締めくくられる。

こうして、あたらしいおかのうえに　おちついて、ちいさいおうちは　うれしそうに　にっこりしました。ここでは　また　お日さまを　みることができ、お月さまや　ほしもみられます。そして　また、はるや　なつや　あきや、ふゆが、じゅんぐりに　めぐってくるのを、ながめることも　できるのです。（中略）ちいさいおうちは　もう二どと　まちへ　いきたいとは　おもわないでしょう……。もう二どと　まちに　すみたいなどと　おもうことは　ないでしょう……。ちいさいおうちの　うえでは　ほしが　またたき……。お月さまもでました…。はるです……。いなかでは、なにもかもがたいへんしずかでした（『ちいさいおうち』より）。

バートンが『ちいさいおうち』を描いたアメリカの一九四〇年代といえば、自動車や鉄道が自然豊かな田園地帯に入りこみ、都会の田園地帯を消滅させ、そのかわりに都会の住民を大量に郊外へ連れだした時代である。レオポルドの言葉で言えば、「都会からの脱出者が増えるにつれて、平和、閑寂、野生動物、景色の、一人当たりの割り当てが減っていった時代」である（Leopold, 1949 = 1997 : 258）。

その時代には、地域的な環境問題は存在したかもしれないが、地球環境問題は認識されていない。また、この絵本は、バートン自身の子どもへ贈るための絵本であった。その二点で、『ちいさいおうち』は現代の環境絵本とは性質が異なる。それでも、環境絵本と同じように、都市化と近代化にたいする批判と、その裏返しともいえる土地や自然にたいする愛情が物語られている。『ちいさいおうち』は、原初的な環境教育として、半世紀以上をへて、現代の親と子の間で共有できる物語として再現される。

もっとも、皮肉なことに「ちいさいおうち」の引越しは「くるま」に頼ることになる。そして適当な場所を見つけられずにさまようことにもなる。あたかも、環境問題に直面する現代人のジレンマを描きだしているかのようである。それだけに一層、環境と社会システムを考えはじめる最初の絵本として、『ちいさいおうち』は非常に意義深いように思われる。それというのも、この絵本をきっかけとして親と子のあいだでかわされる話が、この絵本の意義をさらに深くするように思われるからである。

では次に、原初的な環境教育が、いのちの循環の視点から描かれている絵本をとりあげてみよう。そうした絵本は多々あるが、なかでも、『もこ　もこもこ』（谷川俊太郎作・元永定正絵、文研出版・1977）は、これまでに約三十万冊を売り上げた最高傑作のひとつである。解釈は一通りではないが、食物連鎖の筋立てでも、自然の循環の観点からも十分楽しめる絵本である。

ひとつの制限された言語的な解釈にすぎないが、この『もこ　もこもこ』の内容を私なりに解釈して表現してみよう。

何もない「しーん」とした状況のなかから、「もこ」という音とともに、ひとつの「いのち」が生まれ、「もこもこ」と成長する。そのとなりでは、もうひとつの「いのち」が「にょき」と生まれる。「もこ」は「もこもこもこ」、「にょき」は「にょきにょき」と、互いに異なる姿で成長する。

やがて、おおきくなった「いのち」の〈もこ〉は大きな口をあけて、キノコのような「いのち」の〈にょき〉を「ぱく」とひと飲みにし「もぐもぐ」かむ。食べた〈もこ〉のからだから、新たな「いのち」らしき赤く丸いちいさい物体が「つん」と生まれ、「ぽろり」と地上に落ち、「ぷうっ」と膨らんで、さらにふくらみ「ぎらぎら」と輝く。あっというまに、その「いのち」の〈つん〉は〈もこ〉もろとも「ぱちん」とはじけて、「ふんわ　ふんわ」した物体になる。

そしてまた、何もない最初の「しーん」とした無の状態に戻るのだが、最後にはまた片隅に「もこ」とひとつの「いのち」が生まれる。

『もこ　もこもこ』の世界は、オノマトペだけで表現されており、概念的な言葉ではなかなか表現が困難な世界である。しかし、ぐるぐるまわっているという感覚、眼のまえを通りすぎていくどんなものも新たな「いのち」として生まれ変わる可能性があるという感覚――そう、わたしたちのまえのしあわせや苦しみさえも、すべてがまわっているという感覚――それが不思議とわたしたちのこころを落ちつかせ、妙になにかを納得させる。〈もこ〉の「いのち」は、わたしたちの「いのち」と同じように、常に発展する流動的なものであるという感覚が生まれる。そしてなによりも、科学的根拠や合理的説明を超えた「いのち」への肯定の感覚を与えてくれる。

メカニカル＝テクニカルな環境教育が語る「物語」と同様に、こうした「物語」にも根拠はない。だが、目には見えないような、合理的説明を超えたところで、ぐるぐるとまわっているというリアリティをわたしたちに悟らせる。「いのち」がメカニカル＝テクニカルな論理を超えた自然の営みに支えられているということを実感する。そして、こうした「物語のなかの環境教育」が、子どもばかりではなく大人のこころにも、ぐるぐるしたものに――自然や「いのち」の循環に――包まれているという感覚をよびさまし、自然への信頼感を取りもどすのである。

＊アメリカの大学教授であったバスカーリアが、生涯で唯一描いた『葉っぱのフレディ――いのちの旅』（島田光雄画・みらいなな訳、童話屋・1998）は『もこ　もこもこ』理解の手がかりとなる。それは、かえでの葉っぱであるフレディが、四季の移りかわりとともに生まれ、育ち、枯れ果てて死んでいく話である。同様に、犬の「しろ」のウンチがきれいなタンポポの花になるストーリーの『こいぬのうんち』（クォン・ジョンセン文、チョン・スンガク絵、ピョン・キジャ訳、平凡社・2000）も参考になる。そうした自然の循環の視点ばかりでなく、循環型社会を描いた環境絵本もある。『ピカピカ』（田畑精一作、偕成社

・1998）では、捨てられた自転車が修理されてアフリカへ送られ大活躍する。リサイクルを扱った紙芝居『変身ランドへGOGO』（（財）消費者教育支援センター・1991）では空き缶のリサイクルが語られる。社会システムの中のモノの循環の視点が含まれていると言えよう。

ところで、環境教育は、生き方の問題を扱っていると考えることも可能である。斎藤隆介の『花さき山』（斎藤隆介作・滝平二郎絵、岩波書店・1969）は、そのような可能性を教えてくれる絵本である。「あや」という子どもが、山道に迷って、一面に花のさく「花さき山」に行きつく。そこで出会った「やまんば」から、ふもとの村の人間がひとつやさしいことをすると、この山の花がひとつ咲くこと、そして命をかけて何かをすれば山が生まれることを教えられる。そして、「あや」もひとつ花を咲かせていたことを知る。

きのう　いもうとの　そよが、「おらサも　みんなのように　祭りの　赤い　べべ　かってけれ」って、足を　ドデバダして　ないて　おっかあをこまらせたとき、おまえはいったべ、「おっかあ　おらは　いらねえから　そよサ　かってやれ」。そう　いったとき　その花が　さいた。
おまえは　いえが　びんぼうで　ふたりに　祭り着を　かって　もらえねえことを　しっていたから
じぶんは　しんぼうした。
おっかあは　どんなにたすかったか　そよは　どんなに　よろこんだか　おまえは　せつなかったべ。だども、この赤い花がさいた（『花さき山』より）。

人間がつらいのを辛抱して、自分のことより人のことを思って涙をためて辛抱すると、そのやさしさやけなげさが花になって咲きだすことを「あや」は知る。しばらくして、また、「いま、花さき山で自分の花がさいている」のを「あや」は感じることができる。しかも、それに満足することもできる。

他者への配慮から、自分の「祭り着」を買わないという「あや」の禁欲が、結果的には喜びにつながっていく。「やまんば」との出会いは、偶発的な契機ではあるが、人間の存在様式に根ざす生き方を目ざめさせる必然的な契機であった。ある意味では「やまんば」は環境教育の実践者ともいえるだろう。

環境教育は消費者教育としての一面を有しているので、消費を自発的に禁欲する生き方を教えることが、環境教育の役割であるという見方もできよう（今村・1995：39-51）。しかし、禁欲がたんに、我慢であったりつらいことであったりするわけではない。あくまでも他者とのつながりにおいて、その禁欲に意味があることが自覚化されなければならない。

付言しておけば、「花さき山」で花が咲いている状況は、フロムの「ある存在様式（the being mode of existence）」（Fromm, 1976）に通底しているとも考えられる。フロムは、他者との「つながり」によって生きる人間のあり方を語っていると思われるが、この点については、別のところで詳しく述べておいたので参考にされたい（今村・1996：104-114）。

以上のような、原初的な「物語のなかの環境教育」においては、自然環境や動植物のなかで生きることが心地よいものであることや、自分の生がなによりも望まれていて価値あるものだと思えるようになる。

しかも、自分のいる世界への「信頼」や新たなる社会へ飛びだす「勇気」を教えられる。メカニカル＝テクニカルな環境教育の知識やテクニックで、現在の環境危機を生きる不安を払拭するのではなく、「物語」のなかに新しい時代と社会への愛を見出すところに、こうした原初的環境教育の意義が認められるのである。

8　「環境教育という物語」と「物語のなかの環境教育」の弁証法

教育は常に二つの根本形式からなる。環境教育とて例外ではない。メカニカル＝テクニカルな環境教育は、人類を破局から救う「存在すべき教育」として科学的・国際的・計画的に構想された。しかしながら、すでに「存在している環境教育」がある。そのひとつが「物語のなかの環境教育」であった。

人間はこれまで自然環境とうまく折り合いをつけて生活してきた。人間の生活とその共同体の活動のなかに埋もれてはいるが、文化や伝統と深く結びついた、自然との共生を可能にする生き方と「教え―学び（模倣）」があり、それが脈々と受け継がれてきた。そうした生き方を受け渡しする機会のひとつが「物語のなかの環境教育」であった。

そうした「存在すべき環境教育」と「存在している環境教育」――ここでは狭い意味で、前者が「環境教育という物語」であり、後者が「物語のなかの環境教育」と理解するにとどめるが――のせめぎあいによって、弁証法的に豊かな可能性を秘めた環境教育が生まれる。意図的な教育の営みと、無意図的ではあるが人間存在のなかにある「教育」の営みとが出会い、両者が刺激しあってひとつのものになろうとするエネルギーが、それぞれの環境教育をより意義深いものにするのである。

だが現在は、メカニカル＝テクニカルな環境教育ばかりが注目され、これまでに存在していた「物語のなかの環境教育」の実践が隠蔽されているようにみえる。

そうした懸念がわたしにアンビバレントな感情を抱かせる原因であった。しかし、日常の生活の営みのなかに、環境教育的な要素がありありと入りこんでいることを解釈学的に見抜いていくことで、多少なりともそうした不安が拭えるように思う。

もっとも、冷静に考えれば、ここでとりあげた絵本のなかに、原初的な「物語のなかの環境教育」があるという程度の記述だけでは、人間とその自然環境との複雑で深い営みを発見したとは言い難いだろう。

それゆえに、環境教育的な要素が含まれていると思われる教育実践を再解釈し、人間と環境の関係についての理解を深めることで、「存在している環境教育」をより一層自覚化する必要がある。意識化されていなかった環境教育の営みを再発見できれば、環境教育はますます意義深いものとなるにちがいない。

「こんなところにも環境教育がある！」

そう、そういう「再発見」が、環境教育の営みをより一層豊かなものにするのだ。

【引用・参考文献】

Bowers, C.A. 1993 "Critical Essays on Education, Modernity, and the Recovery of the Ecological Imperative," *Teachers College*, Columbia University, New York.

Bowers, C.A. 1995 "Toward an ecological perspective," *Critical Conversations in Philosophy of Education*, Wendy Kohli (Eds.), New York:Routledge.

Busemann, A. 1932 "Handbuch der Pädagogischen Miilieukunde," *Pädagogischer Verlag Hermann Schroedel*, Halle (Saale).

Fromm, E. 1976 *To have or to be?*, Tronto : Bantam Books.

原子栄一郎 1996「テクノクラシーへの依存から学校教師のイニシアチブへ：オルタナティブな環境教育の進め方を求めて」東京学芸大学環境教育実践施設研究報告『環境教育研究』第六号

Herbart, J.F. 1806 *Allgemeine Pädagogik aus dem Zweck der Erziehung abgeleitet, Herbart samtl*, Werke,13Bde., 2.Aufl. = 1969 三枝孝弘訳『一般教育学』明治図書

今村光章 1995「消費者教育と環境教育の連接を求めて――フロムを基底とした教育学的アプローチによる消費者教育理念再構築への試み」日本消費者教育学会『消費者教育第一五冊』

今村光章 1996「エーリッヒ・フロムを基底とした環境教育理念構築へのアプローチ」『京都大学教育学部紀要』第四一号

今村光章 1998「学校における環境教育の教育学的基礎づけを求めて」日本環境教育学会『環境教育』VOL.8-1

今村光章 1999「教育学の視点から見た環境教育の成立と発展――環境教育の新たなる発展を求めて」『仁愛女子短期大学研究紀要』第三一号

今村光章 2001「学校教育の危機とその克服――環境教育の視点から」加茂直樹編『社会哲学を学ぶ人のために』世界思想社

加藤尚武 1996『現代を読み解く倫理学——応用倫理学のすすめⅡ』丸善ライブラリー
Leopold, A. 1949 *A Sand County Almana : and Sketches here and there.* = 1997 新島義昭訳『野生のうたが聞こえる』講談社
Rousseau, J-J. 1762 *Emile ou l'éducation.* = 1962 今野一雄訳『エミール』岩波書店

Ⅲ

自己形成の物語・物語の自己形成

III

6 生の冒険としての語り

――物語のもう一つの扉

鳶野克己

1　人間研究における物語の視点

私たちの人生を物語の視点から考察する人間研究が、発達や教育や心理臨床といった、広く人間の生き方の生成や変容をめぐる問題を対象とする近年のわが国の学問領域で関心を呼んでいる。この視点は、物語を、私たちの身に起こった一連の出来事が意味的なまとまりを帯びて相互にむすびつけられつつ語られていく枠組みや筋立てとして捉え、そのように出来事を物語ることを、私たちが自己の人生の意味を求めて生きていくうえでもっとも基本的かつ重要な行為であると位置づける。

生まれ育ち老い死にゆく私たちの生の歩みを「科学的」に追究しようとするこれまでの人間研究では、私たちが人生の中で出会う出来事に関して、その事実性を客観的に同定し記述することを価値とする傾向が強い。したがって、科学的な論述や論証の行為と物語る行為とを対比的に捉え、人間における物語ることを主観的な歪みや偏りに蝕まれた行為として低く評価したり排除したりすることが少なくなかったといえる。

これに対し、物語の視点に立つ近年の人間研究では、「科学的」な学問研究における考察や解釈の枠組みやプロセスそれ自体のもつ物語的性格への反省を通じて、研究の対象としても方法としても、むしろ物語るという行為を積極的肯定的に捉え直し、学問研究を私たちの生きている現実に丁寧に寄り添わせようとする。そしてこの作業を通じて、私たち一人ひとりが抱えている具体的な人生の課題や可能性の問題と学問的な人間研究との密接なむすびつきを改めて発見していこうとするのである。ここでは研究者もまた自己の人生を生きる一人の人間であり、研究者にとっても、生きることはとりもなおさず物語りつつ自己の生を歩むことにほかならない。すなわち物語への研究関心は、研究者自身の自己の人生への関心と原理的に不可分なものとなっていくのである。

人生を物語として捉える視点が生き方の生成や変容についての研究において切り開いた地平には、これまで「科学」を標榜してきた学問的な人間研究のあり方について、このようなメタレヴェルでの反省を促し、「生きること」「研究すること」「物語ること」が決して別々の営みではないことに私たちを深く気づかせる契機が含まれている。人間の生き方についての学問研究は、測定機器の最新性を誇る実験室や万巻の書物で武装した研究室といった閉域から自らを解き放ち、物語の視点を携えることによって、人間一人ひとりの日常的で具体的な生活の現場へと参入していく道を見出すのである。

その一方で、物語ることには、反省の徹底を必ずしも伴わない私たちの日常的な実感に強くかつ深く根ざした行為であるが故の危うさともいうべきものが抱え込まれている。見回せば私たちの周囲には、つい口にしてしまうような紋切り型の感懐や日めくりに添えられた格言風の談論の形で、人生にまつわる物語が満ちあふれている。そして、そのような物語を語り聴き交わすことで、自己や他者の人生を理解し納得しようとする。だが、物語ることそれ自体の価値の自明性が問い直されることなしに日常生活に蔓延する物語は、私たちにおける生きることの意味を求める営みを、こうした慣れ親しい紋切り型の感懐や格言風の談論の枠内に押し留める強力な枷となってしまう側面をもっていることが看過されてはならない。頷き納得することのみを目的化するとき、出来事を物語ることは、既存の意味の在庫を参照しつつ、当該の出来事の意味を相応の位置に落ち着かせ収まりをつけようとすることにすぎなくなるのである。

物語の視点からの人間研究が、私たちの身に起こる出来事がいかに創造的に意味づけられ生きられうるかを解き明かすことを通じて、物語の中に私たちの生き方の可能性を常に新たに切り開く力を見出そうとするならば、人生の物語や人生を物語ることに対する私たちの既知感や親近感が内包しているこのような危うさに眼を開き、それを突破していく道を示すことが、重要な課題となると考える。小論は、この課題に取り組むためのささやかな試みである。すなわち、人間研究における物語論的視点が切り開いた地平の意義を受けとめ、そのさらなる可能性をどこまでも擁護しつつ、敢えて、人生を物語る行為がはらんでいる危うさの内部に分け入り、それを突破する方向を探ろうとするものである。

考察は具体的には以下の二つの論点に絞って進められる。まず第一に、「物語の生成性と非完結性」の問題が論じられる。ここでは、人生のどのような出来事をも納得可能な結末へ向けて筋道立ててまとめあげずにはいない閉じられた語りの姿勢が反省されていく。そして生における馴染みなきものをその馴染みなさのままに生きようとする開かれた語りの可能性が明らかにされる。第二に、この開かれた語りの立場を踏まえ、「物語における他者との共同性」の問題が論じられる。ここでは、物語における他者の意味が吟味され、語り手と聴き手における人生の経験の共有や相互理解の実現に人生を物語ることの意義の中心を見出そうとする姿勢が反省されていく。そして、語りあいによる合意や一致を目指すあり方を超えて他者と共にあることの意味を語り続けるところにこそ、開かれた物語における他者との共同性の冒険が新たに始まることが示される。

2　物語の生成性と非完結性

自己の人生を物語ること

さて、語られるにせよ書かれるにせよ、物語が、神話や伝説、民話やお伽話を含む文学的フィクションにおけるそれはいうに及ばず、宣言や報告、論評や説明といったノンフィクショナルな言語作品、さらには、私たちが日々の生活の中で経験する一連の出来事の顚末を述べ表す際に用いる「はじまりと中間と終わりをもつ一まとまりのお話」のことであり、物語ることが、「一定の時間的な枠組みのもとに区切られ識別される複数の出来事に関して、はじまりから終わりへと向かうまとまりをもつ筋立てを構成し、その筋立てにしたがってそれらの出来事をむすび合わせつつ述べ進む行為」であるとされるかぎり、「物語」も「物語ること」も、先に触れたごとく一見私たちの生活における馴染みの深い事象である。

通常私たちが、ある出来事の何たるかを理解しようとするとき、その出来事がいつどのようにして起こり、どうような経過を経て、どのような結末に至ったかについて輪郭を象り、当該の出来事と時間的に前後して起こった出来事とをむすび合わせていく。すなわち、その出来事を物語として構成するのである。このような意味での「物語」や「物語ること」は、私たちがこの世界におけるさまざまな出来事を理解しようとする営みの根幹をなしている。物語る衝動は、私たちがいわば、生まれつき持っている「人類の普遍的特性」であり、私たちにとって、ある起こった出来事について理解した内容を述べ表し、伝えようとするなら、物語以外の形式をとることはきわめて困難なのだろう（White, 1981 = 1987 : 17）。すなわち、物語とは「人のコミュニケーションにおいて、もっとも身近にあり、もっとも力強い談話（discourse）形式の一つ」（Bruner, 1990 = 1999 : 108）であり、物語ることは、私たちの「多様で複雑な経験を整序し、それを他者に伝達することによって共有するための最も原初的な言語行為の一つ」（野家・1996 : 17）なのである。それゆえ、もし私たちが「何一つ物語りえないとすれば、それは何も理解していない」（毛利・1996a : 258）のであり、さらには「物語りえぬものについては、沈黙せねばならない」（野家・1996 : 116）とさえいわれることになるのである。実際、私たちの誰もが、生まれて以来この方、世界におけるさまざまな出来事の何たるかを理解し、そこで理解された内容を伝え受け取るべく、数多くの物語を聴き語り、読み書き続けてきたのである。

このように物語が、人間にとって原初的かつ根本的な世界理解とコミュニケーションのための言語行為であると捉えられるなら、私たちは一切の物語ることを抜きにした人間の生というものを想像することができない。私たちは常に、世界の中で私たちが出会う多様で複雑な出来事を整序しむすびつけ、一定の筋立てのもとに見出されたそれらの出来事の意味を理解し伝え合おうとしつつ生きているのであり、その理解と伝達の最も強力でほとんど唯一といってよい形式が物語だからである。

しかし、物語ることは、単に世界における諸々の出来事を私たちとは独立に現象するものと捉え客観的に理解するために、それらを相互にむすび合わせつつその顛末を筋道立てて語るということに留まらない。私たちはその出来事が、それを語る他ならぬ私たち自身の生にとって何をもたらし何を示すものであるかを語ろうともするのである。すなわち、世界における出来事を物語ることは、その出来事を私たちが自己の経験として自らの生きることのうちに位置づけ、意味づけることでもある。私たちは、私たちが出会う出来事を自己の経験として語ることによって、その出来事を通じて見出される自己の人生の意味を語るのである。生き方の生成や変容について物語の視点から試みられる人間研究は、まさしくこのように、私たちが、出来事が私たちの生きることにもたらし示してくるものを語ることを通じて「自己の人生を語る」という点に注目しようとする。私たちが自己として生きることの意味が、出来事の語りを通じてあらわになっていくありさまに意を注ぐのである。ここでは、私たちが世界における自身の生の歩みの中で経験する諸々の出来事の客観的で事実的な認定と説明それ自体が問題なのではなく、むしろ私が生きることにとってそれらの出来事がもつ意味の発見と理解が問題となる。「自己の人生の物語」において、出来事は私の人生とかかわらせて物語られるのである。

自己の人生におけるある出来事を物語るとは、したがってこの場合、私の人生の中にその出来事を有機的にむすびつけて意味づけることである。出来事の意味は、私の人生から独立して確定されるのではなく、その出来事と私の人生とのかかわりを物語るべく生成してくるのである。さらにまた、同じ出来事であっても、自己の生の歩みの中で私が経験する別の出来事を物語る過程で、その意味は変容していく。既存の出来事の意味は、生の歩みにおける新たな経験に面して語り直される。そしてこの語り直しに連動して、「自己の人生の物語」全体もまた語り直されていくことになる。生の歩みの中で経験されるそれぞれの出来事の意味は、物語られることを通じて生成変容し、この生成変容の過程に応じて、自己の人生そのものの意味づけも改変されうるのである。

しかしながら、経験される出来事の意味を語ることを通じて、自己の人生そのものを意味づける物語が常に新たに生成し、変容し続けるとはかぎらない。それは、自己の人生を物語る際、身に起こったさまざまな出来事を、自他共に納得できる「お話」へとまとめあげようとする思いが私たちには強いからだろう。私たちは生きていく中で、容易には受け入れ難いようないかなる予想外の出来事に面しても、その出来事になんとか「オチ」をつけ、まとまりのあるお話として物語ることで、文字通り、自己の日常生活ひいては人生の全体を落ちついた了解可能なものとして安定させようとするのである（鳶野・1994）。出来事の結末がどうなったのか、結局最後は何処に落ちついたのかを気にかけずにはいられない傾向は、私たちの日常的な物語的心性の際だった特徴をなしている。この心性は恐らく私たちの幼い頃からの生の歩みの中で、永きにわたって培われてきたのだろう。実際、眠れない夜に語り聴かせてもらったお伽話や童話にはじまり学校や職場での訓辞や訓話に至るまで、私たちがこれまで慣れ親しんできた、あるいは知らず知らずに慣れ親しまされてきた物語では、必ずといっていいほど、登場するキャラクターに出来する出来事が「発端と展開と結末」をもつまとまりのもとに語り示されてきた。出来事は、それがキャラクターの生全体にとってもたらした意味が明らかにされて語り終えられる。もちろん常にハッピーエンディングである必要はない。悲劇は悲劇として語り終えられるとしても、そこからカタルシスや教訓を導きだすことで聴き手を安定させ、人生全体についてのある確たる結論的視点が与えらるからである。

にもかかわらず、出来事を物語ることを通じてつまるところ人生の全体に「オチ」をつけ、生きることの意味を完結した形で受け取ろうとするこうした日常的な物語的心性は、それがいかに妥当なものに見えようとも、人生を物語として捉える視点が、人間の生き方についてのこれまでの理論に対してまさしく期を画し、そのもてる力を充分に発揮するものとなる可能性をやはり阻むといわねばならない。なぜなら、深く省みれば、私たちが物語を求めるのは腑に落ちる結末のみを期待してのことではないだろうからである。私たちは、物語が語られだすことによってそこに新たに生みだされる意味世界に圧倒的に瞠目させられることがある。このとき、その意味世界がいかなる末路を辿るかは必ずしも私たちの最大の関心にはならず、むしろその意味世界を介してさらに新たな意味世界が誕生してくることをしばしば願うのではないか。このように考えられるなら、人生を物語ることは、人生を結論づけ、生きることの意味を全体として完結させたり安定させたりする次元を突き超えて、私たちに生き方の絶えざる生成と変容を促す営みとなる力を秘めているといえよう。私たちには、このように、出来事に「オチ」をつけ、生きることの意味をまとめあげることをめざすのではない方向に物語理解を深化させることが求められている。

テクストとしての人生

人生を物語の視点から捉える人間研究の流れは、その淵源の一つを文学作品における物語の構成を支配している一般法則を精緻に解明することをめざすナラトロジーとしての狭義の物語論に見出すことができる。しかし、ロシアの民俗学者プロップ（Propp, 1928（1969）= 1987）の『昔話の形態学』における問題意識と方法論を先駆とする狭義の物語論においては、物語は、明確化しうる意図と全体構想をもった物語る行為がそこで完結し完成された所産として捉えられることが常であった。そして、そのような完成品としての物語における登場人物や語り手、語り方や語りの内容のもつ静態的な構造や形式的な機能などを考察することが中心であった。これに対して近年の人間研究における「人生の物語」への関心は、基本的に、語りが絶えず組み替えられる生きた生成のプロセスとしての「筋立て、意味づける行為」に向けられる。「構造としての物語ではなく、生成的物語、つまりライフ（生、人生）を変化させていく物語」（やまだ・2000:3）という点に「人生の物語（ライフストーリー）」の真髄を見ようとするのである。

絶えざる語りの組み替えを通じて、自己の経験を有機的に組織化し意味づけ続ける行為としてのこういった「人生の物語」においては、したがって、「完成された結末」などというものは原理的に用意されているはずがないのである。もちろん、ある経験を意味づける行為の結果としてのその都度の物語は、それぞれにはじまりと終わりをもち、その中で起こった複数の出来事をむすびつけ筋立てた意味のまとまりとして生じる。そしてこの「小さな物語」における意味のまとまりは、より長い時間枠組みのもとに筋立てられた「より大きな物語」へと編入されていくが、この編入によって、より大きな時間枠組みにおける物語を構成している既存の筋立ても同時に変わっていくのである。変化した「より大きな物語」の筋立てはしかし、むろんこれで完結するのではない。また別の経験を意味づける物語が編入されてくることによって再び変わっていく。さらには、この再びの変化は、最初の経験の意味づけをも変えていく。「人生の物語」とは、この「小さな物語」と「より大きな物語」との間で展開されていく自己の生を意味づける循環を通じて、生涯にわたって決して完結することなく生成し続けるものなのである。

文学作品の構造分析から始まったそもそもの「物語論」では、例えばバルト（Bartes, 1961-71 ＝ 1979）が明解に示したように、その問題意識が「構造分析からテクスト分析へ」と進んでいかないかぎり、対象となる物語は、原理的にいって「開かれたテクスト」ではなく「閉じられた作品」としてあるほかはない。作品は作者によって既に完成されたものとして著され、作者は作品の主題や登場人物、筋立てや語り方について全権を掌握している唯一の存在である。作品にとりかかるにあたり、作者は創作意図を予め明確に主題化し、登場人物を振り割り、筋立てを構想し、主題に相応しい語りを開始し、展開し、遂行する。しかし私たちの人生はそうではない。人生には死のその瞬間に至るまでいかなる周到な計画や精密なデータに基づく予想をも超える出来事が起こる。これこそは自己の人生を決すると思い込みたいような人や出来事が訪れても、必ずやまたさらに新たな人や出来事との出会いが生じ、それとともに、人生の意味は絶えざる生成と変容へと開かれていくのである。したがって物語論的な視点からの人間研究がそれに取り組むべき「人生の物語」とは、閉じられ完結したもの、意図的に制作されたものでは決してない。すなわち、「人生の物語」は、「作品」ではなく「テクスト」として捉えられねばならないのである。

物語論的な視点から人間の生成と変容を論じる研究の最前線では、「そもそも『完結』『完成』という秩序でものを見る見方そのものが、ひとつの発達観、ひとつの物語」（やまだ・2000：7）だったのではないかという反省のもとに、目的とそれに至る筋道が予め定められている完結し閉じられた物語としての発達観や人間的成熟観を前提とした人生の捉え方を深く疑い、生成性と非完結性の観点から「人生の物語」を論じる果敢な試みが開始されている（矢野・2000．やまだ・2000）。しかしこのことは逆に言えば、構造分析的な「物語論」から刺激を受けて生の歩みを物語の視点から考察しようとする人間研究には、「人生の物語」を、自己が生きていることの意味の最終的な結論づけを意図するものとしてか、少なくともそれぞれの出来事を、誕生から死にいたる自己の生の歩みの全体像と齟語なく意味づけようとするものと捉える傾向が侮り難く潜在していることを示しているのではないか。

「人生の物語」へと関心を向ける人間研究は、人生に「作品」としての主題を据え、その主題に即して最終的に完成された自己の生き方や生きることの意味を実現したいという思いが、私たちの生にとって果たして不可避なのかどうかを問い抜かねばならないと考える。見出されるべき「物語」の可能性は、このような私たちの日常的常識的な物語理解の立場、言い換えれば「物語を作品として捉える立場」の正当性を素朴に擁護したり補完したりするところには決してなく、むしろ人生を物語ることにおけるそのような傾向性と私たちにおけるこの傾向性への親近性や自明性の感覚に対して、一度徹底的な反省を迫るところにこそあろうからである。

むすぶことをよって開かれる物語

もとより、近年の物語論的人間研究では、自己の人生の物語に自己の生き方の固定的に完結した唯一の姿を求めるべきでないことが繰り返し強調され、物語の書き換えや語り直し、筋立ての改訂の重要性を指摘するものも少なくない（榎本・1999. McAdams, 1993. McNamee & Gergen (eds.), 1992 = 1997. Parry & Doan, 1994. Polkinghorne, 1988. Schafer, 1992）。しかし、人生の物語における書き換えや語り直しの問題を論じる際、是非留意すべきことは、その書き換えや語り直しが、私たちにおける人生を物語ることそれ自体への反省を通過しているかどうかである。

私たちは死の瞬間まで新たな出来事と出会う。その新たな出来事は、これまでの自己の人生の物語全体を貫く既存のテーマから展開される筋立てに収まるよう意味づけられうる場合もあれば、そうでない場合もある。そして、既存の筋立てにどうしてもうまく収まり得ない場合、私たちは、人生を語り直すことの可能性と意義を学ぶことを通じて、その新たな出来事に面して、人生全体の主題を練り直し、筋立てそのものを改変していく。主題の練り直しや筋立ての改訂を通じて、自己や人生についての新しい物語を語り始めるのである。だが、この語り直しによって私たちの人生の意味や自己の生き方が変革されるとしても、往々にしてそれはこれまでの支配的な物語が、より統合力のある別の物語に取って代わられた事態を現しているにすぎないことがあるのではないか。筋立ての改変が、遠くはアリストテレスが『詩学』の中で論じた「どんでん返し（ペリペテイア）」に代表されるような技法を含む高度で複合的なものになろうとも、詰まるところそこに腑に落ち得心させる顛末を求めようとするかぎり、人生の語り直しは、練り直され洗練された主題がそれによって一層鮮やかに展開していくべく工夫されるものであるほかない。いかなるひねりや紆余曲折を経ても、最終的に人生の主題が確かな実感を伴う形で顕現し成就することを信じなければ、これまでの「自己の人生の物語」にとってまったく予想外のあるいは不測の出来事に出会うとき、生きることはその根底から分裂させられ動揺させられたままになるからである。

このことはすなわち、人生の全体をなんとしても確たる意味的なまとまりと安定のもとに捉えようとする姿勢が強まれば強まるほど、人生の中で出会う出来事を物語ることがもっている「自己の生を歩むことの意味」を絶えず新たに生成させ変容させる冒険へと向かう力が奪われることを示している。物語ることは、その出来事を内に組み込んでもなお首尾一貫性を保ち続けうるようなテーマに奉仕する筋立てを遂行する行為へと囲い込まれるのである。自己の人生に対してこのような根本姿勢のもとにあるとき、理解不能ないかなる予想外の出来事に面しても、人生全体を包括するテーマを求めることそれ自体は問いに付されず、私たちは、既存のテーマに整合するようその出来事の意味づけに工夫を凝らすか、あるいは、意味づけられたその出来事をも統合しうるよう、テーマを改めるかするのである。ここでは、書き換えであれ語り直しであれ、物語ることは、分裂や動揺の危機に晒された人生を再び全体として安定させ、確信しうる意味的まとまりへとつなぎとめる行為となってしまうだろう。

ブルーナーが慧眼をもって指摘したように、物語には「例外的なものと通常のものとをつなぐ環を鋳あげることを専門としている点」（Bruner, 1990 = 1999：67）がある。「物語的な思考様式」は、出来事や事象の普遍的な真偽を明確にするために矛盾や例外を排除した一貫性の論理につき従う「論理―実証的な思考様式」とは異なり（Bruner, 1986 = 1998）、通常性から逸脱したものをも理解可能な形で説明することによって、出来事や事象の「ほんとうらしさ」を得心させるべく機能する思考様式なのである。人生においてままならぬ出来事や矛盾に満ちた事象に出会い、戸惑い悩むことの少なくない私たちにとって、このような物語的な思考様式を通じての経験の組織化は、なるほど世界を基本的に信頼するにたるものとし、自己の生き方に拠り所を与え、平安を保証しはするかもしれない。しかしもし、物語的な思考様式が、物語ることに対する私たちの日常的な既知感や親近感のままにその構造をひたすら固定化しその機能を過度に強化させるなら、人生における新たなものとの出会いに面しての驚きをその驚きのままに味わう可能性から私たちを閉ざし、生きることの意味を、例えば「危機を乗り超えての平安の獲得」という筋立てのもとに結局は常に落ち着かせてしまうのである。

ここでは生の歩みにおける馴染みなく不思議なものは、そのままでは決して留め置かれず、物語的な思考様式を駆使して、馴染みうる理解可能なものへと絶えず翻訳変換されていくことだろう。つまり、世界におけるいかなる出来事や事象も、生きることの意味をその根本から揺さぶり流動させ続けるような形ではもはや人生に出来しなくなるのである。人生は、そこで出会うあらゆる例外的な出来事や事象を織りこみつつ、全体として必ず理解可能なものと予感され、想定されているからである（鳶野・1994, 1997）。

私たちは、馴染みなきものや不思議なものと引き替えに人生の安定を手に入れるべく物語を用いることができるが、このとき、私たちが生きることにとって「安定」とは、すでに「停滞と衰弱」の別名なのではあるまいか。人生全体を原理的にその都度統合しうるようなテーマを求めて生きる生き方への反省が徹底されないところでは、いかによく練られ手の込んだ筋立てで語られるにせよ、自己の人生の物語は、生きることの意味の生成と変容へ向けて絶えず私たちの生き方を開く力としてよりも、人生の全体が腑に落ちたような気持ちにさせる意味づけのもとに私たちの生き方を閉ざす力として威をふるうことになるといわねばならない。

物語ることのもちうる、人間の生き方を絶えず新たに生成し変容させる力を萎えさせないことを課題として自覚するとき、生涯発達心理学者やまだようこが、人生における出来事と出来事とをむすびつけ意味づける物語における「むすぶ」行為が「産（む）すぶ」行為と通底している（やまだ・2000：11）と指摘していることの重要性を私たちは見過ごすことができない。「結（むすぶ）」と「産（むす）」をともに「蒸（むす）」とその系統を同じうする語として位置づけ、そこに「暖められ、生まれでて、増え続ける」という意を共通に汲み取りうるなら（白川・1995）、「産（む）すぶ」としての「むすぶ」という物語る行為とは、慣れ親しんだ筋立てに即して出来事どうしを単に事後的に繋ぎ合わせ関係づけることではないし、これまでの人生を支えてきた既存のテーマを補強すべくそれらを組み入れて、人生全体をひたすら安定させようとすることでもない。「産（む）すぶ」行為としての物語は、これまでになかったものの新たな生成であり、生成されたものの不断の増殖的変容なのである。

したがってさらに一層踏み込んで述べれば、この「産（む）すぶ」物語は、その外部にどのような目的も根拠ももたない。生成と変容は人生の究極的な主題についての結論づけに奉仕しはしない。産（む）すぶことそれ自体が喜びとともに生きられているとき、物語ることで人生の意味を全体としてまとめあげ納得できるか否かは、もはや拘泥すべき問題ではなくなるだろうからである。物語ることによって出来事は一定のまとまりを帯びて意味化してくるとしても、そのまとまりは、決して自己の人生を全体として凝固させる意味の塊ではなく、むしろ逆に、常にはじめて世界の中へと「産（む）すび出されるもの」として、「完結」や「完成」を標榜するいかなる決定的な結論づけをも絶えず内側から突破し、さらなる未知の領野へと自己の人生を開いていく創造的で可変的な意味の陣形と見なされてよいだろう。

「産（む）すぶ」行為としての物語に目覚めるとき、私たちは、「予想外のことが起きるのが人生だし、それによってあなたはさらに人間的に成長できる」といった言い回しによって、生きることの意味を一見穏やかにしかしその実強引にまとめあげ納得させる語りではなく、生における馴染みなきものや不思議なものに、むしろ人生の意味の「完結」や「完成」を突破していく希望を感じ取り、その馴染みなさや不思議さのままに生きようとする語りの可能性が開かれてくると思われる。

3　物語における他者との共同性

人生の物語にとっての他者

物語論的視点からの人間研究の課題に関する第二の論点は、物語の生成性と非完結性にかかわる他者との共同性の問題である。こういった共同性をめぐる議論には、自己の人生の物語が、聴き手としての他者との関係に反映されている社会的文化的現実によって条件づけられ規定される側面に強く眼を向けるものもあるが（榎本・1999, 2000）、小論の課題意識からすれば、「物語における共同性」のこうしたいわば所産面よりも生成面に一層の注意を向けるべきことがまず指摘されねばならない。すなわち、要請し合意し承認する他者からの影響によって語り直される自己の物語内容がもつ社会的被規定性より、自己の人生を、他者に面し他者へとむすびつけて物語る際の、自己と他者との関係のあり方がもつ生成力のほうに、物語における共同性を見出したいと考える。

人生の物語は、それが語り手と聴き手によってまさに共同生成させられるダイナミックなプロセスとして把握されるとき、より鮮明にその生成性と非完結性をあらわにしてくる（やまだ・2000）。人生の物語は、「ある特定の人に向かって語られる時、ある深い意味において、語る者と語られる者との共同の産物」（Bruner, 1990 = 1999 : 175）なのである。自己の人生の物語が語り手としての自己の内部で閉じず完結しないのは、それが他者に向けて語られ、他者によって聴かれ、他者からの応答を介して遂行される相互的な共同行為を通じて生成してくるからであるといえる。自己を語ることが、このような「語り―聴く」という共同行為の中に位置づけられるとき、自己は他者から隔絶した孤立的な個ではありえず、本質的に他者に媒介される存在となる。私たちは、物語ることを通じて、他者と区切られることによって保たれる閉じられた自己の同一性の殻を破られ、自己が自己となるためには他者を必要とすること、自己の人生は他者とむすばれていることに気づかされていくのである。

物語における共同性への眼差しのもとに現れてくる他者はまた、自己の眼前に生きている具体的現実的な他者に留まらない。それは自己の内に聴き手として想定される「もう一人の自己」であることもあり、いまここにはいない遠く離れた他者であることもある。さらには既に離別したり死別したりしてもはや永久にまみえることの叶わない過ぎ去った他者の場合もあれば、やがて出会うことが望める来たるべき他者の場合もある（やまだ・2000）。ここでは他者は、時間的空間的遠近を超え、さまざまな陰影と濃淡を帯びて私たちの一人ひとりの生の歩みにかかわり、私たちの自己の人生の物語を共同生成させ続ける。このような他者は、自己の眼前に現れ来たることによってのみならず、自己の眼前から消え去ることによっても、自己の人生の物語を新たに産み出すべく自己とむすばれていくのだろう。

しかし物語の生成性と非完結性をめぐるこれまでの考察を踏まえるならば、物語における他者との共同性について一層重要なのは以下のような問題意識である。すなわち、物語ることを通じて、自己は他者と出会い、他者を抱えこんで人生を生きる自己のあり方に気づくとしても、そこで物語を他者と語り聴き交わすことが、他者との合意や相互承認によって自己の人生の意味づけを正当化する方向に傾き、自己の人生の意味のまとめあげや最終的な安定を求める物語理解を再び強化してしまう側面に注意を怠らずにいようということである。生成性と非完結性を徹底できないような物語の視点からの人間研究においてはしばしば、聴き手である他者に自己の理解者や共感者としての役割がふりあてられる。そしてこの役割における他者の可能性は、語り手である自己の人生の物語を共有することによって自己を支える点に向けられる。だが、最終的に自己を支える存在として他者の可能性が限定された途端、他者とのかかわりはもはや、自己にとってなんら馴染みなきものではなくなり、自己が自らの人生の意味について合意と承認を求めるべく安んじて依拠できるものとなる。このように捉えられた他者との共同性によって語られる人生の物語は、新たなもの、これまでになかったものを創造的に「産（む）すぶ」行為ではすでにありえず、主題と筋立てについての納得が共有されていることの保証の上に立って、出来事をつなぎ合わせる行為であるというほかないだろう。

物語は語り手である自己と聴き手である他者との相互的な共同行為の中で語られる。しかし、そこでの行為の「共同性」を、他者――「内なるもう一人の自己としての」であれ、「眼前の」であれ、「思いの中の」であれ――と語り聴き合うことの条件と内容を限定することで自己の人生の安定性を保証する方向へと特徴づけるところに留まってはならないと考える。言い換えれば、自己と他者との間で語り聴き合うことが成立していることそれ自体への驚きに彩られつつ、自己と他者との生のかかわりを「産（む）すぶ」生成的な共同性のあり方が求められていると考えるのである。そのためにはまず、産（む）すび生成する自己の人生の物語において、他者とはいかなる存在であるかが問われねばならない。

異者としての他者

自己の人生を物語ることを通じて他者とむすばれることは、それによって自己の人生の全体的なまとまりやゴールが揺るぎない形で見えてくることでは決してない。例えば結婚することや親となることが、現にこのことを否応なく鮮やかに示している。自己としての私と他者としての配偶者や子どもとをむすぶ物語は、全体を貫くテーマと納得のいく筋立てや見通しを求め維持したいとの思いがいかに切なるものであろうとも、予想や計画を超える幾つもの出来事に遭遇し続ける。当初自己に思い描かれ、自己を支えると思われた夫婦関係、親子関係、家族の絆の物語が予定通りの筋立てのもとに穏やかな結末を迎える保証など一切ないことを、他者とのかかわりを生きる中で自己は痛感させられていく。他者を抱えこみ他者を媒介として意味づけられる自己の人生の物語は、その一貫性と安定性をことごとく瓦解させられ、ふたたび統合することが不可能に見えるほど幾層にも深く分裂し幾方向へも激しく増殖していくのである。

こういった事態に直面して、私たちは、テーマや筋立てを修復あるいは改変することによってこの分裂と増殖を押しとどめ、自己の人生に一貫性と安定性をなんとしても回復させるために、自己と他者とを互いにつなぎ合わせまとめあげていく物語をなおも求めるのだろうか。そうではなくて、生きていくかぎり分裂と増殖はどこまでも不可避であると受けとめつつ、一貫性と安定性の彼方へむけて、自己と他者とを互いに生成的に産（む）すんでいく物語を語りだす道を探ることができるのではないか。

省みれば、自己の人生が他者を抱えこみ、他者を媒介として意味づけられるということは、むしろ他者が自己にとってどこまでも自己ならざるものとして、自己にとっての抵抗や違和として現れ続けることを示しているのではないだろうか。他者を通じて自己を知るということができるのは、他者が自己に対して「異者」としてたち現れて自己をざわめき立たせ、そのざわめきを通じて自己が自らを形なしていくからである。すなわち、他者は、決して自己による支配下や操作下にない存在であるばかりか、そもそも自己と馴染み自己と一体化することが不可能な存在なのである。そして、配偶者や子どもとの関わりの物語、家族の絆の物語が決して一貫も安定もしえないのは、彼らもまたこの私としての自己ではないそれぞれの自己の人生の物語を絶えず新たにむすぶ存在だからであり、物語の生成性と非完結性を生きる他者だからである。

配偶者も子どもも、いうまでもなく自己にとって一見もっとも身近な存在である。家族の親近性は、私たちの知るさまざまな人生の物語に、家族をめぐる物語が際だって多いことの理由でもある。しかしまた、家族が自己にとってもっとも身近な他者であることは、家族がその「異者」としての他者性を、自己に向けてもっとも強烈に現してくる存在でもあることを意味している。他者が自己にとって原理的に抵抗や違和としてあることを私たちは家族を通して学ぶのである。私たちは時に軽率に、家族なのに解り合えないと嘆息するが、他者との解り合えなさを、家族はその身近さのゆえにこそ鮮やかに開き示してくる。むしろ家族だからこそ解り合えなさが際だつというべきなのだろう。

産（む）すび生成する自己の人生の物語における他者は、語り手である自己の、そのままではおぼつかない安定性を保証する親和的存在であるよりはるか以上に、自己が自己であることの根底に自己ならざる者としての他者とのかかわりを含んでいるということの不思議さへと絶えず自己を目覚めさせ自己を開いていく違和的存在である。このような視点に立って他者が捉えられるとき、物語における自己と他者との共同性は、その生成的性格をより一層明らかなものにしていくと思われる。それはおそらく、「共にあること」を自他の合意や一致に向けて価値づけることが突き破られた次元において開かれてくるような共同性であるだろう。小論のひとまずの掉尾は、この共同性の相貌を素描する試みにあてられる。

「共同性の物語」から「物語ることの冒険」へ

さて、さきにも言及されたやまだは、ライフストーリーについての新しい研究を試みる中で、私たちが「なぜ」「いつ」人生の物語を必要とするのかについて、つぎのように述べている。やや長くなるが紹介し、生成する物語における他者との共同性を描きだす出発点としたい。

> 人はいつでも人生の物語を必要とするわけではありません。人生を物語るとき、それは自己と他者（あるいは、もう一人の自己）の亀裂や、前の出来事と後の出来事とのあいだの裂け目が大きくなったとき、それらをつなぎ、意味づけ、納得する心のしくみが必要なときでしょう。（中略）しかし、自分にとって深い切実な体験であればあるほど、ことばにすることは難しく、とても物語ることなどできないのがふつうです。（中略）語れない、語りたくない、しかし、そういう体験をするときほど、物語が必要になることもまた、事実でしょう。（中略）そして、そういう体験をするときほど、私たちは孤独ではいられず、自分の体験を共有してくれる誰かを求めます（やまだ編・2000：85）。

ここには、それまで穏やかに生活を支えていると思われた意味の基盤に亀裂が走り、否応なしに裂け目が広がっていく事態に直面するとき、人生を物語ることに私たちが何を求めるのかについてのやまだの考え方が明瞭に示されている。さらに、この柔らかな寄り添うような語り口に、「第三者的に切り離した事物対象としてではなく、ともに対話しながら同じ世界に生きる人間どうしであるという、二人称的関係や参与的なかかわり」（やまだ・2000：32）のもとに「人びとの人生」と接していこうとするライフストーリー研究者としての姿勢の極みを感じとることもできる。

やまだによれば、亀裂や裂け目をつなぎ、意味づけ、納得する心のしくみを必要とするとき、私たちは物語ることを通じて他者を求めるのである。その他者とは「自分の体験を共有してくれる誰か」である。亀裂や裂け目が痛みと苦しみを伴う切実な体験であればあるほど、私たちはそれをうまくことばにできないし、したくないと感じる。しかしおそらく私たちは、「できない」「したくない」という思いにもかかわらず、いやそういう思いであればこそ、その思いも含めて自分の体験を分かちあってくれる他者を実は深く求めていると、やまだは考えるのである。確かに私たちはまず、このような希求のもとに、不測の出来事に見舞われて分裂し断片化した「生きることの意味」を産（む）すび直すべく、他者に面し他者に向けて人生を物語りだすのだろう。

ただなにより重要な点は、ここでの物語ることにおいて、語り手の深い切実な体験は、語られる以前に意味内容が確定しているのではないということである。共同生成する語りを通じて、その「深さ」や「切実さ」の質も含めて、体験の意味は新たにむすばれていくのである。したがって語り手である自己は、語り以前に内閉され抱え込まれた意味内容をもつメッセージの単なる送り手ではない。また物語の聴き手としての他者も、語り手の体験について確定した意味内容をもつメッセージの単なる受け手ではなくなる。自己と他者は、互いに見出されあい寄り添いあいつつ、体験についての語りと語られる内容の生成に、共同で参与するのである。その意味で、ここで起こっているのはもはや、予め自己に抱えこまれた自己の人生の物語を他者が聴くという事態であるより、自己と他者の共同参与を通じて生成する自己の体験についての語りが、自他それぞれにおける「生きることの意味」をめぐる人生の物語をむすんでいくという事態であろう。すなわち、自己の人生の語りの生成に参与することを通じて、他者もまた他者自身の人生の物語をむすぶのである。そして、ここでそれぞれにむすばれる物語のありさまは、自己も他者も互いに「異者」であるかぎり、予め方向づけたり予想や計画したりしつくすことが原理的に決してできないはずなのである。

このように考えるとき、自己の人生の物語は、不測の出来事に見舞われて生じた亀裂や裂け目をつなぎ、納得すべく語られ出すにせよ、その「つなぎ、納得する」筋道が前もって保証されているわけではないのだといえる。ましてや、語り手が聴き手に解ってもらい共有してもらいたいと思う通りに物語がむすばれていくとは限らないのである。他者に向けて人生の物語を語り出すことによって、私たちは、自己の体験の納得と共有のあり方それ自体が予想を超えて形なしていくさまを味わうことになる。さらにいえば、そのあり方は、体験を語る自己にとってもそれを聴く他者にとっても、どこまでも馴染めない腑に落ちない領野を残しながら、というよりむしろ、絶えず産み出しながら生成していくのである。つまりここでは、体験を他者と共に納得し共有したいとする思いの頓挫や無効へ向けても開かれることを含めて、人生の物語は語り聴き交わされるというべきなのである。

したがって、自己の人生を物語ることにおける他者との共同性は、語りを通じて自己と他者とが共感的相互理解にいたり、共通の一致した意味の基盤を見出し合意することでもたらされる絆によってつながりあうような私たちの生き方や人生のあり方を示すものではない。合意と一致を求めめざすという姿勢ぬきには、私たちは語り手と聴き手として対面し寄り添いあうことができないことを認めるとしても、合意や一致はその都度結果的に生じる一つの成果であって、けっして共同性の絶対的な前提でも目的でもないのである（湯浅・1992：75）。もしそれらが前提や目的となるならば、物語における共同性は、合意や一致による自己と他者との一体化を確認したり獲得したりするための手段にすぎなくなるだろう。いかなるものの手段にもなりえない共同性、その意味でどのような目的にも奉仕せずどのような根拠にも依拠しない共同性、いわば「無為」としかいえないような共同性（Nancy, 1983 = 1985）こそ、語り聴き交わされる物語を通じて私たちが触れることを促される共同性の極点なのである。

私たちは、人生を物語ることを通じて、「生きることの意味」をむすび出していく。私たちが強く人生の物語を求めるとき、それは同時に自分の痛切な体験を共有してくれる他者を求めるときでもあった。そして他者が見出され、他者とともにある自己が見出される。両者は共同して自己の人生の物語の新たな生成に参与していく。しかし、そこに生成する物語の共同性は、物語をめぐる自他の合意や一致、曇りのない共感的相互理解のみを価値として語られる必要があるのだろうか。現に人生の物語を切実に求める発端は、これまで深く信じられていた合意や一致、共感的相互理解のあり方や筋道が崩壊したり根底から動揺したりした体験だったのである。とすれば、より揺るぎない共感的相互理解や固く手を握りあう合意をふたたびめざす方向のみならず、自己と他者とのかかわりに一貫性と安定性を求めあうなまやさしい共感的相互理解の姿勢などけっして寄せつけないような次元での「生きることの意味」をそれぞれがむすび出す方向へもまた、私たちが人生の物語ることにおける共同性を位置づけることが許されると考える。

語れば語るほど聴けば聴くほどに、それぞれの自己性と他者性へと絶えず突き戻されざるをえないようなあり方で共に出会うこと。自他を隔てる壁が畢竟とてつもなく厚く高いと痛感することにおいて共に近づくこと。そして、「わかりあえないままいっしょにいる」（奥村・1998：252）ことの不思議さを介して共にあること。人生を物語ることにおいて私たちが生きる共同性、物語ることがすなわち生きることであるとされるところでの共同性には、このような、「他者との合意や共感的相互理解にいたらぬままにもかかわらず、いやむしろ、であればこそ他者に寄り添い他者と共にあること」の可能性が含まれている。この共同性の逆説が自己と他者それぞれに、むしろ深く喜びをもって噛みしめられるとき、人生を物語ることは、互いに解りあえるか否かを唯一の基準とすることなく、出来事の馴染みなさや腑に落ちなさそれ自体にも「生きることの意味」をむすび出していこうとするような創造的冒険となるといえるだろう。

【引用・参考文献】

Aristotelēs *Peri poiētikēs*. = 1972 藤沢令夫訳 『詩学』(『世界の名著8アリストテレス』) 中央公論社

浅野智彦 2001『自己への物語論的接近――家族療法から社会学へ』勁草書房

Barthes, R. 1961-71 *Introduction à l'analyse structurale des récits* [selection 1], Paris : Édition Seuil. = 1979 花輪 光訳『物語の構造分析』みすず書房

Blanchot, M. 1983 *La communauté inavouable*, Paris : Éditions de Minuit. = 1997 西谷 修訳『明かしえぬ共同体』筑摩書房

Bruner, J.S. 1986 *Actual Minds, Possible Worlds*, Cambridge : Harvard University Press. = 1998 田中一彦訳『可能世界の心理』みすず書房

Bruner, J.S. 1990 *Acts of Meaning*, Cambridge : Harvard University Press. = 1999 岡本夏木・仲渡一美・吉村啓子訳『意味の復権――フォークサイコロジーに向けて』ミネルヴァ書房

榎本博明 1999『〈私〉の心理学的探求――物語としての自己の視点から』有斐閣

榎本博明 2000「自己の心理学的研究の展望」『自己心理学研究』第一巻、自己心理学研究会

Hacking, I. 1995 *Rewriting the Soul : Multiple Personality and the Sciences of Memory,* Princeton : Princeton University Press.

石川美子 1997『自伝の時間――ひとはなぜ自伝を書くのか』中央公論社

河合隼雄 1993『物語と人間の科学』岩波書店

小林多寿子 1997『物語られる「人生」――自分史を書くということ』学陽書房

McAdams, D.P. 1993 *The Stories We Live by : Personal Myths and the Making of the Self,* New York : The Guilford Press.

McNamee, S. & Gergen, K.J. (eds.) 1992 *Therapy as Social Construction*, London : Sage Publications. = 1997 野口裕二・野村直樹訳『ナラティヴ・セラピー――社会構成主義の実践』金剛出版

南　博文・やまだようこ 1994「人生を「物語る」ことの意味——生涯発達をとらえる新たな視点・方法を求めて」日本発達心理学会第五回大会発表論文集

南　博文・やまだようこ 1996「人生を物語ることの意味（3）——場所の語りと語りの場所性」日本発達心理学会第七回大会発表論文集

毛利　猛 1996a「『物語ること』と人間形成」岡田渥美編『人間形成論——教育学の再構築のために』玉川大学出版部

毛利　猛 1996b「教育のナラトロジー」和田修二編『教育的日常の再構築』玉川大学出版部

中野　卓・桜井　厚編 1995『ライフヒストリーの社会学』弘文堂

Nancy, J.-L. 1983 *La communauté désœuvrée*, Paris : Christian Bourgois Editeur. = 1985 西谷　修訳『無為の共同体——バタイユの恍惚から』朝日出版社

野家啓一 1996『物語の哲学——柳田國男と歴史の発見』岩波書店

奥村　隆 1998『他者といる技法——コミュニケーションの社会学』日本評論社

Parry, A. & Doan, R.E. 1994 *Story Re-Visions : Narrative Therapy in the Postmodern World*, New York : The Guilford Press.

Polkinghorne, D.E. 1988 *Narrative Knowing and the Human Sciences*, Albany : SUNY Press.

Propp, V. 1928 (1969) *Morfologija skazki*, Leningrad : Nanka. = 1987 北岡誠司・福田美智代訳『昔話の形態学』水声社

Sartwell, C. 2000 *End of Story : Toward an Annihilation of Language and History*, Albany : SUNY Press.

Schafer, R. 1992 *Retelling a Life : Narration and Dialogue in Psychoanalysis*, New York : Basic Books.

白川　静 1995『字訓』平凡社

鳶野克己 1994「『拠り所のなさ』という拠り所——人間形成における〈物語〉の批判的再生のために」加野芳正・矢野智司編『教育のパラドックス／パラドックスの教育』東信堂

鳶野克己 1997「物語・教育・拠り所——恫喝としての同一性」『近代教育フォーラム』第六号、教育思想史学会

宇野邦一 2000『他者論序説』書肆山田
White, H. 1981 " The Value of Narrativity in the Representation of Reality," In Mitchell, W.J.T. (ed.) *On Narrative*, Chicago : The University of Chicago Press. = 1987 原田大介訳「歴史における物語性の価値」海老根宏ほか訳『物語について』平凡社
やまだようこ 1995「心の揺らぎと共振する方法論を求めて――人生の心理過程モデルとしての映画」南博文・やまだようこ編『老いることの意味――中年・老年期』金子書房
やまだようこ 2000「人生を物語ることの意味――ライフストーリーの心理学」やまだようこ編『人生を物語る―生成のライフストーリー』ミネルヴァ書房
やまだようこ・南　博文 1995「人生を物語ることの意味（2）――長い時を重ねて見えてくるもの」日本発達心理学会第六回大会発表論文集
矢野智司 2000『自己変容という物語――生成・贈与・教育』金子書房
湯浅博雄 1992『他者と共同体』未来社

7 沈黙が語る言葉
——出会いと対話と物語

吉田敦彦

〈汝〉への沈黙、まったく言葉を失ってしまう沈黙、言葉が分節され形を与えられて声になる以前の、ひたすらに待ち望む沈黙こそが、〈汝〉を自由にする（Buber, 1923 [1962]：104）。

1　沈黙の深みから——問いをはじめる場所

星座が見せるものと隠すもの

——ある原生林でキャンプをしていた夜のこと。湖畔に寝転がって、星降る夜空を見上げていた。これほど多くの星を、四〇年近く生きてきて見たことがなかった。

ひと息ついて、傍らにいる八歳の子どもに星座を教えようと、説明をはじめた。指さしながら、あれが天の川、あれが真北を示す北極星で、あそこに七つの星が柄杓《ひしゃく》のようにならんでいる……。

返事がないことに気づいて、向き直って子どもの顔をよく見た。眼をぱっくりと見開いたまま、身じろぎ一つしない。口を半開きにして、息をのんでいる。ただひたすらに、降り注ぐ星に我を忘れ、無我夢中。私の説明など、耳に入らない。

その気配に圧倒されて、こちらも言葉を失う。黙ってもう一度夜空を見上げる。ほどなくして、星空がこちらの方に向かって下りてきた。あるいは、我が身が宙に浮かび上がっていく……。

＊

息をのむような星空に魅入られるとき、そこに星座は、まだ／すでに、ない。

星空のなかに我を忘れて入り込んでいく。宇宙のなかに溶け込んでいく。そのとき、見ている我と見られている星々の間に境界がない。私と星空は、一つの全体のなかに溶解している。

星座を見ようと意識し始めると、星空が、それを見ている私から離れていき、私の向こう側の遠くに、見られる対象として広がる。見ている私はこちら側に、見られている星々は向こう側に、距離をとって、別々に存在する。

そのようにしてはじめて、名前のついた星々を識別し、星々の群れに区切りを入れ、星座の形を見分けていくことができる。特定の星々だけを取りだして、柄杓や熊のようなものとして見立て、そこにコスモロジカルな物語を編みだす。

星々を意味づけ秩序づけた星座の物語。それを子どもに教えることは、ほんとうには、どんな意味をもつのだろうか。それを大人は、今ここで出会う子どもに、どのように語りえるのだろうか。星座を知ることで、見えてくるものと見えなくなるもの。星座を通して意味づけられた星空とのつながり。星座によって区切りを入れられる前の、星空そのものとの溶解してしまうような出会い。その出会いの瞬間の、言葉を失う沈黙の泉から、もう一度あらたに星々の物語を語りはじめ、編み直し、分かち合っていくこと。こういったことを、ここでは問うてみたい。

三重の世界——星座の物語の以前と以後

夜空の星々への、私たちの関わり方には三通りある。三つの現実のつかみ方、そこに三通りの世界が成立する。

第一は、星々の運行を観察記述し、そこにある法則性や因果関係を解明する客観的世界。事実の世界。

第二は、星座群とその意味を解釈し、宇宙とその中での人間を意味づけた物語的世界。意味の世界。

第三は、星空の中に我を忘れ、世界全体との境界が融合して一つになるような溶解的世界。生成の世界。

一つのめの「客観的世界」は、とくにコペルニクス的転回以降の近代自然科学の、主観と客観を分離する認識図式によって解明される世界。日常の主観的な意識が「大地は動いていない」と認識したとしても、客観的な天体観測は「それでも地球は回っている」ことを証明した。個々人の主観的な思い入れによって左右されない、主観的な意味づけから独立した、客観的な法則に従う事実の世界。

この世界から得られる知識は、ある目的をもって世界に働きかける人間にとって、役に立つ。農業を営むうえで、航海をするうえで、天文学的知識や気象学は目的合理的に有用である。また、この事実世界において客観視された自然あるいは他者は、「価値的に中立」、つまり「それ自体は無意味」なものとして見なされるから、それを道具視して手段化することに、倫理的な問題は生じない。主観―客観の二元論が、精神―物質、目的―手段の二元論と結びつき、脱精神化、物象化を介して、徹底的に目的合理的な有用性の世界が成立していく。

二つめの「物語的世界」は、意味づけられた世界である。ある共同体に属する人々が共有する、筋立てられたまとまりのある意味が与えられた世界。たとえば古代中国の天文学も、天地万象の成り立ちを物語る陰陽五行説と結びついて、北極星を宇宙の統治者、北斗七星をその統治者が巡回統治するための御車として見立てた。また東・西・南・北の方位も色づけられ、木・火・土・金・水など世界の万象が濃密に意味づけられた壮大なコスモロジーをもっていた。

このような物語（神話）によって、それを共有する人々は、この宇宙における人間の地位を知り、あるいは自己の生と死の意味や目的を与えられていた。自分がどこからきて、どこにいくのか、自分はどこにいる何者であるか。それを自分に語って聞かせる物語が「アイデンティティ」だとすれば、この物語世界が確固としてあるかぎり、アイデンティティもまた揺らがない。

教育内容は神話ではなく客観的な科学的事実であるべきだ、との、戦前への反省を踏まえればそれ自体はもっともな主張にしたがって、学校教育は主に第一の世界に限定されてきた。当時はまだ、進歩・発達や人間性などをめぐる近代啓蒙の物語が力をもっていた。しかし、それらの大きな物語がゆらぎ、意味を漂白した平板な事実の世界だけが広がるとき、人は、とくに若者たちは、希薄になった生の意味を求めて自分探しを迫られる。

過去の物語世界への単純な回帰に短絡することなく、陰影のある多彩な意味の世界を蘇生させるために、私たちにはどのように物語ることが許されているのだろうか。もはや素朴には出来合いの物語を語りえない沈黙の深みから、言いかえれば、第三の溶解的な生成の世界の深みにまで立ち還って、この問いに迫りたい。というのも、以下に見ていくように、三つの世界のうち、沈黙の泉から瑞々しい意味と言葉が新たに生成するのが第三の世界であり、この垂直の深みを起源として第二の物語世界を捉え直すことができるからである。

沈黙の深みにはたらく垂直の力——ブーバーの物語へ

ところで、出会いの思想家マルティン・ブーバーは、次のように語っている。

〈秩序づけられた世界 geordnete Welt〉は〈世界秩序 Weltordnung〉ではない。現在する〈世界秩序〉をわれわれが見るとき、沈黙させられてしまう深い瞬間がある。……この瞬間は永遠であるとともに、もっとも消え去りやすい。この瞬間からは、なんの内容も保持することはできないが、しかし、この瞬間のもつ力は、人間の創造活動や認識活動の中に入ってゆき、その力の光は、〈秩序づけられた世界〉へと流れ込み、幾度もそれを創りかえる。これは個人の歴史（物語）にも、民族の歴史（物語）

にもあてはまる（Buber, 1923 [1962]：99）。

ここに言う「沈黙させせられてしまう深い瞬間」のもつ力、それは、垂直の深みから湧き起こる。その力が、人間の創造活動や認識活動の中に入ってゆき、自己の成長のストーリーを、あるいは民族・文化のヒストリーを、創りかえ変容させていく。出会いのもつ「垂直の力」が、秩序づけられた「物語（ストーリー）」的世界を、不断に変容させていく。

戦後教育学は、発達の論理を中心にすることによって、溶解体験のもつ垂直の力を無視し、見誤り、取り逃がしてきた。今日教育学は共同体の外部との出会いを教育起源とする方向での研究を、これまで以上に必要としている（矢野・2000b：66）。

この課題意識を共有しつつ、「ホリスティック教育学」の理論図式における「人間形成の垂直軸」（吉田・1999, 2001）に関わって、ここでは主としてブーバーの「出会い」と「対話」の思想から学んでみよう。あまりに馴染みよい言葉であるため、ともすればナイーブに理解されがちな、このブーバーの二つの鍵概念を十分に吟味するには、しかも現代の思想と教育学の議論の地平において再検討するには、それを「物語論」の文脈にのせてみることが有効である*。

＊ホリスティック教育研究とブーバー思想研究とを統合しつつ、それを日本の最前線の教育学研究の文脈

に位置づける、というのが筆者の一連の研究経緯における本稿の地位である。この点は、本稿の末尾でもう一度言及する。

2　物語と出会いの間で——人間存在の「高貴な悲劇」

〈秩序づけられた世界〉としての「物語」

先の引用でブーバーが、〈秩序づけられた世界〉と名付けたものを、ここでは以下のような意味で「物語」と呼ぶことにする。

星座群は、星空という空間的な世界に区切りを入れ、ある印象的な星々の位置関係を「～として」見立てることによって、意味づけ秩序づけたものである。同様に、しかし時間系列にしたがって、世界を分節し、あるいくつかの印象的な出来事を筋立てて、一貫した意味のまとまりを与えたものが、「物語」だといえる。

たとえば、創世神話も民族の歴史も個人が語る自伝的なストーリーも、そうである。この世界は、どのように始まり、どのように終わるのか。この宇宙のなかで、人間はどんな地位を占めるのか。この私は、どこからきて、なにをして、どこにいこうとしているのか。「物語」という枠組みがあることによって、それがなければ意味の連関を見出し難い事象のなかに、私たちは意味を読みとることができる。もはや世界は、混沌として無気味なものではない。ある物語が人々の間で共有されているかぎり、物語を通して秩序づけられた世界のなかに、人は安心して住まうことができる。

星座の空間的な形象が神話や民話の時間的な物語の形象と統合されているように、ここでは空間的／時間的な区別は問わずに、右のようにして秩序づけられ意味づけられた世界解釈の枠組みを、ゆるやかに広い意味で「物語」と呼んでおく。とすればそれは、ほぼブーバーのいう〈秩序づけられた世界〉という概念と同義である＊。

＊ブーバーの基本対概念、すなわち「〈我―汝〉関係」および「〈我―それ〉関係」と、本稿の「出会い」および「秩序づけられた世界（＝物語）」という概念の重なり方については、拙稿（吉田・1990）を参照されたい。

物語を生きる人間の「高貴な悲劇」

さて、ブーバーの〈秩序づけられた世界〉を「物語」と読み替えるとすれば、主著『我と汝』で彼は、〈人間は、物語なしでは生きることはできないが、物語のなかだけで生きることもできず、物語を切り開く出会いを必要とする〉と言っていることになる。つまり、人間は、「物語」と「出会い」の二重性を往還しつつ生きる存在である、と。

「物語」によって秩序づけられ意味づけられた世界に住まうことなく、人は生きることはできない。人は「出会い」の瞬間だけで生活を営むことはできないこと、それはブーバー自身が痛切に知っていた。

こうした汝と出会う瞬間は、恍惚となるような不思議な魅力をもち、ともすれば常軌をはずした冒険へと人を走らせる。日常の生活を支えてきた確かだったはずのものが動揺し、きしみ、たがが緩んで、満足感よりもむしろ大きな問いを心に残す。……どうしてこの瞬間に現前するものをひとまとめに整理して、秩序づけられた客体世界に押し込んでしまっていけないのか。……人は、むき出しの現在のうちに生きることには、耐えられないのである（Buber, 1923 [1962]：101）。

出会いは、日常を切り裂く。宇宙のなかに全体として一つに溶け込む出会いの瞬間から我に返ったとき、それが恍惚とした至福の体験であったか、底知れぬ深淵をのぞき込んだ畏れおののく体験であったか、いまはそれを問わない。いずれにしても、その体験から日常の世界に戻ってきた人間は、その筆舌に尽くしがたい「むき出しの現在」を、不可思議なままに放置することに耐えられない。なんとかひとまとめに整理して秩序づけ、心に収めて納得しようとする。とくに「大人」は、地に足をつけることのできる安定した意味世界を築くために、それを物語にまとめ上げる（河合・1996）。

このような「物語」とともにある他ない人間の条件を、ブーバーは「人間の高貴な悲劇」（Buber, 1923 [1962]：104）である、と言う。

「高貴な」というのは、それが他の動物にはない、人間だけに与えられた特権的な条件であり、人類の文化と社会の基本となる要件だからである。ここで他の動物と比較した特異な生物としての人類について、詳述する必要はないだろう。環境世界に埋め込まれているだけでなく、世界の意味を問うことのできる人間は、「物語」を学習し、社会が共有する「物語」のなかへと送り込まれることによって、動物的ではない「高貴な」人間となる。

しかし他方でブーバーは、このように共同社会の意味秩序を学習し、社会化されることによって人間になるだけでは十分ではない、という。もし人間が、習得した「物語」の中でのみ生きるならば、それは十分ではないばかりか、「悲劇的」なことである、と。動物性を否定して「物語」を獲得した人間は、その物語をもう一度否定して「出会い」の冒険に赴かなければならない*。

*この点は、バタイユ＝矢野（2000a）の「二重の否定」の理論が明快。動物性の否定による人間化と、人を人間であることを超えて「全体的人間＝至高の次元」たらしめる脱人間化（否定の否定）。前者が「発達としての教育」、後者が出会いなどの溶解体験を通した「生成としての教育」。本稿でも多用する「生成」というキーワードも同書を参照。

「物語」を切開する「出会い」

物語を介して見られた世界、それは「間接的」な、すでに整理され要約されてしまった仮象の現実である。この意味でブーバーにあって「物語」は、「むき出しの現在としての世界」を隠蔽するものであり、彼のいう「生きた現実」との直接的な出会いの障壁となる介在物である。

星々を意味づけ秩序づけた星座を知っていると、たとえば柄杓《ひしゃく》星の物語を知っていると、七つの星だけを切り取る認識の枠組みを当てはめて夜空を見てしまいがちになる。そのとき、星空そのものと出会うことが、あるいは、それを柄杓以外の、たとえば大八車や小熊のようなものとして、別のようにも見る、ということが難しくなる。世界の区切り方を教える物語は、世界そのものを見ることの、また世界を別様の仕方で見ることの障壁となる。

こうような意味で、物語の中だけに生きる人間は、世界そのもの＝生きた現実との柔軟でリアルな接触から遠ざかってしまう。あるいは、「過去」にだけ生き、「現在」を生きることができない、ともブーバーは言う。つまり、すでに共有されている規定の物語を追認・再確認するように生きるだけで、今ここに生成する世界、すなわち「むき出しの現在」と出会うことがない。物語のなかに閉じこめられるとき、人は生きられる現在を失って、その生は生気を失い凝固していく。精神病理学者ミンコフスキーによれば、「生きられる時間」の喪失、つまり「現実との生命的接触」の欠如に、現代人に共通の病いの根がある、という（Minkowski, 1933 = 1972）。ここに、物語という介在物とともに生きるほかない人間の、かの「悲劇」がある。

「あらゆる介在物がくずれ落ちてしまったところにのみ、出会いは生じる」（Buber, 1923 [1962]：85）。出会いとは、そこで既存の物語がついに破れ、物語が覆い隠してきた生きた現実との直接的でリアルな接触を取り戻すことのできる、そういう瞬間である＊。

＊たとえば、坂部恵が「宇宙のいのちにふれる」（坂部・1983）と言い、蜂屋慶が「超越の世界に触れる」（蜂屋・1985）というのも、このような出会いにおいてリアルにリアライズする現実との接触であっただろう。

「すべて真に生きられる現実は出会いである」（Buber, 1923 [1962]：85）。出会いが既存の物語に亀裂を入れて切開する、その瞬間にだけ「生きられる現実」が開示される。このようにして人間は、「物語」を介した「秩序づけられた現実」と、「出会い」が開示する「生きられる現実」の、二重の現実を生きる存在なのである*。

*この二つの現実は、本稿第1節の2で述べた「三重の世界」のうち、第二の「物語的な意味の世界」と第三の「溶解的な生成の世界」に対応する。なお、毛利猛（1996b）は、「物語ること」そのものに「隠蔽」と「開示」の二重性を認めた立論をしていて示唆に富むが、それは「物語」概念を広く、本稿が後述するような「出会い」を通した「語り直し」にまで外延を拡張することによる。それに比して本稿では、名詞形「物語」概念を狭く限定して使用しつつ、そこに「出会い」概念を導入して、件の二重性を指示しようとした。

3　出会いと他者――水平的な共同性に直交する垂直の力

出会いが開示する世界

それにしても、ブーバーの名言として頻繁に引用される「すべて真に生きられる現実は出会いである」という一節は、ともすれば、日本語の「出会い」という言葉のイメージも手伝って、なにかしらロマンティックな響きをもたないだろうか。しかし、出会いが切開する「むき出しの現在」は、先にも述べたように、生き生きとしたリアリティにふれる瞬間であるとともに、人が容易に耐えることのできない危うさを併せもつ。出会いにおいては、住み慣れた物語世界が揺らぎ、きしみ、脅かされる。「宇宙のいのちにふれる」溶解体験は、「気がふれる」ことと背中合わせなのである（坂部・1983：38）。そしてさらに本節で強調したいのは、「出会い」とは、物語の外部の「他者」との出会いであって、慣れ親しんだ物語を破綻に追い込む、痛切で厳しい緊張感を伴う概念だということである。

出会いは世界に秩序を生みださない、……あなたが出会う世界は、不確実のように見える。なぜならば、それはたえず新たに生じ、言葉でいいあらわすことができないからである。この世界は密度をもたない、なぜならば、この世界では一切が一切に透徹しているからである。この世界は見渡しがたい。あなたが一望のもとに見渡そうとすれば、たちまち、見失ってしまうだろう（Buber, 1923 [1962]：100）。

出会いに生成する世界は、それを一望のもとに見渡して体系的に言語化するような、筋立てられた物語には収まらない。物語は、さまざまな個別的な出来事を見渡し、それらを一つの全体のなかに筋立てて統合しようとする。しかし、現在する生成の世界の全体を物語にまとめ上げてしまうことはできない。物語を完結させようとすれば必ず、何かが閉め出されてしまう。それは、いかに「大きな物語」を体系化したとしても、そうである*。

*ブーバーはだから、有限で相対的な物語の向こう側に、それを根拠づけるような普遍的絶対的な「真の物語」もしくは「物語を超える物語」を構築することはしない。個別の時空を超えて一般化できるような体系的な形而上学、もしくは普遍性を潜称する大いなる物語の陥穽を、ブーバーは見据えている。これは、

リクールが『時間と物語』において、全体化のアポリアと呼んだものに相当する。物語が統合形象化するのは、はじまり、中間、終わりをもつ、あくまで部分的な全体性であって、ヘーゲル的な世界史も、ハイデガーの死へと関わる存在も、包括的な時間それ自体の全体性に比べれば部分的なものである（Ricœur, 1985 = 1990）。

そしてそれゆえブーバーは、出会いに生成する世界を、「大きな物語」によって他の人々と共有できるとも、すべきだとも考えない。もし普遍的にして永遠なるものがあるとすれば、それは、その都度の今とここにおける出会いの瞬間に、その束の間にかいま見ることができるだけである。

むき出しの現在の世界を、あなたは他の人々に理解させることはできない。あなたは現在する世界とともに孤独である。しかし、この現在する世界は、他者との出会いをあなたに教え、その出会いを支えてくれる。……出会いは生活を支える助けとはならない。ただ永遠なるものを予感するための助けとなるだけである（Buber, 1923 [1962]：100）。

出会いが開示する世界は、他の人々との共同の生活を、共通の理解を、必ずしも支えてはくれない。出会いは人を、孤独へと投げだす。「人間の個体化の厳格さと深さ、他者の根源的な他者性」（Buber, 1950 [1962]：421）は、出会いという関わりの要件である。流布している「出会い」（そして「対話」）のイメージとは逆に、「共同性」ではなくむしろ「異他性」が、出会いの条件なのである*。

＊以下は共同の物語を拠り所することができず、もはや素朴には理解し合えない「他者といる技法」についての考察でもあるが、この主題設定については特に奥村隆（1998）と鳶野克己（1994）から示唆を得た。

「他者」との出会い――物語の外部への越境

他者そのものに自己を向け、他者そのものに自己を関与させる者のみが、自己の中に〈世界〉を受け取る（Buber, 1930 [1962]：204）。

ここで「他者」とは、「人間の個体化の厳格さと深さ、他者の根源的な他者性」をもつ者である。ここで先鋭化させたい論点は、出会いはつねに「異他なるものとしての他者」との出会いである、ということである。

「共同性」の内側では、「出会い」は生まれない。「出会い」は、「〜から出て会う」ことである。共通の物語を共有している共同体から出て、外部の「異質な他者」に出くわし、対抗することで、「出会い」が生じる。〔ドイツ語のBegegnungにしても、英語のencounterにしても、その語義に「対抗（例えばスポーツの対抗試合）」を含んでいる。〕

出会いはいつも、共同体の内と外との、日常と非日常との境界線で生じる。その境界線を越境してくる、新奇な異なる物語を生きる他者と向かい合うとき、既存の自己の物語のうちにとどまるかぎりは理解できない世界とぶつかる。そしてその他者を自己の物語に引き込み同化させてしまうのではなく、その他者の異他性と正面からぶつかり合うとき、出会いが生じる。そのときはじめて、自己の物語のフィルターを通さないに他者そのものに出会い、秩序づけられた物語世界を越え出て、（右の引用にあるように）〈世界そのもの〉を受け取る。

「汝と出会うことができるためには……」と、ブーバーは次のような印象的なメタファーを使う。

> 人はついに、いつわりの安全から脱して限りない冒険へと踏み出さなくてはならない。果てしなく蒼い天空ではなく、聖堂の丸天井を頭上にいだいているだけの共同体から出て、孤独の底に踏み込まなくてはならない（Buber, 1923 [1962]：159）。

聖堂の丸天井のごとき共同体の物語が、果てしない生きた現実そのものである蒼穹を覆い隠している。その聖堂の外部へと踏みだす冒険の瞬間、むき出しの天空から目もくらむような光が差しこむ。水平的な共同体の人間関係から抜けだした「個人」を、垂直の光が貫き通す。

異なる物語によって、別様にも見られる世界に出会うとき、慣れ親しんだ物語の自明性が破れ、その亀裂から「むき出しの現在」の光が差し込む。共同体の物語の衣を脱ぎ捨て着替えるまでの束の間、裸の自己をさらして独り立ちつくすその間隙にだけ、「永遠なるものを予感する」瞬間がある。自他の物語の地平と地平の間隙に、時空を突破する「永遠の今」の瞬間が突き刺さり、水平的な共同性に直交する垂直の力が働く。

他者と水平に横につながることを見限った孤独の底から、ブーバーは語っている。個体化の厳格さと深さ。自己と他者の間隙の深淵。その深みに垂直に落ち込む危機と背中合わせに、しかし同時にそこから垂直に突き上げてくる力がはたらく。

この垂直の力とともに、人はまず、言葉を失う。かの「沈黙させられてしまう深い瞬間」である。物語がそこで破れ、そこから再び物語る言葉が甦る「沈黙」。物語論を深めるために、「沈黙が語る言葉」が主題化されてよい。もしも物語に沈黙の背景がなければ、物語は深さを失ってしまうだろうから*。

＊「もしも言葉に沈黙の背景がなければ、言葉は深さを失ってしまうだろう」との名句を残したのは、ピカート（『沈黙の世界』）である。また彼は、「沈黙は言葉とおなじく産出力を有し、言葉とおなじく人間を形成する」とも述べる（Picard, 1948=1964 : 7, 23）。また、「沈黙」を物語論に導入する可能性については、谷川俊太郎＋佐藤学（2000）に示唆を受けた。

沈黙の泉に湧き出る言葉――出会いから対話へ

異なる物語をもつ他者との出会い。そこでは、自己の慣れ親しんだ物語がきしみ、破れ、もはやこれまでのようには物語ることができなくなる。語り慣れた言葉を失う沈黙。沈黙のなかに溶解してしまう物語。出会いに訪れる沈黙。さて、ブーバーの対話哲学は、ここからが真骨頂である。「物語」を、その外部の「他者」との「出会い」によって脱構築すること。ここでブーバーの思想が終わるのではない。だから

『我と汝』の「出会い」論に続いて、後半生は「対話（ダイアローグ）」が思想化されねばならなかった。人は、「出会い」に耐えられないから、容易に既存の物語の復活を望む。しかし「共同性」は、「物語」によってではなく、「対話」のプロセスによってこそ支えられるべきではないか。名詞形の「物語」ではなく、不断の、ダイナミックに開かれた動詞的な「物語ること」。「対話」による「語り直し」。それは、物語の脱構築と再構築の間の、ギリギリの選択である。「大きな物語の終焉」をめぐる現代思想が、いわばポスト・脱構築論的ポストモダニズムを課題にするに至って、再びブーバーのダイアローグ論に注目する所以である。

このような関心からブーバーの「対話」論に照準するとき、「言葉なき一如」や「神秘的脱我」との対照で際立つ、「生きた言葉」をめぐる思想に焦点が絞られてくる。それは、いわゆる彼の神秘主義時代からの「回心」（Buber, 1960 [1986]）以降の、顕著な思想傾向である。

物語が破れる「沈黙させられてしまう深い瞬間」を、そこで自他の境界が溶解して一つになる出会いの瞬間を、私たちは見てきた。しかしブーバーは、「言葉なき一如を期待したりしない」という。言葉なき一如を、終着地としては、期待しない、との謂いである。そこから生まれ来るものをこそ期待する。出会いの沈黙のなか、物語の彼方から語りかけられる言葉を、である*。

*「沈黙の深みにおける対話」の印象的な事例を、ブーバーは『対話』の「沈黙が伝えるもの」（Buber, 1930 [1962]：175）という節で紹介している。また後年の「二つの対話の報告」では、決定的な問いに応答するまでの沈黙の瞬間を、次のように記している。「彼の子どものように澄んだ眼は燃えていた。その声その

ものも燃えていた。それから二人はしばらくの間、沈黙の中で向き合って座っていた。部屋には早朝の明るい陽光が注ぎ込んでいた。その光からひとつの力が、私のなかに入り込んでくるように思われた。……」(Buber, 1953 [1962] : 505)

「対話」は、この言葉を失う沈黙の瞬間からこそ、はじまることができる。共同の物語を共有できない孤独を足場にして、にもかかわらず、あえて沈黙の中から言葉を紡いで語りはじめようとする二人が向き合うところにのみ、対話がはじまる。他者の異他性にぶつかる出会いが沈黙を生み、もはや使い慣れた物語の言葉が通用しないことを知りつつ、今ここで「語られることを望む性格となった言葉」を語りはじめること。

沈黙の泉から湧き出る瑞々しい言葉。言語を絶した静寂の根底から生成してくる言葉の原基。それを聴き取り、声にして贈り、応答し、語り交わし、つまり、対話すること。以下、この諸相を見ていこう。

4　言葉と傾聴と対話――沈黙の深みで聴かれる言葉

「語ること」よりも根源的な「聴くこと」

生きているということは、語りかけられているということであり、我々にとって必要なのは、ただ、それに向かい合って、それを聴くということである（Buber, 1930 [1962]：183）。

生きているかぎり、たえずいつも、私たちは呼びかけられ、語りかけられている。必ずしも決定的な「出会い」の瞬間にだけ語りかけられるのではなくて。一人の子どもがあなたの手をつかんだ、あるいは、一匹の犬があなたを見つめた、その瞬間にも、「こうした日常の現実のあるがままの出来事のなかで、それが大きくあれ小さくあれ、私たちは語りかけられている」（Buber, 1930 [1962]：190）。

しかし私たちはたいていの場合、「受信機を停止させ」、システムのなかでマニュアルを片手に筋書きどおり次々と「事をうまく済ませる」。あるいは、語りかけが聞こえてくる空白の間合いを恐れるかのような、「間をもたせる」ための、あれやこれやの「親しげなおしゃべり」。そうして「よろいで身を固めながら、やがてはそれに慣れっこになり、もうその語りかけを感知せぬようになっている。しかし、ただ時折、そのよろいを貫き通して、魂をかきたてて敏感にするような瞬間が訪れる」（Buber, 1930 [1962]：183）。

饒舌な物語の筋書きが中断してしまう瞬間。この瞬間から逃げずに、沈黙の静寂のなかで耳をすましてみれば、語りかけられている言葉を聴き取ることができる。「……このとき彼は、あの整理し得ぬもの、あのまさしく具体的なるものと関わらねばならない。このとき語りかけてくる言葉は、アルファベットを持たない。その一つひとつの音声が、それぞれ新たな創造なのである」（Buber, 1930 [1962]：189）。人生を出来合いの言葉でまとめ上げ要約してしまう物語が、筋書きの外から聞こえてくる「創造としての語りかけ」を受け入れることによって、新たな地平に開かれる。

このように私たちは、いつもすでに「語りかけられている」。とすれば、語りかけられているその言葉を「聴くこと」が、「語ること」に優先する*。しかしこれは、誰か他の人が語る物語を聴くということではない。語り合い聴き合う二人が、結局は自分のなかですでに出来上がった物語を交互に語っているだけの会話がありえる。

*聴くことのもつ能動的な力について、鷲田清一（1999）を参照。

独白の物語と対話の言葉

何ごとかを伝えたいとか、聞き知りたいとか、誰かにはたらきかけたいとか、誰かと交わりを結びたいとか、そういった要望からではなくて、むしろ結局のところ、自分の話から相手が受けた印象を読みとることによって、自信を裏づけたい、あるいはぐらついている自信を安定させたい、という欲求によってうながされている会話……（Buber, 1930 [1962]：192）

「鏡の前の独白者 Spiegel-Monologist」（Buber, 1930 [1962]：204）、というブーバーの表現がある。独白とは、（「物語」という語を用いて言えば）自己の物語のなかで物語ること、あるいは自己の物語のために物語ることである。あるいは、二人が共有している同じ物語を、互いに確認し合うように語り合っているとき、これもまた独白である。つまり、そこには「（異他なる）他者」はいないのだから。二人とも、それぞれが自己に関心しつつ、自己の物語を再確認し強化するために語っているのである*。

*もちろん、典型的にはナラティブ・セラピーのように、アイデンティティ（自己を物語るストーリー）が拡散したある心理状況で、このような会話がもつ安定化作用を否定するものではない。しかしそれは、ブーバー的な「対話」ではなく、「出会い」でもない。フランクルは、エンカウンター（出会い）・グループがしばしばこのような独白の交換に終始することに警鐘を鳴らしている（Frankl, 1978 = 1999 : 101-129）。

自己の物語のなかで語る独白に対して、対話の言葉は、物語の外部から届く。会話のあるプロセスで、物語の在庫から引き出す言葉を失う二人が向き合うときに、予期せぬ言葉が二人の間に届けられる。二人の物語の間隙から語りかけられてくる言葉が、沈黙のなかで聴き遂げられる。会話が「対話」に深まるのは、そのときである。

同様の意味で、合意点があらかじめ用意されているような議論も、対話ではない。合意へ向けて対話が収斂していくとは限らない。むしろ問いが問いを生み、予期してなかったところまで運ばれていってしまう、開かれたプロセスそのものが対話と呼ばれるのに相応しい。そこで残るのは、合意された結論ではなく、より深まった大きな問いだけであるかもしれない。しかしその対話では、語られるべきことが、語られたのである。

対話に加わった者すべてが、自ら話す必要はない。口数の少ない人々は時として特に重要であり得る。だが各人は、対話のプロセスのなかで、彼がまさに言わなければならぬことを言うときが来たときに、それを回避しない決意をもっているべきである。真の対話を人は前もって起草できない。……対話のプロセスは、精神にかかっている。そして多くの人は、彼がそこで精神の呼びかけを聴いて始めて、彼の言うべきことを発見するのである（Buber, 1954 [1962]：287）。

規定の物語のなかに対話の言葉はなく、真に語るべきことは、あらかじめ見つけ出しておくことはできない。「私がその時々に言わねばならないことは、そのときに私のなかで、まさに語られることを待ち望む性格となっている」（Buber, 1954 [1962]：285）。その言葉を発見して、それを声に出して送り（贈り）出すのである。対話の言葉は、その都度の現在に生成してくる。

「間」に生成する「語られる言葉」

対話の言葉は、生成する言葉である。ある言語文化のなかに、すでに存在し蓄積された言葉ではない。ブーバーは「財としての言語」から区別して、それを「語られる言葉」と呼ぶ（Buber, 1960 [1962]：442-453）。「財としての言語」が「流れの停止した貯水池」に蓄えられているとすれば、真の対話においては、そのような貯水池からではなく、「湧き出てえんえんと流れつづける川」から、「語られる言葉」が汲み上げられてくる。川の岸辺から手を伸ばすのではなく、その川のなかに対話する二人が浸り込み、流れに身をゆだねることによって。語られる言葉は、どこかに定着させて保持することはできず、今ここで対話する向かい合う二人の間に、その都度の現在に、生成してくる。

では、そのとき誰が語っているのか。対話する二人の人間の、いずれか一方でも、両方でもない。「語られる言葉は、むしろ、私が〈間 Zwischen〉と名づける、個人と個人との間の波打ち振動する場に生起する。その〈間〉は、二人の参与者には決して還元できない場である」（Buber, 1960 [1962] : 444）。*

＊「間の場」は、ブーバーの『人間の問題』（Buber, 1947 [1962] : 405）という著書で概念化された。別の拙稿（吉田・1991）で詳述したので参照されたい。

人間が語るのではなく、「間の場」が語りかける言葉。それはまた「ロゴス」でもある。

ロゴスがその充実に達するのは我々の「内」ではなく、我々の「間」である。生きた言葉が永遠の今、人間の「間」で真に生成すること、それがロゴスの意味するところである。それゆえにこそ、ロゴスは人間にとって共同的なのである。「意味」が「生きた言葉」の中に入ってゆくという、絶えず更新されつつ生成する事柄は、人間としての人間に固有な事柄である（Buber 1956 [1962] : 469）。

「共同性」が、共有される「物語」によって支えられるのではなく、「間の場」に生成する「生きた言葉」によって支えられる。「意味」は、すでに意味づけられた世界としての「物語」の中ではなく、むしろ自他の物語を超え出ていく「対話」において語られる言葉の中に生成する。

人生と共同性が、物語によって意味づけられるのではなく、「生きた言葉」によって意味の内に満たされるのだ。このとき、意味づけなければ意味のない人生を物語で意味づけつつ生きるのではなく、今ここで湧きあがる意味の内に生きることができる。あるいは、その湧き出る生きた言葉と意味とでもって、もう一度、あらたな物語を、いきいきと語り直していくことができる。

5 語り直される物語——ホリスティックなアイデンティティへ

語られる言葉に応答する責任

現在に生成する「語られる言葉」を主題化するブーバーの「言葉」の思想はまた、「沈黙の一如」に溶解する神秘主義的傾向を踏み越えて、「応答的責任」という「対話の倫理」を生みだす*。

*ブーバーの徹底した非実体論、生成論は、ユダヤ教のなかでも神秘主義的流派であるハシディズムの影響のもとにあり、「東洋の英知」とも類似することを彼自身が言及している。しかしながらブーバーは、「言葉なき深み」と題した節を『対話』において設け、もしも「沈黙の一如」において自己の「一」と宇宙的普遍的な「一」が融合して「二」や「多」が溶解して終わるなら、それに対しては首肯できない、と論断する（Buber, 1930 [1962]：197）。というのもそれは、生活を聖と俗に引き裂く二分法を帰結し、現実の具体的生活の責任からの離脱にとどまるからである。とはいえ、東洋思想も「往相」にとどまらず「還相」を視野に入れているわけで、必ずしもブーバーの批判は当たらない。この点はたとえば中川吉晴（2000）を参照。

「沈黙」が、ただ言葉を失う「言葉なき深み」にとどまるか、その深みのなかで応答すべき「言葉」を聴くことができるか否か、そして、その語りかけに応答しつつ日常の具体的生活に還ってくることができるか否か、それが神秘主義と自らの思想との分水嶺だとブーバーは考えている。「肝心なのはただ、私がその語りかけを引き受けることなのである。いずれにしても、私にむかって一つの言葉 Wort が、すなわち一つの応答 Antworten を求める一つの言葉が、生じたわけである」。その語りかけられた「言葉」に「応答」するのが「責任」の真義に他ならない。「真の責任 Verantwortung は、応答が現実におこなわれるところにのみ存在するのである」（Buber, 1930 [1962]：189）。

それゆえ、ブーバーの応答的責任は、顔と顔を合わせて向き合い、声が交わされる現在の個別的状況を、一歩も離れない。「責任の観念は、虚空から一般的な命令を下す〈べしべからず〉の倫理の領域から、生きた具体的ないのちの領域に連れ戻さなくてはならない」（Buber, 1930 [1962]：189）。個別の状況を超えて一般化された宗教や道徳から演繹される規範に対して、ブーバーはいつも手厳しく、それは突破されるべきだという。というのも、そのような宗教や道徳は、過去から現在を秩序づけたものであり、それこそがむしろ「応答的責任」ないし「対話の倫理」からの逃避を許すものだからである。彼の著『対話』の結語はこうである。

この時代のあらゆる秩序づけられたカオスは、突破されることを待っている。そして人間は、どこにおいてであれ、聴き取り応答するときにはいつも、この突破にたずさわっているのである（Buber, 1930 [1962]：214）。

不断に語り直される「生成する物語」

私たちにとって興味深いのは、秩序づけられた世界としての物語が、このように「突破」（脱構築）されつつも、なおそこに留まらずに、その瞬間に生成する言葉に応答し続ける対話への責任が、ブーバーにあっては同時に根拠づけられている点である。ここに、ポスト「大きな物語」の時代にあって、再び語り直していくことへの可能性が開かれている。

ブーバーの出会いと対話の思想は、物語の脱構築と再構築の間の、簡単に架橋できない間隙に凝縮し結実した思想だった。あるいは、そのようなものとしてブーバーのテキストを、彼の他者論と言葉論の重みを十二分に活かすことによって読みこんできた。つまり、他者論によって物語の脱構築の側面を、言葉論によって再構築への可能性と責任を、際立たせることができた。そして架橋された両者の間隙にあったものこそ、「沈黙の深み」であり、そこから湧き起こる「垂直の力」だったのである。

他者との出会いによって物語を沈黙のなかへと脱構築しつつ、その沈黙の静寂のなかでこそ聴かれる言葉に応答し対話すること。そのことによって、再び物語が語り直されてくる。このプロセスを「もの語り直し」と呼んでおこう*。

＊「もの語り直し」において「もの」を平仮名にしたのは、日本語における「モノ」が「人間を超えたもの」をも含意することに考慮しつつ、「モノを語る」と同時に「モノが語る」という語り直しの主体の二重性を示唆するためである。毛利猛（1996a：267-268）の的確な指摘を参照。

もの語り直しのプロセスにおいて、物語はたえず生成しつつある。が、やがてそれもまた完結し、ひとつの新しい物語作品（テキスト）が生みだされることだろう。新たな物語が再構築されることは、繰り返せば、やはり人間にとって「高貴な悲劇」である。

〈汝〉への沈黙、まったく言葉を失ってしまう沈黙、言葉が分節され形を与えられて声になる以前の、ひたすらに待ち望む沈黙こそが、〈汝〉を自由にする。……これに対して、言葉をもってする応答は、〈それ〉の世界に〈汝〉をつなぎとめてしまう。これが人間存在の悲劇であり、また偉大さである。というのも、そうしてはじめて、生きている人間の間に認識が、作品が、型や模範が生み出されるからである（Buber, 1923 [1962] : 104）。

〈汝〉との出会いの世界を形象化した作品は、応答と対話を通して〈それ〉の世界につなぎとめられた〈汝〉である。これは詩や文学作品、そして芸術一般の本質である。「形象が人間と向かい合い、人間をとおして作品となることは、芸術の永遠の源泉である。それは人間の心の所産ではなく、形象と出会い、形象から働きかけられる力に迫られて生じる出来事である」（Buber, 1923 [1962] : 83）。物語もまた、形象としての言葉への応答として創造されるとき、同様に「繰り返し〈汝〉となって甦るべく〈それ〉となった作品」である、と言える*。芸術的な力をもつ、いわば「詩のような物語」。

*このような物語との出会いにおいて、物語は、読み手に新たな世界を開示するとともに、再び新たに形

象化される。リクールの「ミメーシスⅢ＝再形象化」（Ricœur, 1983 ＝ 1987）を参照。しかし本稿では物語のこの特質に詳しく立ち入る紙幅がない。

そして、ユダヤ人ブーバーにとっては、やはり預言者たちが聴き取り語った言葉を編んだ聖書物語や詩編もまた、まさにこのような意味での作品であっただろう。ここで想起しておきたいのは、実際にブーバーが、生涯をかけて聖書をドイツ語に訳し直し続け、大著『預言者の信仰』に見られるような創造的なテキスト解釈を繰り返し、また「ハシディズムの物語」を収集して編纂したこと、しかもそれらの解釈や編集が、ユダヤ教の正統派からみれば、ほとんどブーバーの創作だと揶揄されるほど独創的であったということである。彼は、オーソドックスな物語に安住することによる教条的な硬直化・形骸化に徹底して対抗し、同時に彼自身がテキストとたえず出会い直し、現在まさにはじめて語られた言葉のように、その生きた言葉を聴き取り、その物語を語り直しつづけたのだと言える。

「起こったことは、言葉の解体なのだ！」（Buber, 1923 [1962] : 159）。『我と汝』の稿を閉じる直前に、こうブーバーは叫ぶ。大きな物語の終焉が事実だとすれば、それは生きた言葉の蘇生のためにこそである。ブーバーは、言葉を失った沈黙の静寂のなかで、いま一度新たな言葉が届くのを、耳をすまして待った。というよりも、祈りつづけた。「祈りが生きているかぎりで、宗教は生きている。宗教の堕落は、祈りの堕落を意味する」（Buber, 1923 [1962] : 159）。

祈りにも似た沈黙。そこから紡ぎだされた生きた言葉は、それを声にのせて贈り交わす対話のなかで編

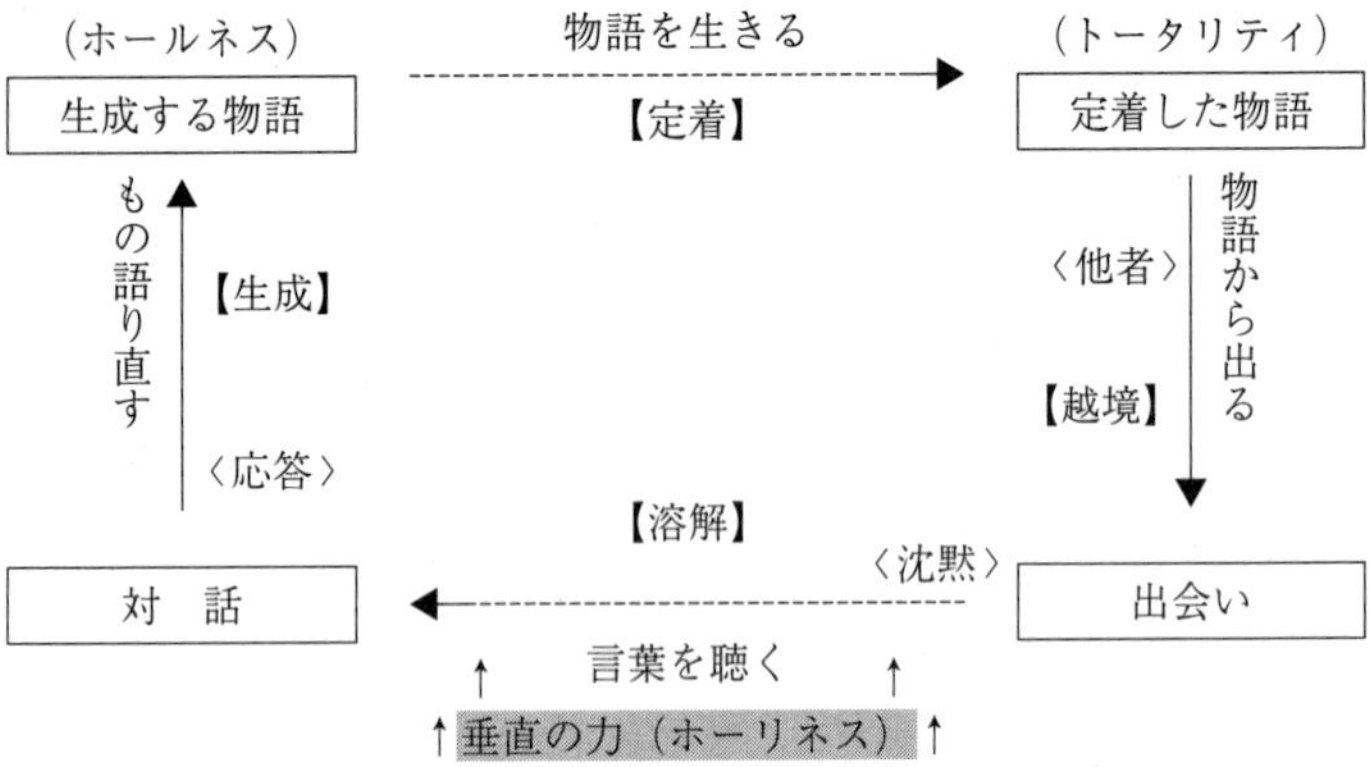

み合わされて、やがてまた、ひとつの物語をつくりだしていくことだろう。出会いの中で沈黙が語る言葉を聴き合う対話において、不断に語り直される物語。それは、果てしなく閉じては開く、生成する物語であるだろう。

語り直しの循環プロセスと「垂直の力」

このように物語が生み出され語り直されていくダイナミズムを見ていくと、そのプロセスで「物語」は、二つの性格をもって現れてくることがわかる。つまり、秩序づけられた〈それ〉の世界につなぎとめられ固定された、いわば「定着した物語」と、出会いに生起する生きた言葉に応答しつつ語り直されてくる「生成する物語」*。最後に、この二つの物語の性格に留意しながら、上図とともに本稿をまとめることにしよう。

*この対概念については、特に作田啓一（1993）および矢野智司（1999）を参照。ただし矢野の「生成する物語」は、本稿の概念より包括的な、生成プロセスの全体を指すものであろう。

人間は「物語」なしでは生きることができず、同時に「出会い」

なしでも生きることができない。人は、世界と自己を意味深く結びつけてくれる「物語を生きる」ことで生活の安定を得る。しかし出来合いの同一の物語に閉じこもり続けると、生きた現実との接触を失って、その生は凝固してくる。

「定着した物語」を生きる日常の生活の水平面に、「出会い」の力が垂直にはたらく時が訪れる。異質な「他者」と出会い、自他の物語の不協和のなかで、慣れ親しんだ物語は揺らぎ、きしみ、破綻する。既定の物語の外へ連れだされる「越境」。

もはや物語る言葉を失って、「沈黙」の深みのなかへ。自己と世界との境界が「溶解」する沈黙の深みから、しかし瑞々しい言葉が新たに届けられる。他者と出会い、ある物語が破綻し次の物語が生まれる、その間隙に「垂直の力」がはたらき、言葉が蘇生する。耳をすまして沈黙が語る「言葉を聴く」。

そして、聴き取られた言葉に「応答」すること。声にして送り（贈り）だすこと。その、合意を目的とするのではない、ただ語るべき言葉を語り合う「対話」のなかで、あらたな物語が生成してくる。

この「もの語り直し」のなかで「生成する物語」も、しかしいずれまた、あるまとまりを与えられて完結し、名詞形の「物語」として定着することになる。そのことによって、「物語を生きる」こと、安定した物語的自己同一性（アイデンティティ）をもって生きることが可能になる。とはいえ、それが固定して、柔軟性を失い閉じられてくると、ふたたびまた……。

「物語」と「出会い」の二重性を生きるほかない人間という存在の「高貴な悲劇」。そのパラドックスが、この不断の語り直しの循環プロセスを駆動し続ける。自分に語って聞かせる、世界と自己を意味づける一貫した物語のなかに、人生が収まるものではない。人生とは、幾たびも出会いによって物語の外に連れだされ、言葉を失ってはまた新たに語り直していく、そのようにして物語を閉じては開き、結んでは解く、不断の生成するプロセスであった。

その意味で、自分が何者であるかを自分に語って聞かせるストーリーがアイデンティティ（物語的自己同一性）であるなら、どこまでもアイデンティティを超えてアイデンティティを探求し続けるプロセスこそが、人生そのものである*。その探求のプロセスを、いかに「沈黙の深みにはたらく垂直の力」が決定的に支えるか、特にその様相に本稿は迫ろうとしてきた。第1節の(2)での問い方に遡って言えば、「物語的な意味世界」と「溶解的な生成の世界」という深さの次元の違う二つの世界の循環的な相互連関の仕方を、以上のように明らかにしてきたわけである。

＊「アイデンティティを超えるアイデンティティ」（西平・1993：241-250）に関わって、筆者は前著『ホリスティック教育論』結章（吉田・1999：301-309）において、〈ホーリネス（聖なるもの）〉の垂直軸と〈ホールネス（全体性）〉の水平軸を交差させる「ホリスティック・アイデンティティ」の理論図式を提案した。本稿の「垂直の力」は、その垂直軸にはたらく〈ホーリネス〉の力である。また、そこで用いた対概念、すなわち「固く・閉じた・完結した〈トータリティ〉」に対する「柔軟で・開いた・未完であり続ける〈ホールネス〉」という対概念に依拠すれば、「定着した物語」は「〈トータリティ〉としての物語」、「生成する物語」は「〈ホールネス〉としての物語」と呼び替えることができる。一連のホリスティック教育研究の途上にあって本稿のもつ意義は特に、アイデンティティ（物語）を〈トータリティ〉ではなく〈ホ

ールネス〉の性格に保つために、垂直軸にはたらく〈ホーリネス〉の力がどのように関係するか、その、いわば「ホリスティックな循環プロセス」に迫れたという点にある。

【引用・参考文献】

Buber, M. 1962 *Werke Erster Band : Schriften zur Philosophie*, Munich and Heidelberg : Koesel Verlag and Verlag Lambert Schneider.
Buber, M. 1923 *Ich und Du*, In ibid., 1962, 77-170.
Buber, M. 1930 *Zwiesprache*, In ibid., 1962, 171-214.
Buber, M. 1947 *Das Problem des Menschen*, In ibid., 1962, 307-407.
Buber, M. 1950 *Urdistanz und Beziehung*. In ibid., 1962, 411-423.
Buber, M. 1953 *Gottesfinsternis : Betrachtung zur Beziehung zwischen Religion und Philosophie*, In ibid., 1962, 503-603.
Buber, M. 1954 *Elemente des Zwischenmenschlichen*, In ibid., 1962, 267-290.
Buber, M. 1956 *Dem Gemeinschaftlichen folgen*, In ibid., 1962, 454-474.
Buber, M. 1960 *Das Wort, das gesprochen*, In ibid., 1962, 442-453.
Buber, M. 1960 (1986) *Begegnung : Autobiographische Fragmente*, Heidelberg : Verlag Lambert Schneider.
Frankl, V.E. 1978 *The Unheard Cry for Meaning*, Simon and Schuster. = 1999 諸富祥彦訳『〈生きる意味〉を求めて』春秋社
蜂屋　慶 1985「教育と超越」蜂屋　慶編『教育と超越』玉川大学出版部
河合隼雄 1996『物語とふしぎ』岩波書店

Minkowski, E. 1933 *Le Temps vecu : études phénoménologiques et psychopathologiques*, Paris : J.L.L.D'Artrey. = 1972 中江育生・清水　誠訳『生きられる時間――現象学的・精神病理学的研究』みすず書房
毛利　猛 1996a 「『物語ること』と人間形成」岡田渥美編『人間形成論――教育学の再構築のために』玉川大学出版部
毛利　猛 1996b 「教育のナラトロジー」和田修二編『教育的日常の再構築』玉川大学出版部
中川吉晴 2000「東洋哲学とホリスティック教育」『ホリスティック教育研究』第三号、日本ホリスティック教育協会
西平　直 1993『エリクソンの人間学』東京大学出版会
西平　直 1999「教育以前の物語――教育と超越の交差点」香川大学教育学研究室編『教育という「物語」』世織書房
奥村　隆 1998『他者といる技法――コミュニケーションの社会学』日本評論社
Picard, M. 1948 *Die Welt des Schweigens*, Zurich : Eugen Rentsch Verlag. = 1964 佐野利勝訳『沈黙の世界』みすず書房
Ricœur, P. 1983 *Temps et récit, I*, Paris : Seuil. = 1987 久米　博訳『時間と物語Ⅰ　物語と時間性の循環／歴史と物語』新曜社
Ricœur, P. 1985 *Temps et récit, III*, Le temps raconte, Paris : Seuil. = 1990 久米　博訳『時間と物語Ⅲ　物語られる時間』新曜社
坂部　恵 1983『「ふれる」ことの哲学』岩波書店
作田啓一 1993『生成の社会学をめざして』有斐閣
谷川俊太郎＋佐藤　学 2000「ことばはいま、現実をつかめるか」『ひと』（特集―黙る）三〇七号、太郎次郎社
鳶野克己 1994「『拠り所のなさ』という拠り所――人間形成における〈物語〉の批判的再生のために」加野芳正・矢野智司編『教育のパラドックス／パラドックスの教育』東信堂
鷲田清一 1999『「聴く」ことの力』TBSブリタニカ
矢野智司 1999「教育の語り方をめぐる省察」香川大学教育学研究室編『教育という「物語」』世織書房

矢野智司 2000a『自己変容という物語――生成・贈与・教育』金子書房
矢野智司 2000b「教育の〈起源〉をめぐる覚書」亀山佳明・麻生 武・矢野智司編『野生の教育をめざして』新曜社
吉田敦彦 1990「人間存在の二重的存在様式――ブーバー教育思想の人間存在論的諸前提（その一）」『美作女子大学紀要』第三五号
吉田敦彦 1991「人間存在の対話的存立構造――ブーバー教育思想の人間存在論的諸前提（その二）」『美作女子大学紀要』第三六号
吉田敦彦 1999『ホリスティック教育論――日本の動向と思想の地平』日本評論社
吉田敦彦 2001「ホリスティック教育と宗教心理――人間形成の垂直軸をめぐって」島薗 進・西平 直編『宗教心理の探求』東京大学出版会

Ⅳ

歴史の物語・物語の歴史

Ⅵ

8 歴史哲学としての「人間性形成」という物語

大きな物語の創造・変形・破棄の歴史

桜井佳樹

問題設定

リオタールの『ポスト・モダンの条件』にみられるように、近代は「啓蒙」や「進歩」といった理念に向かって進んできたが、今日ではそうした理念そのものから距離を取り、それらの功罪を冷静に判断しようとする見方がより一般的になっている（Lyotard, 1979 = 1986）。その際そうした理念を「大きな物語」とみなし、今日ではもはやそうした「大きな物語」は提示し得ない時代であるという歴史認識が示される。その意味で「歴史の終焉」も論じられている。

さて本章においてはこの大きな物語の後を、つまりポストモダン状況を論じるのではなく、むしろこの大きな物語が、いかに形成されてきたのか、大きな物語の歴史を論じる。つまり近代の物語はそれ以前の物語を継承するものであり、さらに大きな物語より発展したものである。近代の物語以前の大きな物語の創造・変形・破棄という歴史に位置づけ、論じられねばならない。さらに人類の歴史物語が「人間性形成」の物語といかに交差するのか。人類の歴史を「人間性形成」の歴史として読む物語が近代に登場したとすれば、教育学化された歴史哲学の登場として近代の歴史哲学を特徴づけることができる。また近代以前の歴史哲学との差異は何か。近代以前にも別の人間形成の物語があったといえるのか。

したがって本章の叙述はアウグスティヌスに始まり、近代の歴史哲学を経て、ニーチェに終わる。それを通して啓蒙や進歩は西洋思想の大きな物語群の一部であり、大きな物語の終焉とは近代の終焉ではなく、西洋の歴史哲学の終焉であることを示したい。そのなかで「人間性形成」が近代の歴史哲学であるならば、その歴史哲学、大きな物語としての「人間性形成」の物語も終焉したといえるだろう。

1　大きな物語の創造

ユダヤ・キリスト教の物語

西洋における歴史哲学の起源をアウグスティヌスの『神の国』にみるのが一般的であるが、歴史哲学成立の前史として聖書に遡及する必要がある。アウグスティヌスの『神の国』は、四一〇年ゲルマン民族が古代ローマを侵略した際、こうした災いが生じたのは、古代ローマの神々を破棄し、キリスト教を国教としたからであるという不満に対するキリスト教の弁明の書として著されたものである。

キリスト教は周知のようにユダヤ教から分離独立し、世界宗教に発展したものであるが、ユダヤ教の聖典でもある旧約聖書を繙くと教育学的にも興味深い思惟形式が現れている。ここで唯一なる神としての主は、モーセを始めとするさまざまな預言者に現れ、自らの意志をユダヤ民族に伝達するよう啓示する。たとえば十戒として民族が守るべき戒律や、主を祭る儀式の仕方を細部に至るまで命令する。そしてもしその掟を守り、唯一神である主を信じたならば、人々を苦しみから解放しこの世の楽園聖地エルサレムに導こうと提案する。しかし意志薄弱な人々はその教えを忘れるがため、繰り返し苦難に遭う。それがエジプトでの奴隷生活であり、バビロン捕囚などの事件であり、それが神による罰として意味づけられる。ここで決定的なのは、ユダヤ民族を救おうとする神の意志であり、愛である。人間は罪深く堕落した存在とみなされる。それゆえ教育必要な存在である。しかし神の意志は神が選んだ預言者にのみ直接伝えられ、預言者はそれを神の意志として人々に伝えるよう命令される。そこには教育の二重構造が見えると同時に、なぜ神がそのような意志を持ったのか、問いただすことはできない。それは神の絶対的な意志なのである。たとえばモーセは神の意志を計りかねて次のように嘆く。「なぜ、このすべての民の重荷を私に負わされるのでしょう」(「民数記」11-11『聖書』・1973：228)。

罪深き人々が自らの罪に目覚める姿はあまり記述されない。むしろ預言書においてはこの苦しみからの解放を願う終末思想が現れる。ダビデ王国を批判して、「ひとりのみどりごが、私たちのために生まれる」(「イザヤ書」9-6『聖書』・1973：1045)と預言した「イザヤ書」等において。そこから主が助けてくれるという願望が人々の意識を占める。キリスト教はイエス・キリストが救世主であるという思想であるが、人類の罪を代表して被った犠牲者であり、また神でもある。旧約と異なり、神が直接人の姿として人々の目に触れ、自ら犠牲となることにより、人々に罪の自覚を促す効果をもたらすとともに、復活神話により永遠の命としての神性を意識づけた。そしてさらに主は再び降りて、最後の審判がなされ、主を信じる者は救われ、神の国に至るという終末思想を広めたのである。

これはまさに大きな物語といえよう。神による世界の創造（創世記）という始まりと、神の国の到来という終わりを含む壮大な物語である。西洋社会はこの物語を導入し、信じたが故に、自己矛盾に陥り、その物語の呪縛から自らを解放しようとしてきた歴史ではなかろうか。

キリスト教の矛盾とは神の国が到来するという終末思想にもかかわらず、その終末がなかなか到来しない点にある。したがって人々は終わりなき時代を生きざるを得ない。そこに「歴史」という問題が生じてくる。いつか終末がくるにしてもその間の時間をどのように位置づけるのか。アウグスティヌスの『神の国』はその点で初めての歴史哲学である。

アウグスティヌスの歴史哲学

アウグスティヌスにとって「神の国」は、この世の終末後に到来する天上の世界を意味するだけでなく、人類の歴史がそもそもアダムの堕罪以後「神の国」（civitas Dei）と「この世の国」（civitas terrene）の相克から成り立っている。「神の国」とは、神に従う良き意志をもつ天使と人間で構成された国であり、「この世の国」とは高慢によって神から離反して生きる悪しき天使と人間によって構成される。端的にアウグスティヌスは「神にしたがって生きる者たち」と「人間にしたがって生きる者たち」(Augustinus, 1986 : 10) と呼ぶのであるが、このように二つの国を区分するのは構成員の意志である。この二つの国の相克が現実の人類の歴史であり、これら二つの国の起源（始まり）、発展（中間）そして終局（終わり）を描きだしたのが『神の国』の本論（第二部）である。

神の国の民にとってこの世の生は巡礼であり、まずこの世の国に属するカインが生まれ、そのあと神の国に属するアベルが生まれたとする。兄カインによって殺害されたアベル以降、ノアの箱船で救出されたノア、族長時代のアブラハム、イサク、ヤコブ（イスラエル）、預言者モーセ、イスラエルの民をカナンの地へ導いたヨシュア、等々の旧約聖書の物語を神の国の歴史として叙述する。そしてその後のキリストの誕生と活動、死および復活、使徒によるキリスト教の布教、教会の創設等をさらなる神の国の歴史とみなすのである。「このように教会は、この世にあって、この悪しき時代にあって巡礼の旅をつづけているのである。その旅はキリストが肉において現存された時代および使徒たちの時代からはじまっただけでなく、不信心な兄弟によって殺された最初の義なる人、アベルからはじまって、この世の終わりに至るまで、世の迫害と神の慰めとのあいだにつづいていくのである」(Augustinus, 1986 : 504)。この世の終末が到来すると、神の国に属する者は、永遠の生と完全な平和が与えられ、この世に属する者は永遠の火である永遠の死が与えられるというのである。

アウグスティヌスにとっても彼の同時代は終末に至る途上にあり、キリストの誕生と再来の中間の時（パウロ）であることにかわりはないが、創世記に始まる天地創造から最期の審判に至る聖書の物語を繙いただけでなく、その物語をローマ帝国末期の生きる現実の歴史とみなした最初の歴史哲学を構想したのである。しかもキリスト教の神を弁護するという観点で書いた歴史哲学であり、この構図はその後のカトリックの正統的歴史哲学となり、十七世紀のボシュエの『世界史論』(一六八一年)に影響を及ぼすのである。

アウグスティヌスによれば、時間と歴史は永遠の円環運動ではない。時間は始まりと終わりを持つ。とりわけ終わりの到来によって、すべての歴史的事象の意味が明らかにされる。そして終わりを決定するのは、人類を超越した神なのである。このように神が存在しなければ歴史に終わりはない。そもそも歴史そのものがなくなることになる。したがってアウグスティヌスによれば、この時間そのものも神による被造物である。「世界が時間のうちに創られたのではなく、時間とともに創られたのであることは疑いをいれない」(Augustinus, 1983 : 22)。永遠の神が、有限な人類の生を始まりと終わりの間に管理するということ、したがって人類の歴史は、始まりと終わりを結ぶ線分であるという歴史哲学が明確にされたのである。したがって、ここにおいて人間形成とは、キリスト教徒にのみ妥当するものであり、この神の意志に従って、自己のためではなく隣人愛に生きることといえよう。決定的なのは人間の良き意志である。

2　近代における大きな物語の変形

「人間性形成」という物語の成立のためには、別の物語、コンテクストの成立を前提とする。それはキリストの再臨によって終末が訪れるという物語への信仰が薄れ、現世である世俗的世界における生・経験を解釈し直そうという問題意識である。そこでなかなか到来しない終末によって救われない現世に意味を持たせるために登場したのが、進歩という観念である。それは人間の努力の証であり、自分の世代ではないにしても将来の子孫世代にいつか訪れるに違いない終末へ確実に近づいているための指標である。こうした進歩という指標によって、人間の経験を評価し、序列化したのが近代の歴史哲学である。

ヴォルテール

「歴史哲学」（一七六五年）という名称を自己の著作に命名したことで、近代の歴史哲学の代表的主唱者の一人と目されるのは、フランスの啓蒙主義者ヴォルテールである。この論文は後に『諸国民の風俗と精神について』（一七六九年）の序論に組み込まれ、十九世紀歴史哲学の典型であるヘーゲルの歴史哲学と比べると、まったく体系化された哲学とはいえない。ヴォルテールの「歴史哲学」とは良識に照らされた歴史の叙述程度の意味であった。

ここで注目すべきは、同時期に著した『哲学辞典』ほどあからさまではないにしろ、「恥知らず」と呼ぶイエズス会神父への攻撃という執筆意図が随所に風刺的に描かれる。野家がいうように、ボシュエに代表されるカトリック教会の「世界史」を打ち破るため、もはや天地創造からではなく、地球生成の地質学的考察から叙述し、最後の審判ではなくローマ帝国の衰退で終えている（野家・1996：134）。その中で、ユダヤの歴史（聖書の記述）は奇蹟ばかりで理解できないが信じるしかないと述べている。たとえば「生と死の主人である神がカナンの民族を絶滅させるために、なぜユダヤ民族を選ばれたのかという理由について、われわれの理性の光はあまりにも無力でこれを解明しえないのだが、それを繰返し嘆くのはやめにしよう」（Voltaire, 1989 : 216）などと。「これら無数にある反論のすべてに対し、答えはただ一つあるのみである。その答えとは、神がそれを望まれた、ということであり、教会はそれを信じ、われわれもそう信じなければならない。この歴史が他の多くの歴史と違っている点はまさにここにある。どの民族もそれぞれ奇蹟に類する異常事をもっている。しかし、ユダヤ民族においては、すべてが奇蹟なのである。そして、この民族は神自身によって導かれていたのだから、こうあってしかるべきであった、と言いうるのだ。神の歴史が人間どもの歴史といささかも似る筈がないことは明瞭である。それゆえわれわれは、これらの超自然的な事柄のどれについても語らないであろう。それらについて語るのは、聖霊だけにできることである」（Voltaire, 1989 : 229）。

こうして彼は合理的な人類の歴史を描こうとし、神の歴史物語を批判する。だがしかしヴォルテールは有神論者であり、決して無神論者でなかったことは特筆すべき点である。野家によれば人類の歴史は数々の誤謬や停滞に彩られるにせよ、人間理性の進歩に導かれて最終的には「一神崇拝」と「全面的寛容」へと到着する。これが啓蒙哲学者ヴォルテールの信念であった。ヴォルテールの歴史哲学は、神の摂理を人間性の進歩に置換することにより、「神なき弁神論」とも言うべき奇妙な構図のなかに見事に納まっているという（野家・1996 : 136-137）。「神の国」の勝利に代わって、理性の勝利というテロスへ直線的に進歩する歴史観によって世俗化されたが、目的論的構造は近代にも受け継がれたのである。もちろん神は直接現れない。もはや神の声を直接聞く者はいない。しかし人間性の理念には、神の影が透けているのである。

レッシング

ヴォルテールと同様、神の摂理を人間性の進歩に置換した人物にドイツの啓蒙主義者レッシングがいる。彼の代表作『賢者ナータン』（一七七九年）は、友人のベルリン啓蒙主義者でありユダヤ人であるモーゼス・メンデルスゾーンをモデルに描いたもので、特定の宗教・宗派に囚われない普遍人間的な宗教ともいうべき「人間性」（Humanität, Menschlichkeit）の理念を扱ったものである。キリスト教徒やユダヤ教徒である以前の「人間であること」の意味に着目したのである。

このレッシングの最晩年の作品『人類の教育』（一七八〇年）は、歴史哲学の作品でもある。わずか百の断篇のなかにレッシングの歴史哲学が凝縮されている（安酸・1998：326-352）。彼は人類の歴史を「旧約聖書の時代」「新約聖書の時代」「新しい永遠の福音の時代」の三段階に区分している。冒頭「個々の人間において教育にあたるものが、全人類においては啓示にあたる」（§1）として、神の啓示を人類への教育、神を教育者と捉えている。こうした見方そのものは聖書そのものに由来するが、レッシングの新しさは十八世紀になって対立関係になった「啓示」と「理性」に、「発展」の概念を導入することによりそれらを弁証法的に統合しようとした点にある（安酸・1998：252）。『人類の教育』には、啓示は「人間理性が独力では到達することもできないようなものを何も与えはしない」（§4）という内在的見地と、啓示は「人間理性が独力では決して到達できないであろうような」優れた概念へと導く（§77）という超越的見地の相矛盾する命題がうたわれている。レッシングにとってはこの統合が問題であった。

　レッシングは人類の歴史を人間理性の発展の歴史と捉える。最初の旧約聖書の時代を幼年期と捉え、旧約聖書を最初の教科書と捉える。この時代は啓示が理性に先行する。神は最も粗野で野蛮な民族を基礎から教えるために選択した。そしてこの時代に相応しい教育として「感覚に直接訴える信賞必罰の教育」を施した。神が与えたさまざまな試練により、「かつては啓示が彼らの理性を導いた。それがいまや、理性が突如として彼らの啓示を解明した」（§36）というように、人間理性は次第に自己や自己の信ずる神について開かれていく。しかしこの時代の人間は全体として感覚的なものに囚われ続けた。したがって神の次なる使者キリストがやってきた。「かくしてキリストは、霊魂の不死性について教示する最初の信頼すべき実践的な教師となったのである」（§58）。幸福を現世的なものではなく、来世に見ることはレッシングによれば少年時代である。来世を考慮しながら心の内的純潔を説き勧めることはキリストがはじめて実践したのである。ここに彼の福音の書である新約聖書がレッシングによれば第二のより優れた初級教科書と指定される。そしてこの教科書が多くの民族の人間悟性を前進する手助けとなったというのである。さらなる第三の時代へと人類は向かっているとレッシングは確信する。それは徳を永遠の幸福の手段として愛するのではなく、徳を徳それ自体のために愛する「啓蒙」と「心の純粋性」という最高段階に到達するのだと。「それはたしかに来るだろう。完成の時期は。そのときには人間は彼の悟性がますます良くなる未来を確信すればするほど、それにもかかわらず自らの行為の動機をこの未来から借りてくる必要がなくなるだろう。なぜなら、人間は善をなすことによって恣意的な報いが与えられるからではなく、善であるがゆえに善をなすようになるからである」（§85）。これをレッシングは「新しい福音の時代」と呼ぶのである。

こうした時代の到来を彼は信じる。それを摂理として遠い将来に期待するのである。「永遠なる摂理よ、汝の見きわめ難い歩みを歩むがいい！　ただこのように見きわめ難いからといって、わたしが汝に絶望することだけはないようにして欲しい。――たとえ汝の歩みがわたしには後戻りしているように思われようとも、わたしが汝に絶望することのないようにして欲しい！　最短の線がつねに直線だということは真実ではない」（§91）。

このように理性が啓示を完全に遺棄したわけではない。人間の自律は神からの自立ではない。安酸は「成熟した人間理性の深い限界性の自覚に裏打ちされた自律」、「自律が同時に神律である」ような「自神律」と呼ぶのである（安酸・1998：257）。

カント

カントの歴史哲学は『世界市民的見地における普遍史の理念』（一七八四年）において論じられた（Kant, 2000：3-22）。ここで注目しうるのは「自然の意図」や「自然の計画」という表現であり、人類は自然の意図にしたがって課された自らの使命を認識しなければならないということである。最後の命題（第九命題）で自然概念を摂理と言い換えているが、カントは基本的に自然概念を使用している。ここに神や主は直接現れてこないが、自然に姿を変えて自らの意図を伝達する。あるいはカントのような人物がそれを読みとるのである。「被造物の自然素質はすべて、いつか完全かつ目的にかなって解きほどかれるように定められている」（第一命題）（Kant, 2000 : 5）。人間は自らに与えられた理性能力を適切に使用するためには訓練や教授を必要とするが、一個人ではなし得ず次なる世代に期待せざるを得ない。「自然は、最終的に人類における自然の萌芽が自然の意図に完全に合致する発展の段階へ至るようにするためには、一世代の人間が次世代に啓蒙を伝えてゆく子孫がおそらく果てしなく産まれてゆくことを必要とする。その最終段階の時代は、少なくとも人間の理念において自らの努力目標でなくてはならない」（第二命題）（Kant, 2000 : 6）。「自然が解決を迫っている人類最大の問題は、普遍的に法を司る**市民社会**を実現することである」（第五命題）（Kant, 2000 : 10）。さらに国家間の諸問題を解決し、最後に到達すべきは普遍的な世界市民的状態である。ここで注目すべきは、こうした状態は最後に到達すべき理念とみなしていることである。いつ到達できるか分からない最終目標を歴史に設定していることである。カント自身理念にしたがって世界史を構想することは奇異な企てであり、「こうした意図のもとではただ一つの物語しか生まれないように見える」（第九命題）（Kant, 2000 : 19）と自覚しつつも、人間の意識を超えて「自然は計画や最終目的なしに振る舞うことはないと前提してもよいなら、この理念はやはり有効なものとなりうるだろう」（同前）と述べている。ここには人間を超えた存在が設定した目的を達成する過程が人類の歴史であり、その点でアウグスティヌスの歴史哲学と類似性を持つといえよう。ここに神の影を見ることができる。神からの自立をめざす啓蒙思想もドイツにおいては、完全な意味での自立ではない。

ヘルダー

ヘルダーは、『人間性形成のための歴史哲学異説』（一七七四年）と『人類史の哲学の構想』（一七八四―九一年）の二つの歴史哲学書を著した。

ヘルダー三十歳の時の作品である前者は、ヴォルテールらの啓蒙主義的歴史哲学への対抗を意図して書かれたものであり、その意味で「もう一つの」（Auch）歴史哲学である。ヘルダーはオリエントを幼年時代、エジプトを少年時代、ギリシャを青年時代、ローマを壮年時代として、人間の成長段階をメタファーとして人類史を描く。さらに中世を経て、ヨーロッパ近代へという歴史の流れを一貫した人類の歴史として発展史的に記述する。人類（人間）は、世界史を通して人類（人間）としてより完成されていく。世界史とはヘルダーによれば人間性（Humanität, Menschheit）理念の実現の過程である。この人類の進歩信仰という点で、啓蒙主義的歴史観と変わりはない。

しかしながらヘルダーが問題にするのは、啓蒙主義者が過去の時代、民族を自らの時代を基準に裁断し、野蛮として軽蔑することである。たとえば「もし君が幼児をつかまえて、お得意の哲学的理神論だの美的徳操だの廉恥心だの、普遍的博愛だのを、君の時代の高邁な趣味に従って気前よく恵んでやろうなどとしたら、それこそ千倍もばかげている」（Herder, 1979：84-85）とオリエント人の純真さを擁護する。ヘルダーによれば「エジプト人はオリエント人なしにはありえなかったし、ギリシア人は彼らを土台にし、ローマ人は全世界の背中の上につっ立った――それは文字通り前進であった」（108）。また「摂理は、新しい力を呼び起こし、他の力を亡びさせながら、交替と前進によってのみ目的を達成しようとしたのだ」（103）。

このようにヘルダーは、いかなる民族も独自の意味を担い、その独自性において人間性・人道（Humanität）の実現に参与しているとして、民族の固有性を評価したのである。またヘルダーにとって「無限のドラマ」であり、「世界じゅうの人類の登場する神の叙事詩」（150）である人類の歴史は、啓蒙時代で終わらない。「歴史の歩みはわれわれの世代にむかい、またここを出発点とする」（152）のである。

次の大作『人類史の哲学の構想』は、前作を発展させたものであるが、啓蒙主義への批判的記述は全面に出てこない。むしろブルトマンがいうように（Bultmann, 1959 : 105）人類史を自然史に還元し、進化論的に記述する。したがって宇宙における惑星としての地球の誕生、その地球の地質学、地理学的記述が続き、生物の誕生・進化を述べ、そして人類を自然進化の頂点に置く。脳の形成と直立二足歩行を人間性形成の条件とみる。次にヘルダーは第二部ではアジア、アフリカ、アメリカ等の諸民族の暮らし、風習等を風土論的に考察する。さらに第三部では中国、東南アジア、チベット、インド、中東、エジプトさらにギリシャ、ローマについて言及する。そして第四部ではキリスト教を論じ、中世、ヨーロッパ近代を論じる。

しかしながらヘルダーがこの著作を今日的意味で自然科学的、経験科学的な立場に立って記述したとはいえない。彼が人類史の哲学を構想したのも、和辻がいうように「自然においてかくも整然とした秩序を作った神が、人類の歴史において無計画であったとは考えられぬから」（和辻・1935 : 210）である。その意味でヘルダーにとって自然（自然史）と精神（人類史）の背後には無限の神秘な力――生物においては「生ける有機力」（211）と呼ぶ――、すなわち神が働いているのである。キリスト教的正統的な歴史哲学とは、異なるものの宗教哲学的な歴史哲学であることには変わりはない。ヘルダーは、人類において人間性・人道（Humanität）ほど崇高なものはないという。ヘルダーによれば人間とはこの目的のために組織されているのであり、「われわれのより洗練された感覚や衝動、理性、自由、ひ弱であっても持続的な健康、言語、芸術そして宗教は、このために与えられているのである」（Herder, 1985 : 113）。

ヘルダーにとって、人類史とは人間性形成の過程なのである。

ヘーゲル

近代における歴史哲学の集大成と目されるのは、死後編集公刊されたヘーゲルの『歴史哲学講義』（一八三七年）である。

この講義の対象は「哲学的世界史」であり、世界史そのものの哲学的考察にある。したがってまず注目すべきは、ヘーゲル自身がこの世界史そのもの、世界史の全体を把握し、鳥瞰しているという自負であり、いわば神の眼から世界史を叙述していることである。「私があらかじめ述べたこと、及びこれから述べることは、われわれの学問〔歴史哲学〕に関してもまた、単に前提というよりはむしろ全体の概観と見らるべきであり、われわれがこれから行う考察の成果と見るべきものなのである。すなわち、それは私がすでに全体を知っている故に、この成果も私には熟知のものだという意味で、成果なのである」（Hegel, 1954a : 33）。

「世界史は一般に時間の中における精神の展開だといってよい」（113）。このように、ヘーゲルは世界史を精神の発展史として捉える。ヘーゲルによれば精神の本質は自由であり、その本来の自己である自由を実現しようとする活動性である。しかしその実現は容易ではない。その実現の過程が世界史なのである。

ヘーゲルによれば、「世界史とは自由の意識の進歩を意味する」(44)。一人の者が自由であることを知っている東洋人の時代から、少数の者が自由であることを知っていたギリシャ人とローマ人の時代を経て、すべての人間が人間として自由であることを知るに至ったゲルマン諸国民の時代へと発展したという。この過程を跡づけるのが歴史哲学の課題である。

世界史は対立と抗争の歴史であり、幸福の地盤ではない。現実の世界史を動かすのは、人間個人の情熱などの特殊な利害関心である。しかしながら個人や民族の隆盛や没落の背後に普遍的理念が控えており、これが世界史を導いている。これをヘーゲルは「理性の狡智」(List der Vernunft)(62)と呼ぶ。したがってこの理性は人間の英知を超えた神的理性である。ヘーゲルによれば「神が世界を統治するのであって、その神の統治の内容、神の計画の遂行が世界史である」(67)。そして「哲学はこの神的理念の内容、その現実性を認識して、侮蔑された現実を弁明しようとする。というのは理性(Vernunft)とはまさに神の事業の理解〔聴くこと〕(Das Vernehmen)だからである」(67)。

こうした立場に立って、ヘーゲルは本論で世界史を具体的に記述するが、「世界史は東から西に向かって進む」(155)として、人類の幼年期、少年期である東洋の世界(中国、インド、ペルシャ、エジプト)、青年期のギリシャの世界、壮年期のローマの世界、そして精神の成熟した老年期のゲルマンの世界へと叙述を展開する。

ヘーゲルによれば、人間が人間として自由であるという原理をもたらしたのは、キリスト教であるが、ローマ時代に生まれた宗教的、精神世界の原理を世俗世界において実現すべく使命を受けたのがゲルマン諸民族である（Hegel, 1954b : 171）。現実には教会と国家の対立を経てその宥和という目標へ向かっていく。それが啓蒙の時代であり、歴史の最後の段階である。「われわれは歴史の最後の段階に、われわれの世界に、われわれの時代に到達する」（305）。

以上のように、ヘーゲルの歴史哲学は、世界史を精神の自由理念の実現過程とみなしたのであり、その最終段階がヘーゲルの時代に置かれたという点に特徴を見ることができよう。その意味で、ヘーゲルはすでに歴史の終焉を論じたのである。

「人間性形成」としての歴史哲学の成立

以上のように、近代の歴史哲学のいくつかの試みを概観してみると、そこに共通点らしきものが見えてくる。すでに近代の歴史意識を特徴づけるコンテクストとして進歩の観念を指摘したが、歴史を形成するのは過去というよりも未来への関心である。終末としての未来が歴史の目標となり、過去・現在の歴史的事象を意味づけるのである。人間理性の発達や自由の実現として、歴史をみるのである。このようにみると、近代の歴史哲学は、創造・堕落（始まり）と審判・救済（終末）によって物語るキリスト教的終末論をもとに、それら神学的原理を目的の成就をめざしての進歩という意味に世俗化したといえるであろう（Löwith, 1964 : 27）。ただ終末が歴史に意味を与えることに変わりはない。

しかしながらキリストの到来が終末の発端であり、また終末が差し迫っているという信仰を近代人はもはや有していない。世俗化された世界における目的の成就に終末の意味内容を変更せざるをえない。さらにヘーゲルを除いてその終末は遠い未来に措定されている。したがって発端と終末が明確な線分（ヘブライニズムの時間）ではなく、無限の直線として近代の時間は描かれることになる（真木・1981：153）。その意味では無限の連続運動としての古代ギリシャ（ヘレニズム）の円環的時間からも影響を受けているのである。だが近代の進歩はいつ終わるのか、こうした懐疑的問いかけはまだ生じてこない。

近代の歴史哲学はヘルダーの著作名にあるように、「人間性形成」の哲学である。人類は未完成な状態からより完成した状態へと移行する。これが人間の進歩であり、発展である。そのためには時間（歴史）を必要とする。この発展は人間の素質の漸次的開花によって達成されるのであり、アウグスティヌスにおいてなされたような突如として到来する宗教的回心によってなされるのではない（Augustinus, 1976：279）。キリスト教においては神的に完成したキリストを模倣することしか人間には残されていないが、ここでは人間性のなかに可能性としての未来が内在するのである。人間性は賛美されるのである。

西洋近代にこうした歴史哲学が成立した理由は、自然科学の発達や他民族の発見、革命による政治意識の高まり等があげられよう。それらを通して新しい時代意識（啓蒙主義）が生まれ、人類の起源・歴史への関心が増したといえよう。ダントがいうように、歴史は物語としてのみ捉えられるとするならば（Danto, 1965 = 1989：244）、ここに人類の歴史は、「人間性形成」の歴史物語として捉えられるに至ったのである。未開なものが文明化され、野蛮なものが啓蒙され、未熟なものが成熟してきたという歴史観、人間観の成立とは、「人間性形成」観の成立であり、まさに教育学化された歴史哲学の登場といえるだろう。

さらにこうした近代の歴史哲学は、アウグスティヌスの歴史哲学、さらにユダヤ・キリスト教の終末論という大きな物語の変形であり、それらの世俗化形態といえるだろう。だが世俗化といっても、すでにみたように神を完全に否定してはいない。神なき時代にあっても、「理性の狡智」等別の形での摂理信仰は保持されているのである。

3 大きな物語の破棄

こうした「人間性形成」の理念、人類がより完成していくという近代の大きな物語の欺瞞性を糾弾したのはニーチェであった。

ニーチェは「人間は超克されるべきところの、何ものかである」(Nietzsche, 1993b : 22) として、人間であることを賛美しない。むしろ超克されるべき存在と捉える。人間は「一個の橋であって目的でない」(26)。人間は過渡的存在なのである。その意味で「人間性形成」という物語を志向しない。むしろ「超人」を求める。「人間は、動物と超人とのあいだにかけ渡された一本の綱である。――一つの深淵の上にかかる一本の綱である」(26)。

こうした「超人」への使命を託されたのが、ツァラトゥストラであった。この超人思想の根底には「神の死」、それどころか私たち自身が犯した「神の殺害」によって、人間的価値一切の超越的根拠を否定したというニヒリズム状況への認識があった。人間を人間たらしめるために用いられた宗教的・道徳的価値の虚構性（物語性）が暴露されたのである。しかもこのニヒリズムは現世を否定し、神の国の到来を希望するキリスト教思想自体のなかに本来的に組み込まれていたものであった。「神の死」以後の人間のあり方、すなわちニヒリズムの克服をニーチェは問題にした。「すべての神々は死んだ。いまやわれわれは超人が生きんことを欲する」(142)。このようにツァラトゥストラは語った。

このニヒリズムを克服するためには、古い価値（神）を復活させるのではなく、むしろニヒリズムに徹底するしか方法がない。これが「超人」思想であり、「永遠回帰」思想である。

ツァラトゥストラは、「永遠回帰の教師」という運命を告知された彼の動物たちより、彼が将来語るべき言葉を聞く。「この太陽と共に、この大地と共に、このワシと共に、このヘビと共に、わたしは回帰する、——或る新しい生、あるいはよりよき生、あるいは似通った生へ、回帰するのではない。——この同じ生、同一の生へ、最大のことにおいても最小のことにおいても同一の生へ、わたしは永遠に回帰するのだ、再び一切の諸事物の永遠回帰を教えるために、——」(Nietzsche, 1993c : 148-149)。この同一なるものの永遠回帰は、ツァラトゥストラにとって吐き気をもたらすニヒリズム状況である。「ああ人間が永遠に回帰する！　卑小な人間が永遠に回帰する！」(145)。未来への進歩という近代的図式の否定である。さらに、来世において救われるというキリスト教信仰の否定である。ヘレニズム的な円環的時間概念への回帰である。アウグスティヌスと同様、ニーチェにとってもこの恐るべき思想をいかに克服するか。それは意志による。すでに生起し、すでに現存するすべてのものを過去に遡って意欲することによってである(Löwith, 1964 : 288)。「《これが——生であったのか？》と、わたしは死に向かって語ろう。《さあ！　もう一度！》」

(Nietzsche, 1993c：332)。このようにニーチェは大地（現実の生）に忠実に、現実主義的に生きようとする。来世は存在しないのである。

人間は「一個の過渡であり、一個の没落である」(272)。上昇と没落を繰り返す存在である。したがってニーチェは「大いなる正午」を讃える。それは太陽の自転軌道上の最高地点である。それは最高の瞬間であり、同時に没落への通過点である。したがってこの思想は人間が生きる瞬間の恐るべき深淵性を示すと同時に、瞬間の永遠性、絶対性を表しているといえよう（吉沢「解説」参照。Nietzsche, 1993c：586)。

人間の歴史は、「人間性形成」として進歩的、発達論的に描かれない。同一なるものの永遠回帰として描かれる。これは近代の歴史哲学の呈示した「人間性形成」という大きな物語の否定であり、さらにはそれを産み出したアウグスティヌスの歴史哲学、およびキリスト教の終末論という大きな物語の破棄なのである。

4　おわりに

物語とは、始めから終わりに至る変化の説明であるならば、物語とは終わりに至ってはじめて語ることができる。

その意味でいうなら、真の大きな物語とは究極的な終末が到来して初めて語ることのできる物語であり、唯一の物語である。その場合大きな物語を語りうるのは、神しかいない。その神が存在しない以上、その神を殺害した以上、終末以後物語作者は不在となる。大きな物語を語る神もいなければ、それを聴く人間もすでにいないであろう。もし神が存在すれば、もう一度人間を創造するのではなかろうか。物語を聴かせるために。

大きな物語の終焉とは、大きな物語の終末の不在であり、その終末が無限の彼方へ押しやられることである。その意味で人間の物語は小さな物語の連続や相克ならびにそれらの集積でしかない。ニーチェによって神という物語作者と終末という時間概念が破棄されたことにより、大きな物語はもはや語り得ない。無限の時間が直線的なものか、円環的に永遠に回帰するものなのか、私たちには判断できないだろう。「人間性形成」という物語は、近代において成立した相対的に大きな物語であった。それはユダヤ・キリスト教の物語、アウグスティヌスの歴史哲学というテクストの世俗化であり、その変形形態といえよう。近代に相応しいコンテクストに合わせて物語を大幅に改訂したものである。終末の不在状況において、それに代わる無限の進歩、発達する「人間性」という思想を措定したのであった。

一方で物語の成立にはそれを信仰する読者の存在が欠かせない。その意味で大きな物語とは大きな社会の物語である。今日「人間性形成」という物語を支えてきた近代の進歩や発達という枠組みに疑義が生じ、「人間性形成」という近代の大きな物語を絶対化することはもはやできない。人間性の没落という別の物語の威力も増しているような状況にある。

私たちはこうした状況においていかにすべきか。分析的歴史哲学者ダントが言うように、人類の未来を予言的に語ることはもはやできない。物語とは過去形で記述される文体を持つものであり、ある出来事が起こる以前にその歴史を執筆することはできないのである。それゆえ歴史の全体像を把握しうる立場（神の視点）に自己を置き、予言的な未来から過去と現在を意味づけることは、ヘーゲルら「実在論的歴史哲学者」の犯した逸脱である（Danto, 1965 = 1989 : 24-25）。その意味で近代の「人間性形成」という歴史哲学は、終焉を迎えたのである。それは近代の歴史哲学を支えたユダヤ・キリスト教以来の「大きな物語」の終焉なのである。

　そうであるならば、人間の過去に限定して種々の小さな物語群を創出するか、未来を包含する物語なしに生きざるをえまい。しかし未来への関心抜きに人間は生きることは不可能だろう。岸田が言うように私たちの自我そのものが、物語で構成されている、ともいえるのである（岸田・1994 : 140）。私たち個人個人に残された小さな物語を基に、さらにそれを超えて共同の物語（社会の物語）を創造することは、依然として私たちに残された課題なのである。

【引用・参考文献】

Augustinus *Confessiones*. = 1976 服部英次郎訳『告白』上・下、岩波書店

Augustinus *De Civitate Dei*. = 1982a 服部英次郎訳『神の国（一）』、1982b 同訳『神の国（二）』、1983 同訳『神の国（三）』、1986 服部英次郎・藤本雄三訳『神の国（四）』、1991 同訳『神の国（五）』岩波書店

Bultmann, R.K. 1957 *History and Eschatology*, Edinburgh University Press. = 1959 中川秀恭訳『歴史と終末論』岩波書店

Danto, A.C. 1965 *Analytical Philosophy of History*, New York : The Cambridge U.P. = 1989 河本英夫訳『物語としての歴史——歴史の分析哲学』国文社

Hegel, G. W. F. *Vorlesungen über die Philosophie der Geschichte.* = 1954a 武市健人訳『歴史哲学』上、ヘーゲル全集10 a、1954b 同訳『歴史哲学』下、ヘーゲル全集10 b、岩波書店

Herder, J. G. 1985 *Humanität und Erziehung,* Paderborn.

Herder, J. G. 1784-1791 *Ideen zur Philosophie der Geschichte der Menschheit.* = 1933 田中萃一郎・川合貞一訳『歴史哲学』第一書房

Herder, J. G. 1774 *Auch eine Philosophie der Geschichte zur Bildung der Menschheit.* = 1979 小栗浩・七字慶紀訳「人間性形成のための歴史哲学異説」『ヘルダー・ゲーテ』中央公論社

飯塚勝久 1994『歴史哲学としての倫理学』未来社

Kant, I. 1784 *Idee zu einer allgemeinen Geschichite in weltbürgerlicher Absicht.* = 2000 福田喜一郎訳『カント全集14　歴史哲学論集』岩波書店

岸田秀　1994『幻想の未来』河出書房新社

Löwith, K. 1953 *Weltgeschichte und Heilsgeschehen,* Stuttgart. = 1964 信太正三・長井和雄・山本新訳『世界史と救済史――歴史哲学の神学的前提』創文社

Lyotard, J.-F. 1979 *La condition postmoderne,* Paris : Les éditions de Minuti. = 1986 小林康夫訳『ポスト・モダンの条件――知・社会・言語ゲーム』水声社

真木悠介 1981『時間の比較社会学』岩波書店

Nietzsche, F. W. 1921 *Die fröhliche Wissenschaft*, Stuttgart : Alfred Kröner Verlag. = 1993a 信太正三訳『悦ばしき知識』筑摩書房

Nietzsche, F. W. 1953 *Also Sprach Zarathustra,* Stuttgart : Alfred Kröner Verlag. = 1993b 吉沢伝三郎訳『ツァラトゥストラ』上、1993c 同訳『ツァラトゥストラ』下、筑摩書房

野家啓一 1996『物語の哲学――柳田國男と歴史の発見』岩波書店
Voltaire *La philosophie de l'histoire.* = 1989 安斎和雄訳『歴史哲学』法政大学出版局
和辻哲郎 1935『風土――人間学的考察』岩波書店
安酸敏眞 1998『レッシングとドイツ啓蒙――レッシング宗教哲学の研究』創文社
『聖書』（新改訳）1973 日本聖書刊行会

9 「美しい仮象の国」はどこにあるのか？
――シラーの『美育書簡』をめぐる、仮象の人間形成論のための覚書

西村拓生

いっさいの現実がフィクションとしての性格をおびているとするニーチェのテーゼがますます真実らしく思われる時代にわたしたちは生きている（Welsch, 1990=1998：66)。

1　はじめに――「現実／虚構」という二項対立の溶解

「現実」と「虚構」、あるいは「実在」と「仮象」とを相互に対立し、排除し合う関係において捉える理解は、私たちになじみ深いもののように思われる。この二項対立の構図のなかで「物語」は、どのように位置づけられるだろうか。

たとえば、「それはしょせん〈絵空事の〉お話に過ぎない。〈本当の〉現実はもっと厳しいものだ」とい

った言い方がされる時、お話＝物語は「現実」ならざる「虚構」の側に位置づけられている。あるいは、物語が「現実」とかかわると見なされる場合でも、それは既にあらかじめ「実在」する「現実」のあり様を写すものと理解される。その際、「現実」は「物語られる」過程で修飾されたり偽装されたりするかもしれないが、それでもやはり、それに先立つ「現実」の「実在」性が前提となっていることには変わりがない。そして私たちは歴史的に、「現実」の「実在」性に対して「物語」にしばしば「仮象」という存在論的な地位を割り当ててきた。この「現実／虚構」「実在／仮象」の二項対立の構図には根強いものがある。

けれども他方で、現在、この二項対立の構図は次第に溶解して、無効になりつつあるようにも思われる。現代の日本社会において子どもや若者の生が、いかにメディアによって情報化され記号化された擬似現実＝虚構に「浸食されている」のかを批判的に指摘する議論の例は枚挙にいとまがない。それらの批判は、本来あるべき「現実」の体験が「虚構」によって蝕まれている、という、前述の二項対立を前提した議論の構図をとるのが通例である。だが、私たちが直面しているのは、むしろそのような批判の前提となっていたはずの「現実」そのものが虚構性を露呈しつつある、というべき事態ではないだろうか。

この「現実の虚構性」というテーゼそのものは、哲学・思想の領域においては決して目新しいものではない。少々乱暴なまとめ方をするならば、私たちの世界経験は、何かあらかじめ存在する「現実」なり「実在」なりを単に「うつす」（写す・映す）のではなく、主体によって「構成される」ことによって初めて成立する、という理解は、ニーチェのいわゆる「パースペクティヴィズム」にも、現象学にも、後期ヴィトゲンシュタインにも共通する。さらに言えば、その主体そのものもまた「物語る」という仕方で「構成される」という認識も、リオタールをはじめとするポストモダン論者たちの「大きな物語」批判の言説を契機として、私たちには既になじみのものとなっている*。

*それらを「構築主義」ないし「構成主義」(constructionism)という概念で総括することも可能かもしれない。上野千鶴子によれば、それは今日「もはやそれを欠いては知的探究の方法を語ることが不可能になった人文・社会科学上のパラダイム」である、という(上野編・2001:i)。

だが、それが哲学・思想の領域における認識にとどまらず、一般的な気分として私たちの日常生活を広く覆い、生のあり様を根本から規定しつつあるのが現在の状況であるように思われる。それを明晰に示している一例が、大澤真幸のオウム論である。大澤はオウム真理教を単に特殊で異常な存在として否定し、切り捨ててしまうのではなく、「考察する者自身が内属している〈現在〉として分析」(大澤・1996:299)して、彼らの引き起こした〈異常な〉の事件の根底に「虚構と現実とが混交する機制」を見出している。大澤によれば、この主題自体はポスト近代社会論では既になじみのものである。オウムの根底にあった機制を、私たちもまた共有している、というのである(大澤・1996:200, 270)。

あるいは、少し前のアニメ『新世紀エヴァンゲリオン』の圧倒的なブーム。筆者の見たところ、それはブームと言うよりも、このアニメを受容した少年・青年たちの共鳴・共振現象という表現の方が、より適切かもしれない。ブームが去った今でもその残響は消え去っていないことが、学生たちとの話の中で時々窺われる。たとえばテレビ版の結末(庵野他・1996:#26)。古典的な「胡蝶の夢」パターンのオチ、と言えば言えないことはない。だが、「現実／虚構」「実在／仮象」の境界の溶解感覚を、現実が容易に「リセット」され得るという感覚を伴って、これほどまでに雄弁に語っているものはないように筆者には思われた。かつてはおそらくハイブロウな幻想文学のものであった主題が、いとも易々と子どもたちに受け容れられ、広範に支持される状況。

人間は本質的に「物語る存在」であり、人間の生は「物語る」というあり方から逃れることはできない、という認識は、今日、私たちにとってますますアクチュアルになりつつある（鳶野・1994. および、毛利・1996を参照）。しかし、その認識が原理的にはらんでいるラディカルな人間形成論的な意味は、未だ充分に酌み尽くされているとは言えないのではないだろうか。「物語」が「現実」や「実在」の彼岸において付随的に私たちの生を映しだしたり修飾したり、あるいは偽装したりするのではなく、もはや「現実」とも「虚構」とも区分し得ない私たちの〈世界〉や〈主体〉そのものを、そもそも最初から構成・構築するのだと理解するならば、その時、人間の生成や発達も、「現実／虚構」「実在／仮象」の二項対立を前提とした従来の視点からとは根本的に異なった様相において立ち現れてくるはずである。以下の小論は、そのラディカルな意味を考察するための一つのささやかな準備作業である。

取り上げるのはシラーの『人間の美的教育に関する一連の書簡』（Schiller, 1795 = 1959a. 以下、『美育書簡』と略記。本書からの引用注は、このハンザー版の頁数を本文中に示す）である。美や芸術の人間形成的意義を論じる際に常に引き合いに出されるこの古典において、もっとも重要と考えられる鍵概念は「仮象」（Schein）である。多様な解釈の可能性に開かれているこのテクストを、従来のように美や芸術に焦点づけてではなく、「仮象」の人間形成論という視点から読み解く試みが、本稿の中心となる。またその際、ガダマーが『真理と方法』第一部において行っている美的意識の「自律化」の歴史的過程に対する批判的展望を、考察の補助線として用いることにしたい。ガダマーは他ならぬ『美育書簡』に、「現実／虚構」「実在／仮象」の二項対立の構図の思想史的な発祥点を見出しているのである。

2 『美育書簡』における「仮象」論の文脈

最初に、本稿の課題に最低限必要な範囲で、シラーが「仮象」を論じる文脈について簡潔に確認しておきたい。

シラーには、カントの哲学に触発され、美学論文の執筆に集中した時期がある。『ヴァレンシュタイン』（一七九八―九九年）から『ヴィルヘルム・テル』（一八〇四年）に至る円熟期の戯曲群の創作に先立つおよそ五年間（一七九一―九五年）である。それらの諸論文の中でもとりわけ有名なのが『美育書簡』である。この論文は以後二百年間、美や芸術、あるいは遊びと人間形成について論じられる際、多くの論者によって繰り返し引き合いにだされてきた、いわば古典中の古典である。その中で、シラーの思想を理解するための要とも言うべき概念が「仮象」に他ならない。では、「仮象」概念はどのような文脈で登場するのか。彼のパトロンであったデンマーク王子アウグステンベルク公に宛てた連続書簡のかたちで書かれている一連のテクストの流れを、簡単にたどってみよう。

まず、第一書簡から第九書簡まで。ここではフランス革命を目のあたりにした同時代の政治と国家の状況が、人間の「自然的必然性を道徳的必然性に高める」（第三書簡・574）という、きわめてカント的な視点から検討、批判される。シラーはカントに従って、人間は〈理性的・道徳的国家〉を志向すべきであるという立場に立つ。だが、そのために「その組織を権力から導き出す政治体」である〈自然的国家〉を直ちに廃棄してしまうことはできない。「国家という生きた時計は、動かしながら修繕しなければならない」（575）のである。そこで自然的必然性と道徳的必然性を「媒介」ないし「統合」するものが求められる。シラーによれば、それが人間の「美的教育」に他ならない。「今や私は、これまでの一切の考察が目的としてきた地点に到達しました。この手段こそ芸術に他なりません」（第九書簡・593）。

次いで第十書簡から第十六書簡まで。まず、第九書簡に至って提起された芸術の役割について、プラトンの詩人追放論などに言及しつつ、実際には芸術や趣味と道徳性との関係は否定的なのではないか、という疑義が呈される。それに答えるために「経験以外にその源泉をもつ美の概念」、「美の純粋な理性概念」（600）が探究されるのが、この部分である。シラーは人間性の中に、前述のような〈自然的必然性〉と〈道徳的必然性〉というカント的二元性に対応する二つの根本傾向の「交互作用」を見る（611）。「生命」すなわち〈生きること〉を指向する「質料衝動」（Stofftrieb. ないし「感性的衝動」sinnlicher Trieb）と、「形相」すなわち〈秩序〉を指向する「形式衝動」（Formtrib. いわば理性的衝動）である。シラーは、その両者に対して第三の「遊戯衝動」（Spieltrieb）を対置する（613）。それが指向するのは「生ける形相」（lebende Gestalt）すなわち「美」であり、「美」は経験的実在でもなければ理念的実体でもない「仮象」であるが故に、人間が「遊戯衝動」に従って「仮象」の世界に遊ぶ時にのみ、本来はまったく媒介不可能なはずの二つの根本傾向の統一が可能になる、というわけである*。『美育書簡』中、最も有名な「人間は言葉の完全な意味で人間である時にのみ遊ぶのであり、遊ぶ時にのみ全き人間なのです」（第十五書簡・618）というフレーズは、ここで登場する。

＊この「生ける形相」＝「美」＝「仮象」の理解に関しては次節を参照。なお、“Gestalt”と“Stoff”の訳語は一般には「形態」と「素材」であるが、シラーにおいては「形相／質料」という伝統的な対概念が踏まえられていることを考慮して、それぞれ「形相」および「質料」と訳す。

「仮象」概念はまず、「遊戯衝動」をめぐるこの部分の議論の冒頭でいったん言及される（596）。だがその後、直接「仮象」に関する論述は続かず、再び登場するのは第二十六書簡に至ってである。そこまで、シラーの議論は以下のように展開する。

第十六書簡までで示された人間性における二つの根本傾向の「美」における調和ということは、カント的な二元論の枠組みでは本来ありえないはずの事態である。それを説明するために、第十七書簡から第二十二書簡まで、さらに「美的自由」（ästhetische Freiheit）の状態に関する思弁的な議論が続く。ポイントは、それぞれ個別には人間に対して「強制力」として働く二つの根本傾向が十全に拮抗する時、両者のいわば均衡点に、一切の強制から自由な「中間状態」が生ずる、ということである。いわば「秤の皿は空のとき釣り合うが、等しい重さのときもまた釣り合う」（633）のである。それは、一切の行為や認識以前の「単なる無規定性」（それは未だ何者にも規定されていないが故に、自由と似ている）とも、カント的な実践理性に従う自由＝自律とも異なる、「美的自由」の状態である、という（635）。

そこまでの思弁的な議論を踏まえて、第二十三書簡以降、シラーは再び最初の問題設定に立ち返る。権力によって支配される自然的国家が、何故、美的教育によって理性的・道徳的国家に至り得るのか。シラーは、個人に関しても人類全体に関しても、「自然的状態・美的状態・道徳的状態」という三つの発展段階を区別する（645）。「質料衝動」が支配する「自然的状態」においては、たとえそこで理性の法が与えられたとしても、人間にとってそれは別の強制力の支配に服することでしかない。だが、美的教育によって前述のような「美的自由」の状態が生じているならば、そこから「道徳的状態」への移行の道は、もはや自ずと整えられていることになる、とシラーは論ずる。「感性的人間を理性的にするには、あらかじめ彼を美的にする以外に道はありません」（第二十三書簡・641）というのである。

実はここに至って、シラーの議論は不可解なあいまいさ、ないしは〈屈折〉を示すことになる。前述の三段階の区分からは、「美的状態」は「道徳的状態」の前段階として初めてその意義を認められるはずである。当初の問題設定からも、めざされているのはあくまで「道徳的国家」のはずである。ところが第二十五書簡以降、「美的状態」が、過程や手段としてではなく、それ自体、目的として志向されるかのように論調が変化し、「美しい仮象の国」（der Staat des schönen Scheins）という観念が登場する。そしてそれに伴い、この一連の書簡の締めくくりにおいて中心的な主題となるのが「仮象」なのである。

このような『美育書簡』におけるシラーの論調の〈屈折〉は、このテクストの解釈上最大の問題として論じられてきた（Sharpe, 1995 : 4）。ここで、その問題について正面から論じることはできない。が、その

〈屈折〉の後に主として「仮象」が論じられて議論が閉じられている、というのは興味深い事実である。小論がそれに対する一つの解釈の試みともなることを期しながら、以上概観したような文脈におけるシラーの「仮象」論を、次にもう少し詳細に検討してみよう。

3 精神の「自由」の証としての「仮象」

先に概観したように、シラーが論じているのは、「遊戯衝動」の対象として、「美」と同一視される「仮象」であった。

シラーはカントに倣って人間を、一方では自然の因果的必然性に支配され、自らの自然的欲望に衝き動かされる存在であると同時に、他方、理性の力によって自らを普遍的な道徳法則（道徳的必然性）に従わせることができる存在であると捉えている。このような二元性に対してカント倫理学のリゴリズムは後者の絶対的優越を求める。シラーも『美育書簡』の当初の課題設定においては、前者から後者への移行を問題にしていた。だが、そのようなカント的問題意識と並行して、シラーには別の、彼独自の動機が認められる。それは、いわば人間の「自由」の可能性に関する問いである。

カントのリゴリズムに従う限り、人間の「自由」とは、自ら道徳的必然性に従う「自律」以外にはあり得ない。それに対してシラーは――カントへの崇敬にもかかわらず――自然的必然性のみならず道徳的必然性もまた、或る意味で人間にとって強制であることを強く意識していた。その端的な表現が『カリアス書簡』（一七九三年）における有名な「五人の旅人の寓話」（Schiller, 1959b : 405）であるが、『美育書簡』でも随所にそのトーンは響いている。自然と道徳という二つの強制に対してシラーが「遊戯衝動」を対置するのは、何よりこの「自由」の希求の故に他ならない。「仮象」としての「美」が論じられるのも、この文脈においてである。では、「仮象」と「美」と「自由」とは、どのような関係にあるのか。それを検討することが、シラーにおける「仮象」概念の理解には不可欠である。

シラーには「現象における自由は美と同一である」（Schiller, 1959b : 409）という有名なテーゼがある（『カリアス書簡』二月二十三日付）。本来、カントの意味での自由＝自律は理性的存在にのみ可能なので、事物が自由であるということはありえない。だが、或る事物の表象が、外的に規定されるのではなく、内的な必然性に従っている（自己規定的である）とき、それは「自由に見える」。そして、そのような「自由に見える」現象、「自由の類似物」を、私たちは「美しい」と感じる、というのがこのテーゼの趣旨である。「美しい」現象は、決して〈本当に〉自由ではない。だが、たとえ自然的必然性であれ、自らの必然性に従っているならば、それは自由に〈見える〉。シラーにとって「美」とは、そのように〈見える〉という意味で、まさに「仮象」なのである。

この〈本当に〉と〈見える〉という二つの契機の二重性が、「仮象」としての「美」に独自の重要な意味を与えることになる。「感性的衝動の対象は、最も広い意味での〈生命（Leben）〉です。これはすべての物質的な存在と、感覚におけるその直接的な現存を意味する概念です。形式衝動の対象は〈形相（Gestalt）〉です。これは事物のあらゆる形式的性質と、思考力に対するそれらの関係の一切を包含する概念です。そこから、遊戯衝動の対象は〈生ける形相（lebende Gestalt）〉ということができます。これは現象のすべての美的な性質、すなわち最も広い意味で〈美〉と呼ばれるものを指し示す概念です」（第十五書簡・614）。この「遊戯衝動」に関する（しばしば引用される）シラーの説明は次のように理解することができるだろう。すなわち、たとえば造形芸術のかたちは、その実在性においては静止した形態に過ぎない。にもかかわらずそこには〈いのちが宿り〉、生き生きと人間の感性を魅了することがありえる。これは「仮象」であるが故に、そこにおいて生命性と形式性とが重なり合うことができることを示している。そしてこの二重性こそが、前節で概説したようにカント的な二元性の媒介を可能にするとシラーは考えるのである。

ところで、美の媒介性という視点そのものは必ずしもシラーの独創ではない。既にカントは『判断力批判』（一七九〇年）において、美的判断が主観的な個別判断でありながら普遍妥当性を要求するという一種のパラドックスに着目して、それを「構想力と悟性との調和」（通常の客観的判断では規則づける能力＝「悟性」が感覚能力＝「構想力」を支配しているが、美的判断では両者の間に支配関係がなく、その調和が私たちに快く感じられる）という事態として理解していた（Kant, 1974 : 57）。シラーの構想が、この『判断力批判』に触発されたものであることは間違いない。ただし、カントにおいては美への着目は超越論哲学の体系構築を志向する方法論的なものにとどまったのに対して、シラーはそれに「遊戯衝動」という人間学的な概念をあてて、いわば実体化して理解（誤解？）した、という指摘は、後述するガダマーをはじめとして、しばしばなされるところである。それがシラーの誤解であったか否かはさておき、そのことによってシラーにおいて「仮象」としての「美」はカント以上に積極的な意味をもつことになる。それは何か。

「あらゆる現実的存在は、人間にとって外的な力である自然に由来しますが、あらゆる仮象はもともと、表象する主体である人間に由来するので、彼が実在から仮象を取り戻して自らの法に従って支配するならば、それは人間の絶対的な固有の権利を行使しているのです。……この人間としての支配権を、彼は仮象の芸術において行使します」（第二十六書簡・658）。このような叙述から窺われるのは、先に指摘したシラーに固有の、人間の「自由」への希求に他ならない。シラーは人間の「自由」の可能性を、「表象する主体」が「自らの法に従って」、「固有の権利」として、自ら仮象の世界を作りだすという、まさにそこに見出しているのである。たしかに主体は欲望に衝き動かされ、あるいは道徳的な義務に従うだろう。だが、それと同時に人間は、実在性とも真理性とも独立して、経験的実在でも理念的実体でもない「仮象」の世界をもつ。その精神の能動性にこそ、シラーは人間の人間たる所以を見ようとした、と言っても過言ではないと思われる*。

*たとえばカッシーラーは、このような精神の能動性という意味での「自由」の希求にシラーの創作と思弁の全体を貫く根本傾向を認めて、それを「精神の純粋な自発性」（die reine Spontaneität des Geistes）への志向、と言い表している（Cassirer, 1994 : 287）。カッシーラーのシラー論については、西村・1996を参照。

人間が或る現象を「美しい」と感じること、「仮象」の世界をもつこと――シラーにとってそれは、いわば人間精神のもう一つの「自由」の証であった。シラーの「仮象」論について、私たちはまずこのことを確認しておきたい。だが、この意味での精神の「自由」ということは美的教育の構想の中で両義的な位置を占め、そこに或るアポリアを生じさせることになるのである。先に触れたシラーの議論の〈屈折〉も、おそらくはこのアポリアの故である。では、それは何か。

4 「美しい仮象の国」はどこにあるのか?

シラーは「仮象」概念に人間の「自由」を託した。とすると、この仮象の自由とカント的な自由=自律との関係はどうなるのだろうか。あるいは、この仮象の自由と自然および義務の強制との関係はどうなるのだろうか。そこであらためて、二つの〈自由〉の間の、そして二つの〈強制〉との、位相関係が問題となるはずである。

シラー自身の言葉に聞いてみよう。「ここで語られているのは、現実や真理と区別される美的な仮象であって、それらを混同する論理的仮象ではないことは明らかです。……論理的仮象は単なる虚偽であるのに対し、美的仮象だけが遊戯です」(656-7)。「人間がこの至上の権利を有するのは仮象の世界、すなわち実在性を欠いた想像力の領域においてのみであり、彼が理論の領域においては仮象の存在について発言するのを誠実に差し控え、実践の領域においては仮象に存在を与えるのを断念する限りにおいてです」(658)。このようにシラーは、「仮象」について主題的に論じる第二十六書簡において、「仮象」と「実在」が峻別されるべきことを繰り返し強調している。美的な仮象は、経験的な事物の存在であれ真理や善といった理念的実体であれ、一切の実在性とは無関係であり、それらとは完全に独立している限りにおいて、人間は仮象の世界をもつ正当な権利を有する。それらが混同されるならば、仮象は他の実在のための卑小な道具に成り下がるのみならず、人間を欺き、かえってその精神の自由を阻害するものになってしまう、というのである。(これらの叙述から、後述するガダマーのような、「仮象と現実という二項対立」の発祥点としてのシラー、という解釈も生じてくる。)

しかし、そうだとすると、美的な仮象の世界はいったい人間にとって何の意味があるのだろうか、という疑問があらためて生じてくる。シラーは言う。「恐ろしい力の国のただなかで、そして神聖な法の国のただなかで、美的な形成衝動は第三の、喜ばしい遊戯と仮象の国の建設にひそかに従事します。そこでは、この衝動は人間からあらゆる関係の束縛を取り除き、自然的なものにおいても道徳的なものにおいても、強制と呼ばれる全てのものから彼を解放します」(第二十七書簡・667)。この、自然的国家と道徳的国家に対置された「美しい仮象の国」では、人間は一切の強制から解放されているという。シラーが仮象の世界に人間の自由の証を見ていたことは既に論じた。だがこの「自由」が、仮に一切の「現実」と無関係であるならば、それは美的教育の構想の根底にあった、自然的必然性を道徳的必然性へと媒介するという実践的な意図とは、単に異なった次元においてすれ違うだけのものになってしまうのではないだろうか。換言すれば、それは単に「現実」ならざる「虚構」の世界においては――いわば想像するのは勝手、という意味で――人間は自由である、ということを意味するに過ぎないのだろうか。まさかそうではあるまい。

「美しい仮象の国」について、シラーは次のように言葉を重ねている。「いまや美しい必然性が人類をつなぎあわせます」(666)。「美は……人間の争いを解消します」(同)。「美的な国だけが……社会を現実的なものにすることができるのです」(667)。「美だけが人間に社交的な性格を与えることができます」(同)。「〔美しい表象という〕美的な伝達の仕方だけが社会を統一します」(同) 等々。これらの口吻からは、シラーが「美しい仮象の国」を、決して単に想像力の所産である「虚構」の世界のこととして、あるいはユートピア的なファンタジーとしてではなく、何らかの意味で「現実的」なものとして構想していたことが確かに窺われる。そこでは「つながり」(Bündnis) や「社会」(Gesellschaft) という言葉で、力による強制や道徳的義務の強制とは別の、人間と人間との或る具体的な関係が示唆されているように読める。だが、その関係が具体性を帯びるならば——その意味で「美しい仮象の国」が「現実的」なものであるとするならば——それは「自然的国家」や「道徳的国家」と同一次元において関係せざるを得ないのではないか。だとすれば、それは前述の「仮象」と「実在」とを峻別すべしという主張と矛盾することにはならないのだろうか。——いわば仮象の世界の存在論的な規定と美的教育の構想との間で、シラーの議論は私たちにこのようなアポリアを突きつけているのである。

先に言及した『美育書簡』におけるシラーの議論の〈屈折〉も、このアポリアの構図から理解することが可能である。すなわち、「遊戯衝動」——人間が仮象の世界をもつこと——が人間を自然的状態から道徳的状態へと媒介することが可能だとしたら、それが対象とする仮象の世界は、何らかの意味で実在性と関係せざるを得ないはずである。他方、仮象と実在を峻別するという前提に立つならば、「美しい仮象の国」は自然的国家や道徳的国家とはいわば別の次元の存在ということになり、それは同一次元での媒介の機能を断念して、それ自体が固有の価値をもつものとして志向される他はない、ということになる。この〈屈折〉の問題が二百年間、論じられ続けてきたという事実から、前述のアポリアは必ずしも筆者の読解力不足のためだけではなく、シラーのテクストそのものに内在するものである、と考えてもよさそうである。

さて、このアポリアと取り組むことは、シラー研究においては重要問題の一つであり続けてきたが、それはシラーのテクストをどのように解釈するのかという、いわば訓詁学的な関心の内にとどまる課題だろうか。――否。筆者はそれが、今日の私たちにとって、本稿の冒頭で提示したような問題意識に本質的にかかわる、きわめてアクチュアルな問いでありえる、と考える。そのことを確認するために、以下ひとまずシラーのテクストを離れ、ガダマーのシラー論に耳を傾けてみたい。ガダマーは『真理と方法』(Gadamer, 1975)第一部で、独自の解釈学的存在論のための基礎作業として、カント以降の美学の「主観主義化」を批判的に検討し、「芸術作品によって得られる真理の経験の擁護」(XXIX)を企てている。その過程で一つの重要な画期を帰せられているのがシラーの『美育書簡』なのである。この部分の思想史的叙述は、いわば近代に先立つ人文主義的伝統から近現代に特有の「美的意識」に至る流れのなかでのシラーの美的教育論の位置を確認するために好都合である。と同時に、そこでガダマーが描きだす特殊近代的な「仮象/実在」観の典型としてのシラー像は、私たちが今日シラーを読むことの意味を、あらためて問い直す契機ともなるのである。

5　シラーの「近代」性とアクチュアリティ

今日〈美的＝感性的（ästhetisch）〉という言葉で考えられていることは、カントが空間と時間に関して〈超越論的感性論〉を論じ、自然と芸術における美と崇高に関する理論を『美的判断力批判』であると理解した時に、なおこの〈美的＝感性的〉という言葉で想念していたこととは、明らかに一致しなくなっている。意味が変化したその転回点はシラーにあったと思われる（77）。

前述のような美学の「主観主義化」の批判的検討の出発点として、ガダマーは十八世紀末以降〈美的＝感性的〉なるものが「現実」から疎外されて行く過程を跡づけている。まず彼は、人文主義的伝統においては美的感覚が芸術の領域に限定されるのではなく、広い意味での認識と実践にかかわる能力として評価されていたという事実を示す。たとえばヴィーコやシャフツベリーにおいては「正しいことと万人の幸福についての感覚」（18）である「共通感覚」が、理論的認識とは異なった「道徳的、かつ形而上学的な基盤」（22）としての意味をもっていたという。同様に「判断力」や「趣味」は、人文主義的伝統においては本来、正義と不正を判断し、共通の利益に対する配慮を可能にする能力であり、その意味ですぐれて社会的、かつ道徳的な概念であったという（27ff.）。

だが、そのような土壌は十八世紀末以降、ドイツ啓蒙主義の発展に伴って失われて行った。その過程において決定的な役割を果たしたのがカントの『判断力批判』による美学の超越論哲学的な基礎づけであった。それは「美的判断力」に芸術という独自の領域を確保する一方、「共通感覚」の概念を道徳哲学の領域から完全に切り離し、「趣味」の概念が本来もっていた経験概念、および法と道徳の領域における「美的判断力」の働きを「哲学の中枢から放逐」(38)してしまった、という。「カントが結局のところ目指していたのは、概念の規範から解放された自律的な美学の基礎づけを行い、芸術の領域ではけっして真理への問いを立てず、むしろ美的判断力を生の感情の主観的なアプリオリの上に(つまり……各々の認識一般の能力の調和の上に)基礎づけることであった」(56)。ガダマーは、それが美学の「自律化」を可能にしたのと裏腹に、十九世紀における「美学」の「主観主義化」に道を開き、〈美的＝感性的〉なるものの矮小化をもたらしたと断じる。そして、カントに続いて決定的な転回点となったのがシラーの『美育書簡』だった、というのである。

カントからシラーへ、〈美的＝感性的〉という概念はさらにどのように変化したのか。『判断力批判』における美学の超越論的基礎づけは、美に関する趣味判断が、悟性の働きのように何らかの普遍的な原理から演繹されるものではない(その意味で主観的である)が、にもかかわらず或るアプリオリや普遍性を要求する点において、悟性とも実践理性とも異なる固有の精神の働きであることを明らかにするものであった。その際、美的判断力の「主観性」と「普遍性」の契機は、あくまで第一批判が否定した「目的論」を判断力の原理として正当化し、自然と自由の二元性の媒介を可能にしようとする「方法論的前提」であった。それに対してシラーは、二元性克服という動機はカントから受け継ぎつつも、「主観性」と「普遍性」

の契機を「内容的前提」に変化させた、とガダマーは解釈する。つまり〈美的＝感性的〉なるものの「主観性」は自然的欲望と理性の法のいずれにも強制されないと同時に、それは「美の法則」の「普遍性」に従うが故に、「（カントの）趣味に関する超越論的思考を道徳的要請に転換し」、「汝、美的にふるまうべし」という命法が成立する、というわけである（77）。

しかしそれによって、なるほど感覚の世界と道徳の世界というカントの二元論は、美的遊戯の自由と芸術作品の調和という考えに見られるような形で克服されはしたが、克服されたこの二元論は、それとともに新たな対立関係の枠組みにはめ込まれることになった。つまり、理想と生とを芸術によって融和するといっても、それは部分的な融和に過ぎず、美と芸術は現実に対して単に美化するだけの束の間のほのかな光を与えるものでしかなくなったのである。こうして存在と当為のカント的対立を美的に融和する試みがなされたものの、その融和の基盤に、さらに根深い解決し得ない二元的亀裂が生じてしまった（78）。

いまや芸術は美的仮象の芸術として、日常的現実に対置され、この対立に基づいて理解されるものとなった。古くから芸術と自然との関係は相互補完的と肯定的に規定されてきたが、それに代わって、いまや仮象と現実という対立が登場する（同）。

『美育書簡』の当初の企図を、ガダマーは「汝、美的にふるまうべし」という命法に集約して理解する。

だがガダマーは、その企図は中途で挫折し、「芸術によって準備される真の道徳的・政治的自由」から「美的な国」、すなわち「芸術に関心を抱く教養社会の形成」(78)へと変化せざるを得なかったと考える。何故なら、いまや「美と芸術は現実に対して単に美化するだけの束の間のほのかな光を与えるものでしかなくなった」からである。シラーの構想の成否についてのガダマーの断定の妥当性は、ひとまず置こう。ここで重要なのは、本稿の冒頭で言及したように、私たちにとって自明に思われてきた「仮象と実在」、「虚構と現実」という二項対立の構図が、実は十八世紀末以降、啓蒙合理主義とともに定着してきた、その意味で特殊近代的なものと言っても良いこと、そしてその定着の過程は、シラーの『美育書簡』がその画期であるところの〈美的＝感性的〉なるものの「自律化」の過程と相即的であった、という指摘である。

ガダマーは自らの議論の展開上、近代に先立つ人文主義的伝統と近代との間の「転回点」にシラーを位置づけ、とりわけ「仮象と現実」という二項対立の構図の発祥点をそこに見出そうとしている。確かに、前述のような「仮象」と「実在」を峻別すべしという第二十六書簡におけるシラーの論調からすると、この解釈は一定の妥当性をもつようにも思われる。だがガダマーによる思想史的展望は、彼自身のシラーに対する評価をひとまず離れてみるならば、『美育書簡』に対して、さらに二つの方向への解釈の可能性を示唆するものとして読むことも可能である。一つは、美的教育という発想そのものが少なくとも当初、根ざしていたはずの人文主義的伝統の確認である。この方向でのシラー解釈は、シャフツベリーの影響の指摘をはじめとして、既に枚挙にいとまがない*。もう一つは――こちらの方向が本稿の文脈では重要になるのであるが――「仮象」をめぐるシラーの議論が、ことによると彼自身が(主として第二十六書簡で)

意図して明示的に言い表している、それ以上の射程をもつのではないか、という可能性である。ガダマー自身は、私たちは現象学に至って初めて〈美的＝感性的〉なるものの「主観主義化」の先入見から解放され、美的経験を「本来的な存在」との関係に基づいて考えるのではなく、その経験そのものの中に本来的な真理を見ることが可能になったと述べている（79）。だが、私たちはその発想を、たとえばニーチェの「パースペクティヴィズム」――それはまさに「仮象」としての「現実」観ということができる――まで遡ることも可能である＊＊。それをさらに、シラーの「仮象」論まで遡るというのは無謀な試みであろうか。「仮象」をめぐる彼の錯綜した議論には、確かにその可能性が潜在しているように思われる。

＊前述のカッシーラーの他、たとえばハーバーマスのシラー論などもこの解釈の線上にある。この問題に関するシラー解釈の類型については、西村・1999 を参照。

＊＊Nietzsche, 1962：23. ニーチェの「パースペクティヴィズム」を「世界像の生成についての『根本原理』として受け取る」読解については、竹田・1994：188ff. を参照。

だとすれば、『美育書簡』における「仮象」概念は、まさにガダマーが批判する近代特有の矮小化された〈美的＝感性的〉概念の発祥点であり、その典型であると同時に、既にしてそれを越える可能性をはらんでいるということになる。それは確かに矛盾であるが、そもそも『美育書簡』は多義的な解釈の可能性をはらんだパラドキシカルなテクストである、という指摘はこれまでも多くなされている。まさに「近代」の思考枠組みの原型であると同時に、図らずもその先――それをポストモダンと言うか否かはさておき――を予示してしまっているところに、ことによると今日、私たちがシラーを読むことのアクチュアリティがあるのではないだろうか。――このような問題意識を念頭に置いて、ふたたびシラーのテクストに戻ってみよう。

6　美的教育の補完としての「崇高」

ガダマーは、カント以降の「主観主義化」された美学の先入見のもとでは、仮象をはじめとする美的な存在は「全て一つの本来的な存在を前提としており、美的な存在はこの本来的存在とは区別されるものとされる」ことを批判していた(79)。それに対して自らは「美的な経験そのものの中に本来的な真理を見る」現象学の立場に立つとしているのだが、はたしてシラーの「仮象」概念に、このガダマーの批判はそのままあてはまるだろうか。『美育書簡』には次のような叙述がある。「私たちが美しい仮象を見出す対象は、それに対する私たちの判断が実在性をまったく考慮しないならば、それが実在性を欠くということは何ら必要ではありません」。たとえば生きている生身の女性の美も、それが実在性から切り離された純粋な仮象として見られる限り、絵画に美しく描かれた女性と変わりはないのだ、と(659)。すなわち、芸術作品のように美的仮象として特別に作られたものだけが「遊戯衝動」の対象となるのではなく、あらゆる存在が、その実在性とは無関係に――無関係だからこそ――仮象の世界を構成するのだ、とシラーは述べているのである。従って、逆に言えば、実在する同一の対象に関して、それが「仮象」であるか否かは、主体の側の構えに左右されることになる。たとえば実在の人間が、自然的欲望の対象ともなれば道徳的義務の対象ともなり、同時に美的仮象として「遊戯衝動」の対象ともなり得るわけである。このように見るならば、「仮象」概念についてシラーが強調しているのは、ガダマーの言うような「本来的な存在」との関係というよりは、むしろ無関係——ないしは別次元における並行関係——と理解することも可能である。

そのように理解するならば、シラーにおける「仮象」概念は、ガダマーがカント以降の美学について言ったのとは別の意味で、「自律化」の契機をはらんでいたと見ることができる。先に指摘したように、シラーは仮象の世界に人間の「自由」の可能性を認めようとしていた、という事実に鑑みるならば、このような理解も決して見当外れとは言えない。「表象する主体としての人間」が「自らの法に従って」、「固有の権利」として——ということは、自然的必然性にも道徳的必然性にも制約されず、〈自律的〉に、その意味で〈自由〉に——自ら仮象の世界を作りだす、ということに、シラーは——単なる自然的存在でもなければ単なる理性的存在でもない——人間の人間たる所以を見ていたのである。

そこから、ニーチェのような〈人間の現実一般の仮象性〉という主張までは、あとほんの一歩——しかし、それは決定的な一歩ではある。そのためには、〈理性〉と〈自然性〉を人間性のいわば第一原理と第二原理とするカント的な枠組みそのものから離脱する必要があった。シラーがその一歩を踏み出したと見るのは、やはり恣意的に過ぎる解釈であろう。『美育書簡』のシラーの議論は、前述のようなアポリアをはらみつつも、ギリギリのところでカント的な枠組みの内にとどまっている。第二十七書簡の（したがって『美育書簡』全体の）末尾に至ってシラーが、「しかし、このような美しい仮象の国は存在するのでしょうか。そしてそれはどこに見出され得るのでしょうか」と自問せざるを得なかったことが、何よりそれを示唆していると考えられる。それに対するシラー自らの答えは、「欲求という観点から言えば、それは全ての繊細に調和した魂の中に存在しています。行為という観点から言えば、それは純粋な教会や純粋な共和国のように、いくつかの数少ない選ばれたサークルの中にのみ見出されるでしょう」というものであった（669）。ここから浮かび上がってくるのは、人文主義的な教養を身につけ、良き趣味を共有した人々の社交的なサークル、といった懐古的なイメージである。

この一節は、発表当初は脚注として書かれており、後に本文に付け加えられたものである。「美しい仮象の国」の現実的な可能性を、そのような人文主義的な「社交」や「趣味」に見出す解釈は、先に引用したガダマーをはじめとして、少なくない。そのうえで、既に近代化の進展によって――理論的にはカントによって――もはや過去のものになりつつあった伝統を再び召還せざるをえなかった点にシラーの構想の挫折を指摘し、そこに彼のペシミズムを見る論者もいれば、逆に、その人文主義的な伝統とのつながりにこそシラーの美的教育論の意義を見出そうとする論者も存在する（Sharpe, 1995. および、西村・1999 を参照）。いずれにせよ、カント的二元性と「仮象」と「実在」の二項対立とを前提としつつ、なおかつ「美」に現実の人間形成的な機能を求めようとすれば、美的教育の可能性は、せいぜいそこにしか残されていないということになるかもしれない。

だが、シラーが自らその一歩を踏みださなかったとしても、人間が〈美的＝感性的〉な仮象の世界をもつということのラディカルな帰結を、彼は――カント学徒としての論理においてではなく、おそらくは詩人としての直観において――予感していたと思われる節がある。そのことを窺わせる一つの手がかりが、一八〇一年に発表された（執筆は『美育書簡』と同年とも推定されている）『崇高論』（Schiller, 1959c. 以下、『崇高論』からの引用注は、このハンザー版の頁数を本文中に示す）という論文の存在である。

『美育書簡』には何箇所か、それが未完のテクストであることを窺わせる部分がある。たとえば「融解的な美」と「緊張的な美」という対概念を提示しながら、じっさいには後者に関する議論は予告のみに終わっていたり（第十六書簡・621）、「美しい仮象の必然的な限界について、後にあらためて論じます」と述べながら（第二十六書簡・657）、それに相当する議論が見当たらない等である。そこで、シラーの美的教育の構想は『美育書簡』によって完結するのではなく、さらに別の議論によって補完されるべきものであった、という説が唱えられている（Sharpe, 1995：32-33）。その〈補完〉にあたると見なされることもあるのが『崇高論』なのである。たしかに『崇高論』には次のような一節がある。「あらゆる感覚的な制約にもかかわらず純粋な精神の法典に従うのが私たちの使命であるが故に、美に崇高が加わって、美的教育を完全な全体にしなければならない」（806-7）。では、ここで「崇高」とは何か。何故、美的教育は「崇高」によって補完されねばならないのか。

シラーの「崇高」概念については稿をあらためて論じる必要があるが、ここでは本稿の文脈に必要な範囲で一瞥しておきたい。まず、崇高なるものとは何か。シラーは（おそらくカントに倣って）それには二種類あると述べる。一つは「私たちの理解力が、その対象に関する像や概念を形成する試みに破れる」場合であり、もう一つは「その対象が、それに対してはもはや私たちの生きる力など無に帰してしまうような力と見なされる」場合である（797）。端的に言うならば、それは表象することも理解することも不可能なものであるか、あるいは人間が抗うことの不可能な圧倒的な力——その極限が「死」であるとされる——である。いずれにしても、それは人間の「美しい仮象への欲求」に対する否定としてあらわれるのである（795）。シラーはまた、崇高なるものは人間が「美において自由である」こと——いわば美的な自由——を超えた「デモーニッシュな自由」を知らしめるものである、とも述べている（796, 801）。

では、シラーがあらためて美的教育に言及しつつ、美しい仮象の世界に対して、敢えて「崇高」を突きつけたことの意味は何であろうか。常識的に見れば、それは『美育書簡』において〈理性〉という第一原理——道徳的必然性——に対して両義的な関係に立つことになった〈美的＝感性的〉な自由に、あらためてカント的なリゴリズムの立場から歯止めをかけようとした、ということになるだろう。たしかに、崇高なるものは人間の「道徳的感情」を喚起する、という『判断力批判』の「崇高の分析論」（Kant, 1974 : 112）の見方を、シラーの崇高論も基本的には踏襲している。だがそれは、必ずしも単純に振りだしに戻ったことを意味するわけではない。人間が〈美的＝感性的〉な仮象の世界をもつことの可能性を突き詰めて行ったとき、おそらくシラーはカント的な枠組みを踏み越える瀬戸際まで進んでいた。そこで敢えて踏みとどまり、敢えて再び仮象の世界の限界づけを説いた、という事実は、もはや単に〈カント学徒としてのシラー〉という像だけでは理解できないように思われる。そこに、或る思想的決断の、時代の思考の枠組みを超えた切実さを感じるのは筆者だけだろうか。

7 おわりに——「他者」としての「崇高」?

古典に対して安易に今日的な教訓や処方箋を求める愚を犯すつもりはない。だが、シラーの『美育書簡』と『崇高論』の関係が示唆すること——シラーは敢えて仮象の世界の限界づけを説き、それを崇高なるものに求めた、ということ——は、ふたたびシラー解釈をめぐる訓詁学的関心の内にとどまる認識だろうか。あるいはまた、それはもったいぶった言い回しが滑稽に感じられるほど、もはや私たちにとって陳腐で凡庸な事実の確認に過ぎないだろうか。

ガダマーの指摘するような、近代に特有の「仮象」と「現実」という二項対立を前提にするならば、そもそも仮象の世界は——それは現実とは関わりのない〈絵空事〉である以上——限界づけられる必要はない。だが、本稿の冒頭で指摘したように、その二項対立の構図が溶解しつつあるのが私たちの置かれている状況であるならば、仮象の世界を限界づけるものは何かが、シラーにとってと同様、私たちにも切実な問いとなるはずである。もちろんその際、もはや私たちはカント的な枠組みを単純に前提とすることはできない。たとえば私たちは、道徳的必然性を志向する〈理性〉に対して、道徳性とは結局、共同体の規範の内面化に過ぎないのではないか、という疑問をいだいてしまっている*。私たちの欲望の〈自然〉に対しては、私の欲望は私の自然ではなく、他者の欲望のミメーシスに過ぎないのではないか、という問いが対置されている**。カント—シラーにとっての第一原理と第二原理は、私たちにとってはもはや原理たり得ないのである。むしろ私たちにとって疑いえないのは、私たちが自らの世界と主体とを構成する、という認識である。その意味で、シラーにおいては〈理性〉と〈自然〉に次ぐ第三項であった「遊戯衝動」＝「仮象の世界を構成する主体」こそが、今日の私たちにとって、より根源的である、と言っても過言ではないように思われる。だとすれば尚のこと、その限界をめぐる問いは切実である。

＊たとえばフロイトによる「超自我」としての「良心」の概念（Freud, 1940＝1971）や、デュルケムによる「社会化」としての「道徳教育」論（Durkheim, 1925 ＝ 1964）。あるいはリクールに倣って、マルクス、ニーチェ、フロイトという「三人の懐疑の師」の名前を挙げても良いだろう（Ricœur, 1965＝1982：36-41）。

＊＊ジラールの「ミメーシス的欲望」論（たとえば、Girard, 1978＝1984：455 ff.）を参照。

さらに、シラーが美的な仮象を限界づけるものを他ならぬ「崇高」に見出していたということにも、今日の私たちの状況と少なからず呼応する点がある。ポストモダニズムの思潮の中で「崇高」概念がふたたび重要な位置を占めていること――いわゆる「崇高概念のルネサンス」（Pries (Hrsg.), 1989：1）――は周知の通りであるが、その際、しばしばそれは、いわば絶対的な他者性のメタファーとして重視されているのである。差し当たり、ここではリオタールの「差異の政治」に対する小野紀明の解説を参照しておこう。「崇高の美を通して日常世界の内部における他者との遭遇を求めるリオタールの試みは、一体、他者への真の責任に裏打ちされた差異の政治を具体的に提示するものとして積極的に評価されるべきものなのか、……容易に答えは与えられない」（小野・1999：257）。すなわち、私にとって絶対的に到達不可能な、それ故に畏怖すべき「謎」としての他者を、崇高なるものは指し示している、というわけである。翻って、そもそもカントにおいて崇高なるものと不可分とされた〈理性〉の定言命法とは何であったか。それは「汝の人格ならびにすべての他者の人格における人間性を、決して単に手段としてのみ用いるのではなく、常に同時に目的として用いるように行為せよ」(Kant, 1922 : 287) というものである。この命法に従うとき、そこには必然的に他者への責任が生じる*。だとすれば、シラーの崇高論を――リオタールが『判断力批判』について行ったように――あらためて他者性に関する問いとして読み直すことも可能かもしれない。仮象の世界の果てに、それを限界づけるものとして立ちあらわれる「他者」としての「崇高」**。

*カントの定言命法における他者性の問題については、柄谷・2000 : 202 を参照。

**もちろん、「表象する主体」に「他者」を対置する議論の構図に、特殊「近代」的な制約を指摘するのは容易であろう。だが、そのような「主体」を超えた生存の様式が私たちにとって可能か否かは、あらためて根本的に問われねばならない。少なくとも筆者には、カント―シラーの問いが既に過去のものになっている――あるいは、過去のものになるべき――とは思われない。

シラーの「崇高」概念について、カントのそれとの関係、および十八世紀の思想状況一般においてこの概念が担った役割とを踏まえて、あらためて詳細に検討することは他日を期する他ない。ここでは最後に、本稿の冒頭で引き合いに出した大澤真幸のオウム論とアニメ『新世紀エヴァンゲリオン』が、いずれもまた「他者」の問題を提起して終わっていたことを想起して、ひとまず論を閉じることにしたい。――オウム真理教における「虚構と現実との混交の機制」は、「自己性と他者性の圧縮」と、それに対する反発としての、「自己に内在する他者性の過激な排除」に帰着する、というのが大澤の分析である(大澤・1996 : 280)。それに対する大澤の結論は、「オウムが歩んだ道を、われわれがまた歩まないためには、われわれの内に侵入してくる他者に対する徹底した寛容が不可欠の条件となる」（大澤・1996：294）というものであった。そして『新世紀エヴァンゲリオン』。劇場版のラストシーン。アスカがシンジに投げつけた「キモチワルイ」という台詞の意味をめぐっては、映画が公開されるや否やネット上で議論が沸騰した＊。現実も自我も、いっさいが文字通り溶解する――グロテスクかつ崇高、という形容も可能かもしれない――救済＝破局の果てに、シンジに対しておそらくあらためて「他者」として戻ってきたアスカの、不条理な拒絶――。

＊この問題を論じた『エヴァ』論は枚挙にいとまがないが、傾聴に値するものとしては、切通編・1997における宮崎哲弥の論考および切通と宮崎の対談、また、阿世賀・1997を挙げておく。

「仮象」と「現実」の境界の溶解という私たちの状況をもっとも雄弁に語る二つの表現が、いずれも「他者性」をめぐる問いに帰着しているとしたら、それは、はたして単なる偶然だろうか。

【引用・参考文献】

阿世賀浩一郎 1997『エヴァンゲリオンの深層心理』三修社
庵野秀明他 1996『EVANGELION ORIGINAL Ⅲ』富士見書房
Cassirer, E. 1994 *Freiheit und Form : Studien zur deutschen Geistesgeschichte*, Wissenschaftliche Buchgesellschaft.
Durkheim, E. 1925 *L'éducation morale*, Félix Alcan. = 1964 麻生誠・山村健訳『道徳教育論』一・二，明治図書
Freud, S. 1940 *Vorlesungen zur Einführung in die Psychoanalyse*, *Gesammelte Werke*, Band XI, Imago Publishing. = 1971 懸田

克躬・高橋義孝訳「精神分析入門（続）」第三一講「心的人格の解明」『フロイト著作集　第一巻』人文書院
Gadamer, H.-G. 1975 *Wahrheit und Methode, Grundzüge einer philosophischen Hermeneutik*, 4. Auflage, J.C.B. Mohr (Paul Siebeck).
Girard, R. 1978 *Des choses cachées depuis la fondation du monde*, Bernard Grasset. = 1984 小池健男訳『世の初めから隠されていること』法政大学出版局
Kant, I. 1922 *Grundlegung zur Metaphysik der Sitten*, In: *Werke 4*, Bruno Cassirer.
Kant, I. 1974 *Kritik der Urteilskraft*, Felix Meiner Verlag.
柄谷行人 2000『倫理21』平凡社
切通理作編 1997『ぼくの命を救ってくれなかったエヴァへ』三一書房
毛利　猛 1996「教育のナラトロジー」和田修二編『教育的日常の再構築』玉川大学出版部
Nietzsche, F. W. 1959 *Der Wille zur Macht : Versuch einer Umwertung aller Werte*, Alfred Kröner Verlag. = 1962 原佑訳『権力への意志』（下）理想社
西村拓生 1996「美的経験の人間形成的意義——E・カッシーラーの芸術論を手がかりに」岡田渥美編『人間形成論——教育学の再構築のために』玉川大学出版部
西村拓生 1999「〈プリズム〉としてのシラー『美育書簡』——「美と教育」に関するトピカのために」『近代教育フォーラム』教育思想史学会年報、第八号
小野紀明 1999『美と政治——ロマン主義からポストモダニズムへ』岩波書店
大澤真幸 1996『虚構の時代の果て——オウムと世界最終戦争』ちくま新書
Pries, Chr. (Hrsg.) 1989 *Das Erhabene, Zwischen Grenzerfahrung und Größenwahn*, VHC Acta Humaniora.

Ricœur, P. 1965 *De l'interprétation, essai sur Freund*, Edition du Seuil. = 1982 久米博訳『フロイトを読む』新曜社
Schiller, J.C.F. von 1959a Über die ästhetische Erziehung des Menschen, in einer Reihe von Briefen, In : *Sämtliche Werke,* Band Ⅴ, Carl Hanser Verlag.
Schiller, J.C.F. von 1959b Kallias, oder über die Schönheit, In : Sämtliche Werke, Band Ⅴ, Carl Hanser Verlag.
Schiller, J.C.F. von 1959c Über das Erhabene, In : *Sämtliche Werke*, Band Ⅴ, Carl Hanser Verlag.
Sharpe, L. 1995 *Schiller's Aesthetic Essays : Two Centuries of Criticism,* Camden House.
竹田青嗣 1994『ニーチェ入門』ちくま新書
鳶野克己 1994「『拠り所のなさ』という拠り所――人間形成における〈物語〉の批判的再生のために」加野芳正・矢野智司編『教育のパラドックス／パラドックスの教育』東信堂
上野千鶴子編・2001『構築主義とは何か』勁草書房
Welsch, W. 1990 *Ästhetisches Denken*, Philipp Reclam jun. = 1998 小林信行訳『感性の思考――美的リアリティの変容』勁草書房

あとがき

教育はさまざまな物語で溢れている。

私たちは、物語を通して自己と世界との関係を構築しているとするなら、そのような物語の多くは人から教えられたり、知らないうちに人から模倣したものだ。とりわけ、学校は国民国家を形成し維持するエージェントとして、このような物語を流布することに大きな影響力を持ってきた。教師は、国語教育はもとより、社会科や理科教育においても、世の中の仕組みや自然の法則を言葉で語ることによって、言葉で組織された「物語」を子どもたちに伝えているのである。このような教材としての物語、あるいは教育関係のなかで交わされる物語を「教育における物語」と呼んでおこう。

また、この教師と子どもとの関係についても、私たちは多くの物語をもっている。漱石の『坊っちゃん』のような小説から、教育事件を報道する新聞記事にいたるまで、「教育」というテーマの物語は日々語られている。一方では文学・芸術によって優れた水準の物語として語られ、また他方では「美しい師弟愛」とか「行き過ぎた指導」といった陳腐な題名の物語として、何度も繰り返されてきた凡庸なプロットで語られてもいる。このような教育の関係についての物語を「教育についての物語」と呼んでみよう。

さらに近年、教育学研究の領域では、近代の「大きな物語」を支える理念が批判されるにしたがい、「教育」もまた近代の「大きな物語」にすぎないということ、そして教育という物語は正当性を主張する根拠をもっていないことが論じられもした。このような「大きな物語」としての教育の物語を、「教育という物語」と呼んでみる。

そうすると、教育の物語は、実践レベルで交わされる物語としての「教育における物語」と、その実践レベルを語る物語としての「教育についての物語」と、そのような「教育についての物語」をまとめあげる「教育という物語」という、抽象レベルの異なる三つの物語の複合体として捉えることができる。本書は、人間の変容にかかわるこの三つのレベルの物語についての人間学的な考察からなっている。

序論でも述べられているように、すでにいくつかの教育と物語を論じた研究がなされている。物語としての近代教育思想批判の研究（主に「教育という物語」にかかわる研究）や、教育言説の分析に重点をおく社会学的な研究（主に「教育についての物語」にかかわる研究）と本書が異なる点は、題名にも示されているように、本書が教育の物語の批判的吟味にとどまらず、そのような物語が崩れ新たな物語が生まれる意味の生成に関心を払っているところにある。本書は、教育の物語を開かれた物語に向けて語る語り方への自覚的な実践であり、「物語」がいかに自己と世界との関係を構成していくのか、また「物語」がどのように自己や世界を開示しあるいは隠蔽するのか、さらに「物語」が物語内部におけるパラドックスや矛盾から、あるいは物語（構造）の外部である他者（力としての最初の教師）との出会いから、臨界点に達して崩れ新たな物語に変容するのか、といった物語をめぐる物語である。

私たちはこのテーマを中心にして、十年近くにわたり「教育と物語の研究会」で、基本的な文献の輪読とお互いの研究成果の発表を続けてきた。物語の彼方に突き進もうとする鳶野克己と、開示と隠蔽の緊張のなかで物語がもつ形成力を論じる毛利猛という、向かっている方向が異なる二人の物語研究のトップランナーをメンバーとしたために、研究会はいつも白熱した議論のなかですすんだ。本書はそのような厳しく楽しい共同研究の成果である。

本書が、森田伸子『テクストの子ども』、香川大学教育学研究室編『教育という「物語」』という、物語と教育に関わる優れた先行研究が出版された世織書房から出ることを大変うれしく思っている。世織書房の伊藤晶宣氏には、このような研究書の出版状況がとても厳しいときにもかかわらず、本書の意義を理解くださり、大変ありがたく思っている。心よりお礼申し上げたい。

この研究書が、教育という名の物語に捕らえられている人にたいしては、この物語から解放の方向を、そして教育をすでに死んだ物語だと思う人にたいしては、「教育」ならざる教育の物語の可能性を示すことができることを願っている。

二〇〇二年一一月

研究会を代表して　　矢野智司

編・著者紹介

五十音順

今村光章（いまむら・みつゆき）――一九六五年生。京都大学大学院教育学研究科博士課程修了、現在・仁愛大学人間学部助教授〈教育学・環境教育〉。著書に『社会哲学を学ぶ人のために』（共著、世界思想社）『生活と環境の人間学』（共著、昭和堂）など。臨床教育人間学、とりわけ人間形成の視点から人間と環境のかかわりを再考してさまざまな意味の解釈をする「臨床（環境）教育人間学」に研究の重点を置いている。

桜井佳樹（さくらい・よしき）――一九五九年生。広島大学大学院教育学研究科博士課程中退、現在・香川大学教育学部助教授〈教育哲学・ドイツ教育思想史〉。著書に『近代教育思想の展開』（共著、福村出版）論文に「フンボルトの思想形成―ベルリン啓蒙主義による教育とその離脱過程を中心に―」（「教育学研究紀要」第45巻第1部、中国四国教育学会）など。フンボルトの人間形成論の成立過程を解明し、一八世紀末に隆盛したドイツ教養思想の特質を明らかにすることを研究テーマとしている。

鳶野克己（とびの・かつみ）――一九五五年生。京都大学大学院教育学研究科博士課程修了、現在・立命館大学文学部教授〈人間形成論・教育哲学〉。著書に『変わる社会・変わる生き方』（共著、ナカニシヤ出版）論文に「物語・教育・拠り所―恫喝としての同一性―」（「近代教育フォーラム」六号、教育思想史学会）など。物語ることへの愛憎せめぎ合う想いいよいよ断ちがたく、あきらめきれぬとあきらめた。こののち物語に臨んでは、「一致の感動」に身を委ねるより「ズレの快楽」に身を裂くなかに生まれ

来るものを待ち望もう。キーワードはもちろん「笑い」だ。（編者）

西村拓生（にしむら・たくお）──一九六二年生。京都大学大学院教育学研究科博士課程中退、現在・奈良女子大学文学部助教授〈教育思想史・教育哲学〉。著書に『子どもの表現活動と保育者の役割』（明治図書）『人間形成論』（共著、玉川大学出版部）など。シラーの美的教育論の受容解釈史の検討を通じて、「美的なるもの」を、近現代の人間形成の密かな基底であると同時に、その外部を指し示すものとして従え直そうと目論んでいる。

毛利　猛（もうり・たけし）──一九五八年生。京都大学大学院教育学研究科博士課程単位取得退学、現在・香川大学教育学部助教授〈教育人間学・臨床教育学〉。論文に「教育における転移と逆転移」「学校のために、今何が出来るか」（共に「教育哲学研究」第七六号、七九号、日本教育哲学会）など。教育的な人間関係の構造と特質に関する現象学的解明、教育の物語論的な研究を進めている。

矢野智司（やの・さとじ）──一九五四年生。京都大学大学院教育学研究科博士課程中退、現在・京都大学大学院教育学研究科教授〈教育人間学・臨床教育学〉。著書に『ソクラテスのダブル・バインド』（世織書房）『動物絵本をめぐる冒険』（勁草書房）など。教育は交換によって成り立つ制度的次元で捉えられてきたが、贈与を根拠に捉える方向がある。研究テーマは、教育事象において、交換の理論によって解釈され隠されてきた贈与の体験を明らかにし、新たな教育を構想すること。（編者）

山内清郎（やまうち・せいろう）──一九七二年生。京都大学大学院教育学研究科博士課程単位取得退学、現在・大谷大学助手〈教育人間学・臨床教育学〉。著書に『臨床教育学序説』（共著、柏書房）論文に「キルケゴール『イロニーの概念』におけるソクラテス像─教師としてのイロニカー、イロニカーとしての教師─」（「京都大学大学院教育学研究科紀要」第四六号）など。臨床は態度や姿勢でありスタイルであるという視点の下に、キルケゴールの独自なスタイルであるアイロニーやユーモアを研究テーマにしている。その技法を中心に探求し、実践に勤しむ。

山名　淳（やまな・じゅん）――一九六三年生。広島大学大学院教育学研究科博士課程単位取得退学、現在・東京学芸大学教育学部助教授〈ドイツ教育思想史〉。著書に『ドイツ田園教育舎研究』（風間書房）など。現在、ドイツの田園都市ヘレラウにおいて展開した新教育運動の盛衰のなかに近代教育の特質を探る試みを追求するとともに、教育のメディアにも強い関心を示している。

吉田敦彦（よしだ・あつひこ）――一九六〇年生。京都大学大学院教育学研究科博士課程修了、現在、大阪女子大学人文社会学部助教授〈教育人間学・人間形成論〉。著書に『ホリスティック教育論』（日本評論社）、『喜びはいじめを超える』（共編著、春秋社）『日本のシュタイナー教育』（共編著、せせらぎ出版）など。ブーバー人間学によってホリスティック教育論をラディカルに深める『人間形成の垂直軸』の研究が目下の課題。

物語の臨界──「物語ること」の教育学

2003年3月15日　第1刷発行©

編　者｜矢野智司・鳶野克己
装　幀｜間村俊一
発行者｜伊藤晶宣
発行所｜(株)世織書房
印　刷｜(株)マチダ印刷
製　本｜協栄製本(株)

〒240-0003 神奈川県横浜市保土ヶ谷区天王町1丁目12番地12
電話 045（334）5554　振替 00250-2-18694

落丁本・乱丁本はお取替いたします　Printed in Japan
ISBN4-906388-95-7